浙学

第二辑

汪俊昌 李圣华 王 锟 主编

ZHE XUE

国家图书馆出版社

图书在版编目（CIP）数据

浙学.第二辑 / 汪俊昌,李圣华,王锟主编.—北京:国家图书馆出版社,
2022.12

ISBN 978-7-5013-7651-3

Ⅰ.①浙…　Ⅱ.①汪…②李…③王…　Ⅲ.①哲学学派—研究—
浙江　Ⅳ.①B2

中国版本图书馆CIP数据核字（2022）第219875号

书　　名　浙学（第二辑）
主　　编　汪俊昌　李圣华　王　锟
责任编辑　黄　静
封面设计　王铭基

出版发行　国家图书馆出版社（北京市西城区文津街7号　100034）
　　　　　（原书目文献出版社　北京图书馆出版社）
　　　　　010-66114536　63802249　nlcpress@nlc.cn（邮购）
网　　址　http://www.nlcpress.com
排　　版　九章文化
印　　装　北京科信印刷有限公司
版次印次　2022年12月第1版　2022年12月第1次印刷

开　　本　710×1000　1/16
印　　张　17
字　　数　219千字
书　　号　ISBN 978-7-5013-7651-3
定　　价　88.00元

目　录

◎ 文献研究

◎ 书评

徽州程敏政：阳明心学的源头之一

徐道彬

提　要： 阳明心学的形成，既有传承孟子"求放心"和陆九渊"心即理"的脉络，也有源自其座主程敏政"道一"论的深刻影响。程氏《道一编》和《心经附注》接续紫阳之"理"，融合象山之"心"，以其"道一"论启迪了阳明心学及其"知行合一"观的形成与发展。

关键词： 程敏政　王阳明　《道一编》《朱子晚年定论》

程敏政（1445—1499），字克勤，号篁墩，明休宁（今属安徽）人。少赋异禀，有"神童"之目，曾经"英宗召试，悦之，诏读书翰林院，给廪馔"。宪宗成化二年（1466）中榜眼，授编修，擢侍讲学士，以礼部尚书终。他以学问赅博闻名于世，与"文章领袖"李东阳并驾齐驱，"一时学者翕然宗之"。明弘治十二年（1499），程、李二人共主会试，绍兴府余姚县王阳明正于此科高中进士二甲第六名，由此走入仕途，并创立"心学"，成一代宗师。就其座主与门生的关系而言，程、王二人之间的学术影响，自然也是不言而喻的。

程敏政博学多才，著述宏富，于乡邦文献的汇集与整理贡献尤多。究其学术思想之根源，则远出于孔、孟，近接于朱、陆，尤以乡贤朱子道学为依归，自称"仆生朱子之乡，服其遗教，克少有立者，实有罔极之恩，而恨报之无所也"①。在遵循朱子由"道问学"而至"尊德性"的治学路上，程氏针对鹅湖之辩中的"朱陆异同"之争，做出了艰难的思考、探索与调和，为此而精心撰著的《道一编》在当时学界曾掀起过波澜，影响深远。但该书在诠释朱子之"道"与理解陆子之"心"时，于不自觉中太多地流露出重于"心学"的倾向，认为"道"出于天，在人为性，而具于心，此论备受当地宗朱学者如汪循、程曈等人的强烈抨击。虽然其本意在于调和朱陆，不佞象山，不偏紫阳，但在对"问学"与"德性"的长期思索中不自觉地滑向探求"道一"、追索心性的一方。如其《道一编目录》后记曰："宇宙之间，道一而已。道之大原出于天，其在人则为性，而具于心。心岂有二哉？唯其蔽于形气之私，而后有性非其性者，故孔门之教，在于复性。"②很显然，程氏这一"宇宙之间，道一而已"，原是朱子"天地之间，理一而已"的思想延续。但"在人则为性，而具于心"，则颇近于陆氏"心即理"之一途。在一定意义上来说，其"道一"论即是象山"道外无事，事外无道"的另一种表述，已深具"心"与"良知"的意味。这样的程敏政在乡邦人士的眼中，显然已成为朱子的"异路"、阳明心学的先导，且《道一编》为阳明直接提供了"道具于心"的文献材料。

有鉴于此，本文以程敏政的《道一编》与王阳明的《朱子晚年定论》为主体，兼以程敏政的《心经附注》等相关资料进行比勘与研讨，发掘阳明在对待"朱陆之辩"以及"心性"问题上所受篁墩之影响。通过比照二人学术与思想发展的轨迹，阐释阳明对程氏"道一"思想的吸收和改造，梳理其心学对"孔门之教在于复性"的儒家"道统"的继承与发展。

---

① 程敏政:《篁墩文集》第2册，《四库明人文集丛刊》本，上海古籍出版社，1991年，第278页。

② 本文所据程敏政《道一编》为明嘉靖三十一年（1552）刻本，见《四库全书存目丛书》子部第6册，齐鲁书社，1997年，第616—617页。今有安徽人民出版社2007年版张健校注本，可参阅。

一、《道一编》与《朱子晚年定论》

程敏政《道一编》作于明弘治二年，王阳明《朱子晚年定论》成于明正德十年（1515）。关于两书之间的承接与影响关系，王氏曾有夫子自道："近年篁墩诸公尝有《道一》等编，见者先怀党同伐异之念，故卒不能有入，反激其怒。今但取朱子所自言者表章之，不加一辞，虽有褊心，将无所施其怒矣。"① 因受《道一编》材料汇集和编撰思想的启发，王氏作《朱子晚年定论》一书，并交代撰述缘由、写作方式，意在证明朱子晚年有倾向于"尊德性"的自悔意味，以便阻挡众多卫朱者的不满或攻击。因有前车之鉴，他规避了程氏因按语过多而招致怨怒之事，仅在《答吕子约》一条后，附录吕氏复书，以示"存诚持敬"；在《答刘子澄》后附录临川吴澄之言，以"语默应酬间，历历能自省验"为己之助，较之程氏的做法，显然灵活聪明多了。

元明时期，"和会朱陆"之说，颇得学界如吴澄、虞集、郑玉、赵汸等人的肯定和认同，但多是口耳议论，随文提及，并无深入探究和著述论证，《道一编》应是最早以著述形式论证这一公案的著作。

程敏政以汇录朱熹与陆九渊的信札为文本主体，将自己的主旨思想体现在所附的按语之中。如《道一编序》开篇即言："朱陆二氏之学，始异而终同，见于书者可考也。不知者往往尊朱而斥陆，岂非以其早年未定之论，而致夫终身不同之决，惑于门人记录之手，而不取正于朱子亲笔之书邪……读至此，而后知朱子晚年所以兼收陆子之学，诚不在南轩、东莱之下。"② 为了强调朱陆晚年思想之同，程氏摆材料、讲道理，在其汇集的信札之后，多有按语所出，《道一编目录》后记云："孔门之教，在于复性。复性之本，则不过收其放心焉尔。颜之四勿，曾之三省，与子思之尊德性、道问学，孟子之先立乎大者而小者不能夺，其言凿乎如出一口。诚以

① 王守仁：《王阳明全集》，吴光、钱明、董平、姚延福编校，上海古籍出版社，2014年，第194页。
② 程敏政：《道一编》，《四库全书存目丛书》，第613页。

心不在焉，则无以为穷理之地，而何望其尽性以至于命哉！中古以来，去圣益远，老佛兴，而以守玄悟空为高；训诂行，而以分章析义为贤；辞华胜，而以哗世取宠为得。由是心学晦焉不明，尼焉不行。"程氏爬梳书信，劳心费力，原本意在"和会朱陆"中显示自己的独到见解，却因坦言"朱子晚岁乃深有取于陆子之说"，并慨叹"心学晦焉不明，尼焉不行"，其中显然也有为象山正名辩诬的意思，故而招来理学家的强烈指责和批判。就批判者的角度而言，程氏在整理和思索"朱陆异同"之时，确已深受陆氏心学潜移默化之影响，一如"白沙在涅，与之俱黑"矣。其所谓"复性之本""心学不明"，表明他的学术旨趣已经内在地转化。"党同伐异"者的"怨怒"，正说明了程氏"离经叛道"的心性之学渐已形成，并借助其显著的名誉和地位，影响着明代中期包括阳明在内的一批性理学者的思想走向。

作为程氏的门生，阳明在承袭《道一编》主体思想和编撰形式的基础上，力图证明朱子晚年思想与陆子心学的一致性。因有前车之鉴，为使崇朱学者"无所施其怒"，便在编订《朱子晚年定论》时"不加一辞"，仅以摆材料、看事实为据，从而获得世人较多的赞同，成为其心学体系建构实现的前提和基础。如若仔细比勘程、王二人摘录文句的真实用意，可以发现诸多相同之处。

首先是观点相同。王阳明对程敏政分析朱陆关系所提出的"其初，则诚若冰炭之相反；其中，则觉夫疑信之相半；至于终，则有若辅车之相倚"思想颇为认同，故其《朱子晚年定论》突出和强调了朱子晚岁对于自己"支离之病"的悔悟；对朱子门人固守早期和中年未定之论，使后世学者不能真正把握朱学真谛的现象，予以婉转而隐微的批评。

其次，王书之中所汇辑的朱陆信札，大多都已包含在《道一编》中，如《与吴茂实书》《与吕子约书》《答陆子书》《答何叔京书》《与周叔谨书》《答符复仲书》等，甚至连程敏政的某些失考之处，也被一并承袭过去。如《答何叔京书》一文，本为朱子早年之作，程氏将其作为晚年之文，王氏也沿袭了这一错误而不自知。

再次，程、王二人对前人的论述都存在一定的猜测和局限性，或以点代面，或断章取义，仅选取有利于自己观点的材料作为证据，而对不利的证据，则弃之不顾。翻检《道一编》，收朱子诗一首，书信四十七封；王书则收录朱子信札三十四封。两书都善于摘取朱子信札中颇具心学倾向的内容，以及朱子称道陆九渊的语句，来支撑自己的观点，论证手段皆以朱子之矛（晚年言论）来攻朱子之盾（早年言论），终于落入"援朱入陆"和"尊德性"的窠臼。对此，东莞陈建《学蔀通辨》就曾指出，《道一编》问世后，"朱陆早异晚同之说于是乎成矣。王阳明因之，遂有《朱子晚年定论》之录，专取朱子议论与象山合者，与《道一编》辅车之卷正相唱和矣"①。湖北崇阳汪宗元在《道一编后序》中也指出："此篁墩先生当群晓众咻之余，而有《道一》之编也。继是而阳明先生独契正传，而良知之论明言直指，远绍孟氏之心法，亦是编有以启之也。"②可见《道一编》在一定意义上实为《朱子晚年定论》的先导③。

为了证实程、王之间的学术共通之处和传承关系，我们择取《朱子晚年定论》与《道一编》所共有的几则朱子信札，来考察二人思想倾向之近似：

> 熹亦近日方实见得向日支离之病，虽与彼中证候不同，然忘己逐物，贪外虚内之失，则一而已。④
>
> 今一向耽着文字，令此心全体都奔在册子上，更不知有己；便是

---

① 陈建：《学蔀通辨》集前《提纲》，清同治五年刻、同治八年至光绪十三年续刻《正谊堂全书》本。

② 程敏政：《道一编》，《四库全书存目丛书》，第660页。

③ 陈寒鸣：《程敏政的朱、陆"早同晚异"论及其历史意义》，《哲学研究》1999年第7期，第12页。另可阅徐道彬：《论"徽学"名义的源与流》，《地域文化研究》2020年第2期；刘艳：《徽州心学研究》，安徽大学博士论文，2017年。

④ 王守仁：《王阳明全集》，第146页。

个无知觉不识痛痒之人，虽读得书，亦何益于吾事邪？[①]

所幸迩来日用工夫颇觉有力，无复向来支离之病。甚恨未得从容面论，未知异时相见，尚复有异同否耳？[②]

向来诚是太涉支离。盖无本以自立，则事事皆病耳。又闻讲授亦颇勤劳，此恐或有未便。今日正要清源正本，以察事变之几微，岂可一向汩溺于故纸堆中，使精神昏弊，失后忘前，而可以谓之学乎？[③]

盖平日解经最为守章句者，然亦多是推衍文义，自做一片文字；非唯屋下架屋，说得意味淡薄，且是使人看者将注与经作两项工夫，做了下梢，看得支离，至于本旨，全不相照。[④]

年来觉得日前为学不得要领，自做身主不起，反为文字夺却精神，不是小病……若只如此支离，漫无统纪，则虽不教后生，亦只见得展转迷惑，无出头处也。[⑤]

近因反求未得个安稳处，却始知此未免支离，如所谓因诸公以求程氏，因程氏以求圣人，是隔几重公案，曷若默会诸心，以立其本，而其言之得失，自不能逃吾之鉴邪？[⑥]

由是观之，程、王两人都拣选了朱子慨叹自己以前注重文字工夫的"支离"之病，从而对陆子的"易简"心性之学有所肯定的论述，诚如阳明所言："予既自幸其说之不谬于朱子，又喜朱子之先得我心之同然。"[⑦]阳明

---

① 王守仁:《王阳明全集》,第147页。

② 王守仁:《王阳明全集》,第148页。

③ 王守仁:《王阳明全集》,第149页。

④ 王守仁:《王阳明全集》,第150页。

⑤ 王守仁:《王阳明全集》,第151页。

⑥ 王守仁:《王阳明全集》,第155页。

⑦ 王守仁:《朱子晚年定论序》,《王阳明全集》,第145页。

在模仿程氏做法的同时，着意摘取其中有利于"抑朱扬陆"的文字，在论"心"辨"性"中，回避了朱子"道问学"之法。在王阳明看来，辞章之学乃"俗儒之学"①，"不足以通至道"②，"从册子上钻研，名物上考索，形迹上比拟，知识愈广而人欲愈滋，才力愈多而天理愈蔽"③。因此，大可不必"拘滞于文义上求道"④，不应从问学和知识上去求作圣人，而应"去天理上着工夫"⑤。对此，程敏政《道一编》目录后按语中就屡有所言："朱子之道问学，固以尊德性为本，岂若后之分章析义者，毕力于陈言？陆子之尊德性，固以道问学为辅，岂若后之守玄悟空者，悉心于块坐？"如此调和中已见偏好所在，在尊崇紫阳的同时，于象山已是青眼有加，《道一编》曰："陆子晚年益加穷理之功，朱子晚年益致反身之诚"，"道问学固必以尊德性为本，而陆学之非禅也明矣"。由此可见，阳明心学在接续象山之际，其间应有程敏政"道一"说的一席之地。换言之，心学的源头除了"求放心"和"心即理"，其同时代程敏政的"耳提面命"之功，定也不在少数。

二、"道问学"与"尊德性"

《中庸》有"君子尊德性而道问学"，朱熹以为"尊德性，所以存心而极乎道体之大也；道问学，所以致知而尽乎道体之细也"，二者如车之两轮，不可偏废。陆九渊认为教人当以"尊德性"为先，"先立乎其大"，然后读书以穷理。朱陆之辩的关键问题，就在于权衡二者孰轻孰重。程敏政认为"尊德性"是由内而外的德性体现，尊重与生俱有的善性，抵制外

① 王守仁：《王阳明全集》，第983页。
② 王守仁：《王阳明全集》，第1349页。
③ 王守仁：《王阳明全集》，第32页。
④ 王守仁：《王阳明全集》，第24页。
⑤ 王守仁：《王阳明全集》，第32页。

在诱惑，提升内在修养；"道问学"乃由问学而达存养，由勤学而至笃诚，德性与问学"实非两种也"。程氏的这些观点，集中展现在《答汪金宪书》《送汪承之序》等信札之中。同样，王阳明也有鲜明的思想表达体现在《答徐成之》的两封书信中，基本的思路和表述也多沿袭程氏。

程氏《答汪金宪书》指出：人之为人与为学，"道问学"与"尊德性"二事绝不可偏废，"夫所谓尊德性者，知吾身之所得皆出于天，则无毫发食息之不当谨，若《中庸》之'戒慎'、《玉藻》之'九容'是也"①。人之所以有别于禽兽，在于善知礼义廉耻，如《礼记·礼运》所说"故圣人以礼示之，故天下国家可得而正也"。历来圣君贤相皆以礼乐教化统御民众，化民成俗。而作为个人能够"学以成人"，关键在于诚正修齐，懂得人的身心为上天赐予，就会时刻警醒自己的言行举止，在举手投足之间讲究伦理道义，即如《中庸》所言"戒慎"，《玉藻》所言"九容"，这便是"尊德性"之一端。"戒慎"与"九容"之类，正是朱子《小学》极力强调的内容，同时也属于"道问学"的范畴，可见程氏所理解的"尊德性"，在一定意义上就是"道问学"，这是因为在时代的变化中，人们的认识理念已有很大的转变，如程氏所言："所谓道问学者，知天下无一事而非分内，则无一事而非学，如《大学》之格致、《论语》之博约是也。"②学以成人，在于由小学而至大学，懂得天下所有事皆为分内之事，任何行为都应合乎人性，归于理道。"格物"的目的在于"致知"，"博"的结果则是至"约"，这便是程氏所言之"道问学"的结果，而在今天看来也属于"尊德性"的一面，一言以蔽之，"道一而已"。故曰："如尊德性者，制外养中；而道问学，则求其制外养中之详。尊德性者，由中应外；而道问学，则求其由

① 程敏政：《篁墩文集》第2册，第284页。
② 程敏政：《篁墩文集》第2册，第284页。

中应外之节，即《大学》所谓求至其极者，实非两种也。"①这一表述既有朱子的"穷理以致其知，反躬以践其实"，亦有象山所谓"立大本，求放心"也。最终为"大抵尊德性、道问学，只是一事"②。这种"道归于一"的表达，虽在思想上依倚于朱陆之间，但其"道一"的落实处已偏重于心性，具有德性本体的意味，故其"心"学之意呼之欲出，显然丢失了对朱子德性与问学兼重的笃诚与坚守。

关于德性、问学合为一事，阳明《传习录》言"如今讲习讨论，下许多功夫，无非只是存此心，不失其德性而已"，强调"道问学即所以尊德性也"，这也是明中叶以后世人要求个性独立、思想界反感理学桎梏的普遍现象。王氏在壬午年（嘉靖元年，1522）曾有两封《答徐成之》信札，对此问题予以深入讨论，从中可以看出其偏重于心性的一面，强调"圣学只一个工夫，知行不可分作两事"，这与程氏强调"道一"和"道具于心"的观点具有相当的一致性。根据信札内容可知王舆庵与徐成之虽各执己见，但朱陆之学皆有弊端，其仍不失为圣人之徒，潜意识里颇有为陆学正名辩诬之意，曰："夫既曰尊德性，则不可谓堕于禅学之虚空；堕于禅学之虚空，则不可谓之尊德性矣。既曰道问学，则不可谓失于俗学之支离；失于俗学之支离，则不可谓道问学矣。二者之辩，间不容发。"③徐成之称陆子之学有虚空之病，缺乏"道问学"；王舆庵批判朱子之学犯支离之弊，少有"尊德性"。阳明则以为"尊德性"绝非禅学，"道问学"无关支离，一是"既失"，一则"亦未得"，二者"正不必求胜"。圣贤之学当是"尊德性"中存有"道问学"，"道问学"中也包含"尊德性"，即"君子之论学，要在得于心"。阳明在篁墩强调"道一"的基础上，倡导"万化根源总在

① 程敏政：《篁墩文集》第2册，第284页。
② 程敏政：《篁墩文集》第2册，第284页。
③ 王阳明：《答徐成之》，《阳明先生文录》卷五，明嘉靖十四年（1535）闻人诠刻本。

心"，唯其如此，朱陆之同才会现其本然、步入自然。

程敏政《送汪承之序》一文，侧重于对朱子后学及理学僵化的批评，认为朱陆之辩，"其流至于尊德性、道问学为两途，或沦于空虚，或溺于训诂，卒无以得真是指归"，失却了儒家中庸之道的教义，乃至于"中世以来，学者动以象山借口，置尊德性不论，而汲汲于道问学，亦不知古之人所谓问学之道者何也。或事文艺而流于杂，或专训诂而入于陋，曰我之道问学。如此孰知紫阳文公之所谓问学者哉"①。关于朱陆之辩，两家门人后学互相排斥，不可调和，有失儒者博雅气象；而带有个性的曲解，更容易导致人们一味地追捧被奉为官学的朱子之学，只论"道问学"，而不言"尊德性"。程敏政指出，学者从事性理而流于高明，专研训诂而流于繁琐，无论"易简"或是"支离"，都不是孔孟之学。他把批判的矛头偏于朱门后学，批评他们没有理解"道问学"的实质，而盲目排斥"尊德性"，这样既是对陆学的曲解，更是对朱学的误读，其"右陆"倾向不言而喻。

同样，王阳明也是两依其说，但内中趋于陆学，认为心学立大本、求放心、辨义利，教人"笃实为己之道"，不亚于朱子折衷群儒之说，阐明《语》《孟》之功。而世人读书不深，易受浮言，误解陆子为禅学，"如矮人之观场，莫知悲笑之所自，岂非贵耳贱目，不得于言而勿求诸心者之过欤"②，使象山"蒙无实之诬"。如若朱子泉下有知，也"不能一日安享于庙庑之间"③。在《答徐成之》的第二封书信中，阳明曰："今晦庵之学，天下之人童而习之，既已入人之深，有不容于论辩者，而独唯象山之学，则以其尝与晦庵之有言，而遂藩篱之……仆今者之论，非独为象山惜，实为晦

---

① 程敏政：《篁墩文集》第1册，第520页。
② 王守仁：《王阳明全集》，第274页。
③ 王守仁：《王阳明全集》，第891页。

庵惜也。"①王氏所言，明责徐成之，而暗助陆九渊，较之程敏政之说，可谓微言曲意，"五尺童子可辨也"。

三、"道一"与"知行合一"

程敏政为了切实地解决"朱陆异同"问题，在前人"和会朱陆"的基础上，努力发掘其间可以融合"道问学"与"尊德性"而为"一"的思想线索。经过艰难搜寻，于是"深取于孟子道性善、收放心之两言。读至此而后知朱子晚年所以兼收陆子之学，诚不在南轩、东莱之下"（《道一编自序》）。

关于"道一"之说，《孟子》有"夫道，一而已矣"；《荀子》有"千举万变，其道一也"；《礼记》有"其礼亦然，其道一也"；《象山语录》有"人精神千种万般，夫道一而已矣"等。程氏接续先贤统摄德性与问学之意，对"道"与"道一"的概念又加以发明和推阐，《道一编》目录后按语自谓："宇宙之间，道一而已"，即万事万物无论是"知"还是"行"，都同归于"道"，而"道之大原出于天，其在人则为性，而具于心"。他将"道生于一"与"道具于心"加以圆融与统合，从人性论、认识论和本体论的角度指出："人道"若有蔽，在于有形气之私，而后有"性非其性者"，故孔门之教重在复性。而复性之本，则在于"收其放心而已"，表明了他的"道一"论，既有富含"道问学"的朱子"理"学，也有充满"尊德性"的象山"心"学，这一贯穿于"理"与"心"之间的"一"，便是本体"道"的体现形式，故"道一"诚可与"先立其大"桴鼓相应。因此，我们可以称"道一"论就是介于朱熹与阳明之间的一个重要的过渡概念，已经蕴含了"知行不可分作两事"的深意。若深究程氏用心所在，其求道

---

① 王守仁:《王阳明全集》,第892页。

于一而不二，已偏离朱子学问之说，而倾向于"寂然不动"。而"一"之本，必落在"道"之上，一外无道，道外无一，其意在"道一"之下存心养性，进而可达"吾性自足"，已初步具有超绝和统摄的本体意味及心学迹象。

王阳明在发觉其师本意之后，对程氏的"道一"之思、"心性"之观，积极地加以迎合、吸收、改造和利用，推进心学体系的建立和发展。他认为"朱陆同异，各有得失，无事辩诘，求之吾性，本自明也"①。因为"道"无方体，"心"外无物，不可执着，"如今人只说天，其实何尝见天？谓日月风雷即天，不可；谓人物草木不是天，亦不可。道即是天，若识得时，何莫而非道"②。日月风雷是"自然之天"，真正之"天"不可得见。又说"心即道，道即天"③，如此说法正与篁墩"道之大原出于天"的内涵基本相同，表明在本体和工夫论上，程、王二人观点趋于一致。阳明继而又在象山、篁墩所谓"心即道"的基础上，对"道问学""尊德性"与"知""行"加以比勘、思考与总结，进而引入"知行合一"和"致良知"之说。事实上，其"良知之在人心，亘万古，塞宇宙，而无不同"④，正与程氏"宇宙之间，道一而已"有着自然勾连的关系，也所谓"千古正学同一源"矣。

程敏政的"道一"思想，既有原始道论的意蕴，更具朱陆之道合二为一的阐发。他很推崇宋儒发明的心性之学，《道一编目录》后记认为，他们是"始阐心性之微旨，推体用之极功"。对理学体系中诸如"太一""天理"及"心"等概念，也能够随着历史发展而自觉融入新的时代，赋予其

---

① 王守仁:《王文成公全书》附录一《年谱一》,中华书局,2015年,第1398页。
② 王守仁:《王阳明全集》,第24页。
③ 王守仁:《王阳明全集》,第24页。
④ 王守仁:《王阳明全集》,第83页。

新的哲理和意义。程敏政著有《心经附注》一书，是对真德秀《心经》所谈心性问题的扩充和提升，并将前人的《圣贤论心之要图》改为《心学图》，置于全书之首；又借《大禹谟》四句真言，用以证明自己的"道一"之论就是德性与问学的兼重统一，也是"道心"与"人心"的圆融归一。

程敏政作为儒家精英，既在"道统"之列，也应为"道"的阐释与践履而奋斗。故其治学讲究体用一源，显微无间，修身力求自我反省，涵养本原，故屡屡提及颜子之"四勿"，曾子之"三省"，以及孟子"先立乎大者"，尤为强调"廓然大公无我之心"，《道一编》目录后按语言"诚以心不在焉则无以为穷理之地"；若无"天道"与此"心"，则人将不能穷天下之理，更不能尽其"性"而至于"命"。可见程氏之学虽出于朱子理学，但在论学途中往往不自觉地滑向了陆子的"发明本心"，易在研读象山、西山之学时，张扬了心学的人间气象，认为汉唐以来的士子，或受释道加持而"守玄悟空"，或以章句为学而"分章析义"，"由是心学晦焉不明，泥焉不行"，原因就在于"学者狃于道之不一"。

对于程氏的怨言，阳明也深有同感，指出："自古圣贤因时立教，虽若不同，其用功大指无或少异。《书》谓'唯精唯一'，《易》谓'敬以直内，义以方外'，孔子谓'格致诚正，博文约礼'，曾子谓'忠恕'，子思谓'尊德性而道问学'，孟子谓'集义养气，求其放心'，虽若人自为说，有不可强同者，而求其要领归宿，合若符契。何者？夫道一而已。道同则心同，心同则学同。其卒不同者，皆邪说也。"①对于"道一"问题的讨论，阳明著述中屡见不鲜，如："天下之道，一而已矣，而以为有二焉者，道之不明也。孔子曰：'道之不明也，我知之矣。知者过之，愚者不及也。道之不行也，我知之矣，贤者过之，不肖者不及也。'呜呼！道一也。"②又

①　王守仁：《王阳明全集》，第290–291页。
②　王守仁：《问佛老为天下害》，《王文成公全书》，第1374页。

"如地之下而无所不承也，如海之虚而无所不纳也。其时敏也，一于天德，戒惧于不睹不闻，如太和之运而不息也"①。可见王阳明与程敏政的"道一"具有相同的意蕴，其后来的"知行合一"论，也应该具有与此相同的"立言宗旨"。换言之，"知行合一"即是"道一"，就是"圣学只一个工夫，知行不可作两事"，是"道一"论对阳明心学及其"知行合一"观形成与发展的引领和推动。

王阳明与程篁墩之间的契合无间，也使得他从来都自认为"不谬于朱子，又喜朱子之先得我心之同然"②，并接续了"道一"思想，赋予它更为丰富的心性内涵，推阐其"知行合一"观，使之成为新时代急需的思想养料。关于"知行"与"道一"的关系，他在《书朱守谐卷》中曾有言："知犹水也，人心之无不知，犹水之无不就下也。决而行之，无有不就下者。决而行之者，致知之谓也。此吾所谓知行合一者也。吾子疑吾言乎？夫道一而已矣。"③视"知"如"水"，以为"是非之心，知也，人皆有之"，将"是非之心"比喻为水，其性为"就下"，一旦"决而行之"，则"无不就下"，也就是"一念发动处，便即是行了"。也可以说，"知是行之始，行是知之成"，就是"道一而已矣"。由此可见阳明"知行"观的形成，既有"心即理"的纵向脉络，又有湛甘泉与程敏政等的直接影响，可谓折衷前贤，自成一家。

如果从"道统"层面来考察，程、王二人的观点也是大略一致的。《道一编》以周敦颐而上续孟子正传，阐发儒家心性之旨，认为二程之后，朱、陆本为一家，都以圣贤千言万语，教人"收其放心"，"下学而上达"；

---

① 王守仁：《与唐虞佐侍御》，《王文成公全书》，第223页。

② 王守仁：《朱子晚年定论序》，《王文成公全书》，第159页。

③ 王守仁：《王阳明全集》，第308页。

朱陆皆传孔门之教，为"精一之传"①，若溯其脉络，亦"道一而已"。对此，阳明也有相近的表述，他认为"朱、陆二贤者天姿颇异，途径微分，而同底于圣道则一"②，意为道心唯微，允执厥中，乃是孔孟之学，心学亦为其一端也，它与孔子所谓"教以能近取譬，盖使之求诸其心也"，孟子所谓"学问之道无他，求其放心而已"，可谓沿波而下，传承无误。换言之，朱陆之学即为孔孟正传，篁墩与阳明之说也是承续孔颜，推阐朱陆，而千载之下，其学之要，皆在于心。只是随着时代的发展，在理学转化为心学的路途上，阳明的论述比篁墩更加详尽与完备，这当是前修未密、后出转精的结果。

　　要之，程敏政对"和会朱陆"及"道一"观的理论阐释与著述证明，深刻地影响了王阳明心学思想的形成和发展，这在《朱子晚年定论》以及"致良知"和"知行合一"中，都有"道一"思想的影响成分。正是因为这种具有地域根基性质的"道一"观与心性成分的存在，才使得在文成身后，阳明心学能够迅猛地涌入徽州，"动拈本体，揶揄晦庵"③，甚至一度压倒程朱理学，至于闽洛绝响，遵者寥寥。可以说徽州心学势力的广泛蔓延，既与当时理学思想的过度僵化、不合时宜有关，也与一批如程敏政这样倾心于象山心学者的前期思想铺垫，有着或明或暗的联系。殆程敏政《道一编》之作虽然缘起于证明"朱陆之辩"理应同归于"道一"，但其按语所言，重在"尊德性"而轻于"道问学"，强调从本心出发，涵养本原，表露出超验性的心性之学的特别倾向。

（本文作者为安徽大学文学院教授）

---

　　① 王守仁：《王阳明全集》，第273页。

　　② 王守仁：《王阳明全集》，第1728页。

　　③ 施璜：《环古书院会讲序》，《环古书院志》卷十五《艺文二》，清道光二十三年（1843）刻本。

阮元与浙学

陈东辉

提　要： 阮元虽然是江苏扬州人，但他曾先后在浙江为官长达十二年，影响大，交游广，乃当时浙江学术界的核心人物之一。他对浙学的传承、弘扬功绩甚大，主要体现在人才培养、图书编纂两大方面。本文从诂经精舍、《经籍籑诂》、《两浙金石志》等与浙学诸方面，论述阮元对清代中后期浙学之影响和贡献。从"大浙学"概念的角度来说，阮元之学应纳入浙学研究的范畴。浙学自身具有包容性，像阮元这样身居高位的学术领袖，对浙学发展演变的作用和影响，远超过一般学者。

关键词： 阮元　浙学　诂经精舍　《经籍籑诂》《两浙金石志》

阮元（1764—1849），身历乾隆、嘉庆、道光三朝，曾任山东学政、浙江学政、兵部侍郎、礼部侍郎、户部侍郎、工部侍郎、浙江巡抚、江西巡抚、河南巡抚、漕运总督、湖广总督、两广总督、云贵总督、内阁大学士、体仁阁大学士等职。同时，阮元又是一位学识博洽、著述等身的大师鸿儒，在经学、哲学、文学、史学、训诂、文字、校勘、金石、书画、历算、舆地等领域均取得了卓越的成就，成为乾嘉学派的后起之秀和扬州学派的中坚人物。

阮元是江苏扬州人，曾先后在浙江为官十二年，与浙江（尤其是杭州）

关系十分密切。阮元于清乾隆六十年（1795）八月在山东学政任上奉旨调任浙江学政，十一月到任，清嘉庆三年（1798）九月任满回京；嘉庆四年十月奉旨署理浙江巡抚，嘉庆五年正月实授，嘉庆十年闰六月丁父忧而去职；嘉庆十二年十二月服满后再次出任浙江巡抚，嘉庆十四年九月因受刘凤诰科场舞弊案牵连而被革职。

阮元在浙时间长，影响大，交游广，乃当时浙江学术界的核心人物之一。他对浙学的传承、弘扬做出了重要贡献，主要体现在人才培养、图书编纂两大方面。

一、诂经精舍与浙学

阮元在浙学人才培养方面的最大贡献，当属创设了诂经精舍。诂经精舍是阮元在浙江学政任上时，于清嘉庆六年在杭州孤山南麓创办的，位于三忠祠之东、照胆台之西。阮元除了亲自参与教学活动，还聘请了主讲王昶、孙星衍等多位著名学者在其中讲学。据孙星衍《诂经精舍题名碑记》载，当时汪家禧、陈鸿寿、陈文述、钱林、胡敬、孙同元、陆尧春、王述曾、吴文健、严杰、周诰、查揆、李富孙、孙凤起、吴东发、朱为弼、周中孚、严元照、徐养原、何兰汀、周师濂、汪继培、徐鲲、周治平、洪颐煊、洪震煊、金鹗、吴杰等，都曾在精舍讲学，共计九十二人。同时阮元还荐举孝廉方正及古学识拔之士六十四人，如邵志纯、叶之纯、陈甫、赵魏、梁祖恩、陈鳣、俞宝华、张廷济、吴文溥、孙东旸、袁钧、王文潮、刘九华、卢炳涛、郑灏、端木国瑚等。此外尚有王瑜、臧镛堂、臧礼堂、方起谦、何元锡五位纂述经诂之友，以及姚文田、汤金钊、钱昌龄、何兰馥、张鳞、王家景、陈斌等二十二位己未科（清嘉庆四年）进士（阮元充己未科会试副总裁）。一时两浙人才荟萃。这支高水平的师资队伍，不但保证了诂经精舍的教学质量，也是当时浙江地区学术研究的中坚力量。应该说明的是，上述一百八十余位学者并非都是执教者，其中有相当一部分专职从事学术研究。

精舍结合教学活动，积极探究经古之学。阮元主张由小学以通经学，他的这一学术思想也贯彻到精舍的教学与研究之中。精舍的师生在从事研究时，常常以训诂、文字、音韵为重点。《诂经精舍文集》所汇编的不但是受业生徒课艺之佳作，而且也是具有较高学术价值的研究成果。许宗彦盛赞云："兹集所载，于古今学术，洞悉本原，折衷无偏，实事求是，足以发明坠义，辅翼经史。其余诗古文，或咀六代之腴，或挹三唐之秀，风标峻上，神韵超然。盖吾师因其质之所近以裁之，而诸君亦各能以长自见。览斯集者，犹探珠于沧瀛，采玉于昆阆也。"①《诂经精舍文集》凡十四卷，有一百五十六个题目，共收文章三百三十二篇，包括汪家禧等《六朝经术流派论》、徐养原《读周礼小宰注》、洪颐煊《七经孟子考文补遗跋》、赵坦《春秋异文解》、胡敬等《唐孔颖达五经义疏得失论》、邵保和等《问史记载尚书孰为今文孰为古文》、周联奎《今古文尚书增大誓说》、赵春沂等《两汉经师家法考》、洪震煊等《论语过位解》，等等。这些文章虽然都不长，但言之有物，乃较为典型的考证之作。除《诂经精舍文集》之外，精舍师生还有众多考证著述，占同期浙江省考证著述的半数之多。

诂经精舍注重考证，规制井然，学风优良，培养了一大批优秀人才，受业生徒可查考者达一千多人，其中包括汪家禧、黄以周、朱一新、姚文栋、袁昶、章炳麟等著名学者。更值得一提的是，许多受业于精舍之学者，都能本其所学，推宏教泽。精舍从开办到结束共计百余年，堪称清中叶以后最具影响的书院之一，在很大程度上推动了浙江乃至整个晚清学术的发展。阮元的开创之功不可泯灭，我们应予充分关注。

---

① 许宗彦：《诂经精舍文集序》，载阮元辑《诂经精舍文集》卷首，收入陈东辉主编《杭州诂经精舍课艺合集》第1册，学苑出版社，2018年，第7—8页。

诂经精舍的教学、研究之史实，本身即为浙学的组成部分。同时，诂经精舍乃当时浙江重要的学术交流平台，对浙学的传承、弘扬做出了重要贡献。

二、《经籍籑诂》诸书与浙学

《经籍籑诂》是清嘉庆二年阮元任浙江学政时，组织人力编纂的一部规模宏大的古汉语训诂资料汇编，计一百零六卷。阮元亲自拟定了该书的凡例，由何兰汀、朱为弼、孙凤起、丁授经、丁传经、诸嘉乐、邵保初、施彬、周中孚、赵坦、王端履、丁子复、孙同元、梁祖恩、宋咸熙、洪颐煊、洪震煊、徐鲲、陈鳣、倪绶、吴东发、杨凤苞、张鉴、顾廷纶、严杰、刘九华、陶定山、沈河斗、傅学灏、吴克勤、张立本、陆尧春等三十三人，分头摘抄有关古籍中的注释性文字。分纂工作完成后，阮元又延请擅长训诂之学的臧镛堂及其弟臧礼堂任总纂，再从分纂人员中选出宋咸熙、倪绶、诸嘉乐、孙同元、丁授经五人承担分韵工作，洪颐煊、洪震煊、徐鲲、潘学敏、赵坦、施彬、赵春沂、金廷栋、严杰、梁祖恩十人完成编韵任务。此外，总校由方起谦和何元锡担任，收掌由汤燧和宋咸熙担任，覆校由臧镛堂和臧礼堂完成，刊板覆校则由林愍曾充其役。

根据该书凡例和字头下所列材料，可知其取材甚广，大致包括群经、诸子本文中的训诂，群经、诸子和史部、集部书旧注以及辞书等方面。该书的最大特点，是唐以前的文字训诂，大都已囊括其中了。注意吸收当时的学术研究新成果，则是它的又一重要特色。该书于嘉庆三年刻成后，阮元又组织人力将原刻漏收的经籍注释文字、《说文》和唐人对经传的疏解文字，辑成《补遗》，附刊于原刻每卷之后。由于参加《经籍籑诂》编纂的人员大多学有专长，遂使其质量有了保证，达到了很高的学术水平。前人称它是"据六艺之钤键，廓九流之潭奥"①，"经典之统宗，诂训之渊薮，取之不竭，用之无穷"②，洵非过誉。

上述参与《经籍籑诂》编纂的人员中，除了臧镛堂和臧礼堂系江苏武进人，方起谦系安徽歙县人，其余均为浙籍人士。《经籍籑诂》的编纂，在很大程度上扩大了浙学的影响，提升了浙学在全国学术界的地位。

同时，阮元曾"集诸名士，授简西湖诂经精舍中，令详其异同，抄撮会萃之，而以官事之暇，乙夜燃烛，定其是非"③，经过五年的艰苦努力，终于完成了在中国经学史上具有重要价值的《十三经注疏校勘记》。诂经精舍的生徒为该书的编纂做出了很大贡献。清嘉庆八年春，著名学者陈寿祺应阮元之延请，来到西子湖畔主持敷文书院。是年夏，受阮元之命，他带领诂经精舍部分学生，利用编纂《经籍籑诂》时所积累的资料，于九经传注之外，广搜古说，纂修《十三经经郛》④。凡此种种，均属清代中后期浙学之重要组成部分。

此外，阮元在浙时所编的《积古斋钟鼎彝器款识》《畴人传》《宛委别藏》等，也为乾嘉时期的浙学添砖加瓦。《积古斋钟鼎彝器款识》的编纂始于清嘉庆二年阮元任浙江学政之时，刻成于清嘉庆九年，共计十卷，著录商、周、秦、汉、晋铜器五百五十一件，超过宋代薛尚功所辑四百九十三件之数。该书先摹录文字，再进行考释。卷首有《商周铜器说》，介绍了周代有关彝器出土的情况，认为铜器的重要性不在"九经"之下。这部书是较早著录、研究钟鼎彝器的专书，借此"辨识疑文，稽考古籍、国邑、大夫之名，有可补经传所未备者；偏旁篆籀之字，有可补《说文》所未及

---

① 王引之：《〈经籍籑诂〉序》，载阮元等撰集《经籍籑诂》卷首，中华书局，1982年，第2—3页。
② 臧庸：《〈经籍籑诂〉后序》，载阮元等撰集《经籍籑诂》卷首，中华书局，1982年，第5页。
③ 段玉裁：《经韵楼集》卷一《十三经注疏释文校勘记序》，上海古籍出版社，2008年，第2页。
④《十三经经郛》原定规模过于浩大，致所成初稿并未符合预期构想。后来阮元将此初稿加以改订，衰为一百余卷，缘采辑不全，艰于补遗，故未刊刻。

者"①，于考古学、古文字学，尤其是金文的研究具有重要参考价值。

《畴人传》亦系清嘉庆二年阮元任浙江学政时开始编纂的，嘉庆十五年完稿，其主要编纂工作是在浙江完成的。该书凡四十六卷，其中前四十二卷辑录了上古至清乾嘉年间，优秀天文学家、历法学家和数学家传略，共二百四十三人；后四卷附记西洋学者三十七人。全书按朝代铨次，每篇传记介绍传主姓名、爵里、生卒、事迹、科学成就与论著，对于历代创造发明和仪器制度撼录特详。《畴人传》乃我国第一部自然科学家史略专著，是考究古代科技史和探讨中西科学文化交流的珍贵文献。全书内容丰富，体例谨严，史料翔实。

清嘉庆四年阮元任浙江巡抚时，发现许多《四库全书》所未收的珍本，便萌发了搜辑四库缺书的愿望，遂凭借自己的地位和能力，悉心搜求并进呈了一批四库未收之书，多为珍贵的宋元善本、名钞旧刻。整个征访过程，历时十余年。阮元进呈的这批四库未收书，嘉庆帝赐名《宛委别藏》，储于宫内养心殿，以补《四库全书》之阙。《宛委别藏》多系罕觏珍贵之籍，或可补《四库全书》之所佚，或为其提供续编，价值甚高。

三、《两浙輶轩录》诸书与浙学

阮元还主持编纂了《两浙輶轩录》《两浙金石志》《两浙盐法志》《海塘志》《两浙防护录》《浙士解经录》等，为弘扬浙学做出了很大贡献。《两浙輶轩录》中的"輶轩"二字，是指汉代輶轩使者驾车赴各地采风，阮元加以效仿。该书共计四十卷（其中卷三十九为"方外"，卷四十为"闺秀"），收录清代顺治至乾嘉之际3133位浙江人士的诗作9241首，所有作者均附小传，并注明字号、爵里。该书所收诗家众多，并且注重收录知名

---

① 阮元：《揅经室集·积古斋钟鼎彝器款识序》，中华书局，1993年，第637页。

度不高的作者诗作，是研究清诗以及清代浙江文学的重要资料。

《两浙金石志》汇录浙江地区自会稽秦石刻至元末的金石资料680种，以时代先后为序，先全录金石文字，后附按语，详载各金石所在地点、行数、字径及书法等。该书搜罗广博、考订精审，编成后影响深远，在很大程度上促进了江浙地区金石学研究的昌盛。此后，这一地区不断涌现出金石学专家，并逐渐形成了清代金石学研究中的"江南学派"（又称"南派"）。后来金石志成为纂修各级方志时不可或缺之内容，显然是受了阮元所编《两浙金石志》和《山左金石志》的启迪与影响。

阮元和当时兼管两浙盐政的延丰，于清嘉庆六年主持重修的《两浙盐法志》，资料翔实，内容丰赡，堪称清代最为完备的浙江地区盐法志书。阮元和陈寿祺于嘉庆年间编纂的《海塘志》，则是关于浙江海塘之文献专著。

阮元出任浙江学政后，积极寻访和修护帝王贤哲陵墓，主持编纂了《两浙防护录》。《浙士解经录》（附《浙江考卷》）也是阮元在担任浙江学政时编订的，该书从当时浙江考生的试卷中选录可补经义之内容。此外，阮元还撰有《浙江图考》，是关于古代浙江地理研究的重要论著。

上述著作对于浙学的总结与传承起到了重要作用。另外值得一提的是，不少论著中提及阮元主持编纂了《浙江通志》。笔者经过仔细考察，发现此乃讹传，阮元并未主持编纂《浙江通志》，并且也无其参与清代嘉庆年间编纂的《浙江通志》之记录，而仅有《［雍正］浙江通志》的嘉庆十七年（1812）修补（此处指修补板片）刻本（也并非阮元主持）。这一讹传，当始于梁启超在《中国近三百年学术史》中的误记，此后的不少论著便据此以讹传讹。

四、阮元对清代中后期浙学之影响和贡献

吴光曾就"浙学"的内涵、源流、精神及其当代意义诸问题进行过专门研究，业已发表多篇论文。他对相关问题的认识和思考不断深化、成熟。

在《关于"浙学"研究若干问题的再思考》一文中，吴光对自己此前已经多次提及的"大浙学"概念作了阐述。他认为，广义的"浙学"概念即"大浙学"概念，指的是渊源于古越、兴盛于宋元明清而绵延于当代的浙江学术思想传统与人文精神传统。这个"大浙学"，是狭义"浙学"与中义"浙学"概念的外延，既包括浙东之学，也包括浙西之学；既包括浙江的儒学与经学传统，也包括浙江的佛学、道学、文学、史学、方志学等人文社会科学传统，甚至在一定意义上涵盖了有浙江特色的自然科学传统。当然，"大浙学"的主流，仍然是南宋以来的浙东经史之学。我们现在研究浙学，不应限于浙东经史之学，而应扩大视野，研究两浙经史之学的传统及其特色①。

　　笔者十分赞同"大浙学"的概念，并且认为：界定浙学之内涵与外延时，不宜完全以相关学者之籍贯作为划分标准。对于长期在浙江工作、生活的非浙籍学者，并且其成果与浙学总体一致的，应该将其纳入浙学范畴。尤其是像阮元这样身居高位的学术领袖，其影响力远超一般学者，堪称当时浙学的引领者，他在浙江时期的相关学术成果更应该纳入浙学范畴。如此，既可彰显浙学之包容性，亦可丰富浙学之内涵。事实上，在从事地方文献研究以及地方志编纂时，一般也都将长期在该地活动的外地学者列入。

　　以清代浙江汉宋兼采思想的发展为例。杨菁《清代浙派汉宋兼采思想研究》中提到，清中后期，汉宋兼采思想渐成风气，尤其是在东南地区，江苏、浙江、福建、广东、湖南、安徽等地均涌现出一些兼采汉宋思想的学者。该文依次对许宗彦、金鹗、黄式三、黄以周、徐养原、徐时栋、严元照七位兼采汉宋思想的浙籍学者之生平与学术进行了专门研究②。

　　上述七位浙籍学者中，大多与阮元有交集。金鹗、严元照、徐养原曾

　　① 参见吴光《关于"浙学"研究若干问题的再思考》，《浙江社会科学》2014年第1期，第129页。

　　② 杨菁：《清代浙派汉宋兼采思想研究》，西南大学中国史专业硕士学位论文，2019年。

在诂经精舍讲学。阮元乃许宗彦之座师，对许氏十分器重，曾经专门为其作传①。许宗彦则为《诂经精舍文集》撰序。时代晚于阮元的黄以周系诂经精舍受业生徒。黄式三、徐时栋在学术上也受到阮元的影响。如黄式三的早期著述《经训比义》乃仿照阮元《性命古训》而作，徐时栋撰有《分类重编〈学海堂经解〉赞廿一首》②。

阮元虽然反对宋儒凿空解经之方法，但是并不排斥宋学本身。他力持学术之平，既重训诂考据，亦重义理探求，走汉宋兼采的道路。刘师培对阮元之学术颇为推崇，云："自汉学风靡天下，大江以北治经者，以十百计。或守一先生之言，累世不能殚其业。或缘词生训，歧惑学者。唯焦、阮二公，力持学术之平，不主门户之见。"③这一评价确与事实相符，令人信服。阮元认为："两汉名教得儒经之功，宋、明讲学得师道之益，皆于周孔之道得其分合，未可偏讥而互诮也。"④他的这一学术思想在诂经精舍的教学内容之中有所反映。精舍的教学内容虽以汉学为主，但并不完全排斥宋学。应该说阮元对于汉宋兼采思想在两浙之流播起到了不小的助推作用。

总之，虽非浙人的阮元，对于浙学之传承、弘扬做出了重要贡献。这些相关史实值得我们关注并加以进一步深入研究。

（本文作者为浙江大学汉语史研究中心研究员）

---

① 参见阮元《揅经室集·浙儒许君积卿传》，中华书局，1993年，第402–405页。

② 参见徐时栋《烟屿楼文集》卷三十六《分类重编〈学海堂经解〉赞廿一首》，《续修四库全书》第1542册，上海古籍出版社，1995–2002年，第496–500页。

③ 刘师培：《左盦外集》卷二十《扬州前哲画像记》，《刘申叔遗书》，江苏古籍出版社，1997年，第1896页。

④ 阮元：《揅经室集·拟国史儒林传序》，中华书局，1993年，第37页。

宋濂学术渊源新探

刘玉敏

提　要：宋濂的著述中，儒释道思想非常丰富。其儒学以"六经"为根柢，以振兴吕祖谦为代表的婺学为职志，将婺学兼容并蓄、融会贯通的原则贯穿于学术中，从哲学、史学、文学、治国理政等各方面发展了婺学思想。他的佛教思想源于他饱读三藏和对佛教的深厚感情，并受宗密、永明延寿、契嵩融通三教的思想启发，主张教禅一致、禅净一致、顿渐一致等。他的道教思想则源自他阅读了大量洞玄之书，并与许多道士交游。他坚持三教平行的原则，以三教各自的术语撰写文章，思想上界限分明，互不援用，三教并用只是表现在政治教化上。同时期的王祎、杨维桢均认为由吕祖谦开创的金华学，发展至宋濂而发扬光大。明代的薛应旂更是高度赞扬宋濂的理学思想继承并超越了金华之学，乃圣学之正传。总之，仅仅依据师承关系判定宋濂的学术渊源是远远不够的，从他本人的自述、问学经历、思想内容和特征以及师友的评价进行全方位考察，庶几得之。

关键词：宋濂　学术渊源　婺学　六经

宋濂（1310—1381），字景濂，号潜溪、无相居士。祖籍金华潜溪（今浙江义乌），后迁居金华浦江（今浙江浦江）。元明之际著名思想家，明代"开国文臣之首"①，道德文章影响深远。关于其学术渊源，学术界甚

---

① 张廷玉等撰：《宋濂传》，《明史》卷一百二十八，中华书局，1974年，第3787-3788页。

有争议。受《宋元学案》之影响，大部分学者根据师承关系以之为朱熹后学；看到他思想中有"'六经'皆心学"，有关于心的论述，便说他宗的是陆学；发现其思想中既有朱学，又有陆学，便说他和会朱陆。也有学者根据宋濂的自述和思想的总体特征，认定他传的是婺学。鉴于宋濂的儒释道思想都非常丰富，且处理三教关系的方式比较独特，所以本文拟分别辨析其三教思想渊源，并从思想内容和特征、师友研判等方面来探讨其学术渊源。

一、儒学渊源

宋濂一生手不释卷，对先秦以降的经史子集、佛典道经，无书不读，且自有心得。其文集中有大量的文论、经论、史论，看起来相当驳杂。其学问宗旨和方向究竟为何，从其自述可见端倪。

（一）"舍'六经'则不学"

宋濂祖上自宋代迁到金华之潜溪后，一直以务农为生，少有从事儒业者。他的父亲不甘心诗礼之传就此中断，于是鼓励酷爱读书的宋濂"为孝子，为悌弟，为良师儒"，"大抵门不欲其高，唯其德之崇；有子不欲其侈，唯欲其业之修"①。受此庭训，宋濂"尽弃解诂文辞之习，而学为大人之事。以周公、孔子为师，以颜渊、孟轲为友，以《易》《诗》《书》《春秋》为学，以经纶天下之务，以继千载之绝学为志，子贡、宰我而下，盖不论也"②。"大人之事"即是立圣贤之志，行君子之事。直接以周、孔为师，

---

① 宋濂：《宋濂全集》卷七十一《先府君蓉峰处士阡表》，黄灵庚编辑校点，人民文学出版社，2014年，第1719页。

② 宋濂：《龙门子凝道记》卷下《令狐微第十二》，《宋濂全集》卷九十四，第2238页。

颜、孟为友，学习"六经"之道而不专事文辞训诂。

宋濂四十六岁时作《白牛生传》自述："他无所嗜，唯攻学不怠。存诸心，著诸书'六经'；与人言，亦'六经'。或厌其繁，生曰：吾舍此不学也。'六经'其曜灵乎？一日无之，则如冥冥夜行矣。"①宋濂在二十六岁时曾参加过乡试，一度也把《四书章句集注》当成科举应试的工具。二十多年过去了，已经名声远扬并对学问有深入思考的宋濂，已经不满足于读濂洛关闽这些"二手"资料，他要回归原始儒家。他要继承的是孔孟千载不传之绝学，濂洛以降诸学者都对孔孟之学有所发明，但只可当作参考的对象。宋濂阅读他们的著作，就如我们写论文也要阅读大量前人的研究成果一样，起到"他山之石，可以攻玉"的作用。

濂洛之学与"四书""五经"的关系，宋濂曾有一个生动的比喻：

"六经"汝甲胄，四子汝剑镞。濂洛汝金鼓，武夷汝櫜韇。②

"四书""五经"好比武士的甲胄和兵器，是必备之物；而濂洛关闽之学好比战鼓和箭囊弓套，起辅助作用。言下之意，读书当先读"四书""五经"，实在读不懂，不妨看看周张程朱的注解，至少不会步入歧途。但是，濂洛关闽毕竟也是一家之言，不可盲目轻信，真正的治学者还应该回归原典，本诸"六经"，从"六经"中自得自悟。

为何度越诸人之书，直通"六经"？因为"六经"才是圣人心中之理的记录。圣人心中之理便是圣人之道。"人无二心，'六经'无二理，因心有是理，故经有是言。"③四方上下，往古来今，心同理同。"六经"是圣人

---

① 宋濂：《宋濂全集》卷十六《白牛生传》，第294页。
② 宋濂：《宋濂全集》卷一百三《送陈彦正教授之官富州》，第2435页。
③ 宋濂：《宋濂全集》卷七十八《六经论》，第1878页。

心中之理，也是"我"心中之理。要想真正体会圣人之道，应该直接从经中用心体会，做到"经与心一"。所以说"'六经'皆心学也"①，就是因为"'六经'者，所以笔吾心中所具之理故也"②。宋濂不甘心跟在伊洛诸儒之后，只做一个传播者，他想亲自从原典中体悟圣人之意，做一个悟道者。

（二）"欲学孔子，当必自公始"

宋濂以"六经"作为学问根本的表现之一，便是以"六经"为矩矱对两宋各派思想进行评判。他认为王安石新学失之穿凿附会，以佛老混淆儒学，追求功利祸乱天下；其可取之处则是王安石本人执着确信、淡泊权位的品德。三苏蜀学与先秦纵横家类似，远离先王之道；但其文辞气势夺人，说明才高识明。永嘉之学立言纯美，尚经制礼乐以振拔流俗；但忘大本而泥细微，没什么实效。金溪陆九渊之学注重道德践履，其学说足以变化人心；但于致知上有所欠缺，不无遗憾。横浦张九成之学，失之阳儒阴释，但横浦之人品无可挑剔。以上诸人的学问都有得有失，唯有"东南三贤"的学问无瑕疵：

> 曰："金华之学何如？"曰："中原文献之传，幸赖此不绝耳。盖粹然一出于正，稽经以该物理，订史以参事情，古之善学者亦如是尔。其所以尊古传而不敢轻于变易，亦有一定之见，未易轻訾也。当是时，得濂洛之正学者鼎立而为三：金华也，广汉也，武夷也。虽其所见时有不同，其道则一而已。盖武夷主于知行并进，广汉则欲严于义利之辨，金华则欲下学上达。虽教人入道之门或殊，而三者不可废

---

① 宋濂：《宋濂全集》卷七十八《六经论》，第1877页。
② 宋濂：《宋濂全集》卷七十八《六经论》，第1878页。

一也。"①

金华之学得"中原文献之传",经史结合,粹然纯正,与张栻湖湘学、朱
熹闽学鼎立为三,均得濂洛之正传。这三家学问均为"入道"之学,但各
有侧重,如果能相互补充最好。作为婺州人,宋濂欲发扬光大吕学:

> 吾乡吕成公实接中原文献之传,公殁始余百年而其学殆绝,濂窃
> 病之。然公之所学,弗畔于孔子之道者也,欲学孔子,当必自公始。
> 此生乎公之乡者所宜深省也。②

"欲学孔子,当必自公始",吕祖谦之学没有背离孔子之道,从吕学入手,
有助于理解圣人之道。他决定以振兴婺学为己任——这也是柳贯对他的期
待:"吾乡文献,浙水东号为极盛。自惭驽劣,不足负荷此事,后来继者,
所望唯吾友尔。"③
　　事实上,吕祖谦的学问原则、人格魅力都深深吸引着宋濂。他指出,
东莱的影响不仅在婺州,而且远及永嘉:

> 窃唯东莱以中原文献之传,倡鸣道学于婺,丽泽之益,迩沾远
> 被。龙川居既同郡,又东莱之从表弟,虽其所志在事功,不能挈而使
> 之同,反复摩切之,其论议或至夜分,要不为不至也。止斋留心于古
> 人经制、三代治法,虽出于常州者为多,至于宋之文献相承,所以垂
> 世而立国者,亦东莱亹亹为言之而学始大备。考其一时学术人材之盛,

---

① 宋濂:《龙门子凝道记》卷下《段干微第一》,《宋濂全集》卷九十四,第2211–2212页。
② 宋濂:《宋濂全集》卷八十六《思媺人辞》,第2035页。
③ 柳贯:《与宋景濂书》,《宋濂全集·附录二》,第2800页。

而能照耀于古今者，不归之朋友讲学之功，抑岂可哉！①

陈亮志在事功，东莱则以道学规劝之；陈傅良留心经制，东莱则为其讲述"中原文献"之所以然。浙东学术之盛在于诸儒讲学之功，而吕东莱在其中起到了关键性作用。

陈亮生前，其言行和为人饱受非议，学说也不受重视。对于陈亮开创的永康之学，宋濂评价亦很中肯。宋濂评价陈亮曰：

> 气豪而学偏者也。使其当今之世也，拥百万兵驰骋于天下，堂堂之阵，正正之旗，实有一日之长。是何也？其智数法术，往往可驭群雄而料敌情，而刚烈之气，又足以振撼而翕张之，其能成功宜也。若论先王之道德，一怒而安天下之民，则曾乎未之见也。②

陈亮豪气刚烈，其于战场可以建功立业；但他不懂得以德安天下的道理，故有所缺。

陈亮一生都无机会施展抱负，在其身后，永康学也似乎湮没无闻了。宋濂却于浙东发现了喻偘和喻南强，为之立传，高度评价他们卫护师门之功：

> 当乾道淳熙间，朱熹、吕祖谦、陆九渊、张栻四君子皆谈性命而辟功利，学者各守其师说，截然不可犯。陈亮倔起其傍，独不以为然，且谓："性命之微，子贡不得而闻，吾夫子之所罕言，后生小子与之谈之不置，殆多乎哉！禹无功，何以成六府？《乾》无利，无以具四德，如之何其可废也！"于是推寻孔孟之志、"六经"之旨、诸子百家

---

① 宋濂：《宋濂全集》卷四十三《跋东莱止斋与龙川尺牍后》，第967–968页。
② 宋濂：《龙门子凝道记》卷下《段干微第一》，《宋濂全集》卷九十四，第2211–2212页。

分析聚散之故，然后知圣贤经理世故与三才并立而不废者，皆皇帝王霸之大略，明白简大，坦然易行。人多疑其说而未信，偘独出为诸生倡布，挈纲纪，发为词章，扶持而左右之，使亮之门恶声不入于耳，高名出诸老上，皆偘之功也。①

陈亮虽然过多关注王霸功利，但毕竟独树一帜，况且王霸大略也是圣人之学的一部分，与朱吕诸人的性命之学恰可以互补。喻偘积极宣传陈亮学说，喻南强四处奔波为陈亮洗冤，充分体现了古师弟子义。透过字里行间，可以看出宋濂对陈亮的学说也多加肯定。他书写的传记和评语被《宋元学案·龙川学案》完全采用。

对于婺学的另一代表人物唐仲友，宋濂深深感到惋惜。唐仲友因与朱熹交恶，遭朱熹弹劾去职，《宋史》不为立传，其为人和学问渐渐无闻。宋濂特撰《唐仲友补传》一卷，惜今已不见。不过《四库全书总目》记载他的好友朱右为该传作过题识："朱右《白云稿》有《题宋濂所作仲友补传》，云在台州发粟赈饥，抑奸拊弱，创浮梁以济艰涉，民赖利焉，则仲友立身自有本末。"②说明宋濂从唐氏在台州的政绩，推断其为人是遵循圣贤之道的。宋濂还曾为唐氏的后人作过墓志铭，亦可见他对唐氏的态度：

　　唐为金华著姓，宋南渡后擢进士第者十有七人，其与乡贡舍选及曹试童子科者莫可胜数，而杰然出乎其间者，世称说斋先生。先生讳仲友，天分绝人，书经目辄成诵，遂以学行名天下，由绍兴甲戌进士中博学宏词科，召试馆职，累迁著作郎。迭守名藩，更秉使节，终官

① 宋濂：《宋濂全集》卷十六《喻偘传》，第302页。
② 今《四库全书》所存《白云稿》五卷中并不见该文。

朝议大夫。①

唐仲友精通经制之学，今有《帝王经世图谱》存于《四库全书》。他与吕祖谦生同时，居同郡，吕祖谦传世著作中仅见提及一次②。与其他浙东学人，罕见其往来记载。博学多识却孤行绝世，宋濂为之补传，希望他不被淹没在浩瀚的历史长河中，也有光大宣传家乡学术之意。

综上，从宋濂本人的自述和志向看，他决心以孔孟为师，以"六经"为学问根本，通过评判诸家，认定"东南三贤"的学问均是孔门正学。作为婺州人，他敬仰和服膺吕祖谦的学问，作为一种责任和使命，他决心以继承和光大婺学为己任。

二、佛、道思想渊源

吕祖谦不佞佛，但也绝不像其他道学家那样激烈排斥佛教。宋濂则不讳言自己与佛教的因缘，他"誓以文辞为佛事"③，撰写了大量佛教相关的文章。《宋元学案》因此断言婺中之学发展至宋濂而"渐流于佞佛者流"④。依据这一论断，绝大部分学者遂认为宋濂思想是援佛入儒，或者会通儒佛。事实上，宋濂的很多佛文都是应禅师或沙门所请，他们想从宋濂那里

---

① 宋濂：《宋濂全集》卷六十三《唐思诚墓志铭》，第 1476 页。

② 吕祖谦编著《古文关键》，精选"唐宋八大家"之文，并撰"看古文要法"对各家之"文法"逐一评点，最后说："以上评韩、柳、苏等文字，说斋先生唐仲友亦常以此说诲人。"（《古文关键》，黄灵庚、吴战垒主编：《吕祖谦全集》第 11 册，浙江古籍出版社，2008 年，第 2 页。）宋濂和《宋元学案》说吕氏对唐不及一言，误。

③ 宋濂：《宋濂全集》卷五《四明佛陇禅寺兴修记》，第 110 页。

④ 黄宗羲著、全祖望补修：《宋元学案》卷八十二《北山四先生学案》，中华书局，1986 年，第 2801 页。

得到些许开示。所以不是宋濂从同时代人那里学到什么理论，而是他以渊博的佛学知识助推佛教发展。宋濂对佛教的态度和处理三教关系的方式，既来自婺学兼容并蓄的一贯传统，又得益于前辈高僧。给予宋濂一生影响最大的佛门禅师是唐代的宗密，五代、宋时期的永明延寿和契嵩。

宗密（780—841），华严宗五祖，禅宗菏泽系传人，著有《原人论》《圆觉经大疏》《禅源诸诠集都序》等。他提出"会通"的原则，主张融合三教、禅教一致，禅宗内部顿渐融合。他指出：三教虽各有造说，但从教化群生的角度，三者可以相互促进，"然孔、老、释迦，皆是至圣。随时应物，设教殊途。内外相资，共利群庶"①。所以他主张三教融合，但以佛教为根本，因为只有佛教能达到推本及源，穷理尽性："虽皆圣意，而有实有权。二教唯权，佛兼权实。策万行，惩恶劝善，同归于治，则三教皆可遵行；推万法，穷理尽性，至于本源，则佛教方为决了。"②他所说的"本源"，便是本觉真心，即佛性、如来藏。他在判教中，以一乘显性教为本教，偏浅佛教和儒道为末教，他主张"会通本末"，即以一乘显性教的"真心"融合其他偏浅佛教和儒道，"方能弃末归本，反照心源。粗尽细除，灵性显现。无法不达，名法报身。应现无穷，名化身佛"③。

宗密会通三教的思想对后世影响甚大。宋濂直接吸收了宗密的"会通"原则，将其贯穿于自己的思想中。当然，作为儒家学者，他对三教关系的具体看法与宗密不同：宗密以佛教为根本，会通三教；宋濂则要求三教在思想上保持各自的独立性，只在政治教化上相资为用。

宋濂自认前世便是五代时期的高僧永明延寿：

---

① 宗密著，董群译注：《原人论全译》，巴蜀书社，2008年，第83页。

② 宗密著，董群译注：《原人论全译》，第84页。

③ 宗密著，董群译注：《原人论全译》，第138页。

居士未出母胎，母梦异僧手写是经，来谓母曰："吾乃永明延寿，宜假一室以终此卷。"母梦觉已，居士即生。①

我与导师有宿因，般若光中无去来。今观遗像重作礼，忽悟三世了如幻。②

延寿（904—975），号智觉禅师，唐末五代法眼宗三祖，净土宗六祖，因长住永明寺，故称永明延寿。鉴于隋唐时期佛教内部宗派林立，禅教分离，延寿遂召集天台、华严、唯识诸宗僧人，广收博览，互相切磋，彼此质疑，编成《宗镜录》一百卷，调和禅教之间及教内各家之间的义理宗旨。又撰《万善同归集》六卷，倡禅净一致之道。他极力调和禅宗和净土修行：禅宗一向倡言"唯心净土"，净土就在心中，不必外求；净土宗则强调"西方净土"，净土不在此岸而在彼岸，即追求往生西方净土世界。延寿从理事、权实、二谛等十个方面圆融不同教义，认为"唯心净土"与"西方净土"是圆融无碍的，是一致的。他的目的是把"西方净土"理念融入禅宗理论和实践之中，以往生"西方净土"作为禅修的终极目标和最高理想。宋濂在多篇文章中强调教禅一致、顿渐一致、禅净一致等，都是延寿这一思想的体现。

契嵩（1007—1072），字仲灵，号潜子，藤州镡津（今广西藤县）人。北宋庆历间至钱塘，驻于灵隐寺。他有感于时人尊孔排佛，以欧阳修为最著，遂作《原教》《孝论》等十余篇集成《辅教编》，又恐众人看不懂，于其间加以注释，称《夹注辅教编》，倡导儒佛一贯。又感慨于禅门衰微，作《传法正宗记》，"博采《出三藏记》洎诸家记载，释迦为表，三十三祖

---

① 宋濂：《宋濂全集》卷八十八《血书华严经赞》，第2098页。
② 宋濂：《宋濂全集》卷八十九《永明智觉禅师遗像赞》，第2116页。

为传，持法一千三百四人为分家略传，而旁出宗证继焉"①。这两部著作在当时引起强烈反响，宋仁宗阅览后，诏命传法院编次，并赐号"明教"。朝中自丞相以下莫不争相延见并尊重之。

宋濂分别为契嵩的这两部书作序。在《夹注辅教编序》中开篇便说："天生东鲁、西竺二圣人，化导烝民，虽设教不同，其使人趋于善道，则一而已。"②一个讲"存心养性"，一个讲"明心见性"，看似不同，"世间之理，其有出心之外者哉"？所以他赞扬契嵩的《辅教编》"可谓摄万理于一心者矣"③。儒家和佛教是一致的，因为他们都主张在"心"外无理，在"心"上下工夫——宋濂认为这是儒佛相通之处。

引起宋濂共鸣的不只是儒佛一贯的理论，还有契嵩的文道论。时人追捧韩愈、欧阳修之文，竞相效仿，甚至有书生说："文兴则天下治也。"④契嵩毫不客气地指出："欧阳氏之文，言文耳；天下治，在乎人文之兴。人文资言文发挥，而言文藉人文为其根本。仁义礼智信，人文也；章句文字，言文也。文章得本，则其所出自正，犹孟子曰'取之左右逢其原'。欧阳氏之文，大率在仁信礼义之本也。诸子当慕永叔之根本可也，胡屑屑徒模拟词章体势而已矣。"⑤"夫文者，所以传道也；道不至，虽甚文，奚用？"⑥文以"道"为根本，无"道"之文乃无用之文——这其实体现的就是"文外无道，道外无文"理念。文与道的关系问题，终整个宋代都一直争论不休，宋元之际的戴表元、元代的吴师道等对此都有议论。以孔孟之学为职志、又精通文章作文的宋濂，其观点和契嵩是不谋而合的。

---

① 宋濂:《宋濂全集》卷二十七《传法正宗记序》，第565页。

② 宋濂:《宋濂全集》卷二十七《夹注辅教编序》，第563页。

③ 宋濂:《宋濂全集》卷二十七《夹注辅教编序》，第563页。

④ 释契嵩:《镡津文集校注》卷八《文说》，林仲湘、邱小毛校注，巴蜀书社，2014年，第146页。

⑤ 释契嵩:《镡津文集校注》卷八《文说》，第146页。

⑥ 释契嵩:《镡津文集校注》卷十九《非韩下第三十》，第382页。

宋濂对道教也颇有感情。他曾两度入仙华山做道士,有元贞子、龙门子、仙华道士、玄真遁叟等多个道号。他与天师道的正一派和茅山派均有来往,尤其与正一道第四十二代天师张正常及张宇初、邓仲修、傅若霖等文字往来密切。此外,还有卢龙山骆月溪、混成道院葛道庆、九宫山黄中理、吴下陆永龄、江南周玄初、鬼谷方壶真人,等等。他们交流的话题甚为广泛,调息、养生、炼丹、作文等,双方互有启悟。在宋濂所作道教文章中,他辨析了老子道家和道教的不同,记录了真大道教创始人刘德仁的事迹及教规,梳理了全真教南北二宗的传承脉络,并主张内丹修炼应该性命双修、不分先后。

据统计,宋濂所作佛、道教文章占其著作总量的五分之一强。在这些文章中,宋濂不厌其烦地梳理着佛、道各派的传承法系,反复开陈佛道要义,其理论造诣之深厚,令方外之士敬服不已。之所以有如此成就,源自他对佛、道藏广泛深入的阅读。他自述:"濂自幼至壮,饱阅三藏诸文,粗识世雄氏所以见性明心之旨"①,"予也不敏,尽阅三藏,灼见佛言不虚,誓以文辞为佛事"②。他对道教洞玄之书也颇尝阅读,"尝究《大洞真》诸部"③。佛典道藏是其佛道思想的源头活水。

三、对婺学的传承

宋濂对婺学的传承,有其特点。"吕氏尚性理",同样是研求性理之学,吕祖谦的进学路数与张栻、朱熹等人并不一样。他的主要研究文本是历史文献,力图融通经史,探讨史书中的心性义理发展的轨迹。他坚持兼容并

---

① 宋濂:《宋濂全集》卷七十三《佛性圆辩禅师净慈顺公逆川瘗塔碑铭》,第1780页。
② 宋濂:《宋濂全集》卷五《四明佛陇禅寺兴修记》,第110页。
③ 宋濂:《宋濂全集》卷八十《五气大有宝书》,第1929页。

蓄、学术独立的原则。与张栻、朱熹往来交流，在虚心接受对方建议和批评的同时，也能坚持自己的立场，不改学术追求和初衷。整理本朝文献，编辑《宋文鉴》，通过编纂一代之文记录一代历史，"欲约一代治体，归之于道"①。他热心地调和朱陆，指出双方的不足，态度十分坦诚；与永嘉诸子如陈傅良、陈亮、叶适等义兼师友，学问上切磋指点，为人处世上箴戒规劝，其平易随和深得众人推戴。正因为有这种宽广的胸怀、包容的学术态度，所以他的理学是以"心"为宇宙最高本体，纳理、气于其中，以致知力行为下学的工夫，心性与事功相结合，其学术体系实际上是对"北宋五子"以降理学诸思想的融会贯通。东莱的学术理念和作风深深影响着浙东学人，在宋濂的思想中，处处体现兼容并蓄、融会贯通的原则。

哲学上，宋濂主心学，以"心"为其思想核心，同时吸收了张载的气学、朱熹的性论，承认人性分天命之性和气质之性；气化生万物，理和气均由心主宰。他不同意谢良佐、张九成以"觉"训心、训仁的做法，如此便避免了误入禅机。他认为陆学失于立意太高，缺少下学的工夫；朱学虽下学上达，却未免支离过细之嫌。因此他试图以"'六经'皆心学"融通两家，主张回归经典，而不是耽于后人传注（包括朱熹的经注），通过读经体会古圣贤之心，提倡自得之学，体现了婺学去短集长、兼容并蓄的特点。

史学上，宋濂传承了婺学擅长治史的特点。他有感于元末史官失职，不能及时记录地方的人物事迹，撰《浦阳人物记》二卷，记叙家乡二十九人。他还为刘涝等九名婺州人立传，并附赞语。此外，新版《宋濂全集》

---

① 叶适：《习学记言序目》卷四十七《皇朝文鉴一》，中华书局，1977年，第695页。

收录宋濂所写个人传记还有六十四人①。这些传记有一些被《元史》直接采纳，那些没有收入正史的也因为宋濂的记载，为今天研究地方文化提供了珍贵的史料。

宋濂没有注经或解史之专著，但他在为友人所作"序"中，表达了对《春秋》这部经典的看法。受北方郝经和刘因"古无经史之分"的影响，他提出"经史不异"的观点，在看史书（如《史记》《汉书》）时，往往能挖掘出其深藏的义理，以理断其是非；读经书时，则能发现其蕴涵的史事，以事证其理义。

宋濂将儒家的伦常道德贯穿于历史观中，形成自己的道德历史哲学。他要求人君以德修身治国，个体家庭以德传家，个人以德立世。他注重搜集家乡的先贤名人，其选择标准、善恶褒贬亦是以道德为主。身为《元史》总裁，其史识与史才为一时称颂。史以经世，总结一代之得失以为鉴戒，通过为乡贤立传以示奖惩褒贬，其政治教化意义不言而喻。

文学方面，宋濂"文道合一"的思想正是吕祖谦编写《宋文鉴》所要传达的理念。其文章"主圣经而奴百氏，故理明辞腴；道得于中，故气充而出不竭"②，不仅文采斐然，气势雄浑，而且内容翔实，不作泛泛之论。今天的学者将宋濂的文学观概括为"持政事、理道、辞章三者合一的宗经致用的观点"③，甚有道理。借文传道，文道不离，吕祖谦是借编辑他人的

---

① 参见《宋濂全集》卷十七至卷二十一。宋濂一生著述丰富，其入明前后就有多个文集问世，名称也不同，有"潜溪""銮坡""翰苑""芝园"前、后、别、续集等，《朝京稿》《龙门子凝道记》《浦江人物记》都曾单行。其所写传记分散在不同的文集中。黄灵庚先生编撰《宋濂全集》时，按文体类型将宋濂的所有文章进行了分类，便于检索阅读。卷二十一从《采苓子传》以下诸传记都是或从传主的文集辑出，或从相关宗谱中搜得。其中《宋颍川郡王郡马冯公传》《浦阳马塘于氏忠孝节义传》《横溪派宋七世祖悌十九迪功府君传》已被证明是伪作。其余共计64篇。

② 刘基：《潜溪集序》，《宋濂全集·附录二》，第2728页。

③ 王运熙、顾易生：《中国文学批评通史》（宋金元卷），上海古籍出版社，2011年，第828页。

文章来传"道"，宋濂则通过自己深厚的学识、对经典的体悟来为文。

治国理政上，宋濂提倡有用之学，主张德治和无为而治相结合。入明后，他奉诏主持修《元史》《大明日历》《宝训》《大明律》等，"他若山川、百神、朝享、律历、衣服、四夷朝贡赏赉之仪，及功臣碑碣、属国诏谕，鲜不出其手者"①，可谓"一代礼乐制作，濂所裁定者居多"②。他还曾上《孔子庙堂议》，并因此遭贬黜。德治的思想是对陈亮王霸之学的弥补，礼乐制作则属于经制之学——唐仲友深谙此学。

在处理三教关系上，宋濂坚持三教平行的原则，即只承认理论上的相通，但在思想和文字表达上，各有各的术语以及适用的领域，互不借用，绝不混淆。所谓三教并用只是体现在政治教化上。他在三教上的理论造诣、文字纯熟，让人叹为观止。好友王祎赞叹他："至于佛老氏之学，尤所研究，用其义趣，制为经论，绝类其语言，置诸其书中无辨也。"③三教平行的原则表达了宋濂的儒家本位和立场，也表现出了他对儒学义理的自信。这一原则既是魏晋南北朝以来三教不断融合的继续发展，也是婺学对学术包容态度的体现。

四、元明人对宋濂思想的评价

宋濂的学术是否传承了婺学，其在理学史上的地位如何，还可从时人及后人的评价进行判断。元至正十六年（1356），《潜溪集》刊行，王祎为之序，系统梳理了婺学的发展和宋濂的学问渊源：

　　宋南渡后，东莱吕氏绍濂洛之统，以斯道自任，其学粹然一出于

① 吴之器：《婺书》，《宋濂全集·附录二》，第2573页。
② 张廷玉等撰：《明史》卷一二八，中华书局，1974年，第3788页。
③ 王祎：《宋太史传》，《王祎集》，颜庆余点校，浙江古籍出版社，2016年，第627页。

正。说斋唐氏则务为经世之术，以明帝王为治之要。龙川陈氏又修皇帝王霸之学，而以事功为可为。其学术不同，其见于文章，亦各自成其家。而香溪范氏、所性时氏先后又间出，皆博极乎经史，为文温润缜练，复自成一家之言。入国朝以来，则浦阳柳公、乌伤黄公并时而作。柳公之学博而有要，其为文也闳肆而渊厚；黄公之学精而能畅，其于文也典实而周密，遂皆羽翼乎圣学，黼黻乎帝猷。踵二公而作者，为吴正传氏、张子长氏、吴立夫氏。吴氏深于经，张氏长于史，而立夫之学尤超卓，其文皆可谓善于驰骋者焉。然当吕氏、唐氏、陈氏之并起也，新安朱子方集圣贤之大成，为道学之宗师，于三氏之学极有异同。其门人曰勉斋黄氏，实以其道传之北山何氏，而鲁斋王氏、仁山金氏、白云许氏以次相传。自何氏而下皆吾婺人，论者以为朱氏之世適。故近时言理学者，婺为最盛……吾友宋君景濂，早受业立夫氏，而私淑于吴氏、张氏，且久游柳、黄二公之门，间又因许氏门人，以究夫道学之旨，其学渊源深而培植厚，故其为文富而不侈，核而不凿，衡纵上下，靡不如意。其所推述，无非以明夫理，而未尝为无补之空言。苟即其文以观其学术，则知其足以继乡邦之诸贤，而自立于不朽者远矣。①

王祎认为，南宋时婺学分为三家：吕祖谦的性理之学、唐仲友的经世之学和陈亮的事功之学。同时并出的还有范浚、时少章（字天彝，号所性），也自成一家之言。入元后，柳贯、黄溍并出，皆以文章著称于世。继之而后的，是吴师道、张枢和吴莱。三人各有所长：吴师道深于经，张枢精通史学，而吴莱以文学称。与婺学同时的朱熹闽学，由其门人黄榦在金华一传至何基，依次相传而为王柏、金履祥和许谦。世人认为朱子之嫡传在金华。从

---

① 王祎：《宋景濂文集序》，《王祎集》，颜庆余点校，第129—130页。

师承上看，宋濂早年受业于吴莱，私淑吴师道和张枢，从学柳贯、黄潽最久，还曾拜见许谦，虽未得亲授，却因其门人而得探究道学之旨。他集诸家之长，于理学、史学、文学皆有授受和研究，其学术不仅足以继承以上诸贤，"自立于不朽"。王祎特意强调要"即其文以观其学术"，说明不能仅仅依据师承关系判定一个人的学术性质和水平。

入明后宋濂《潜溪新集》付梓，好友杨维桢为之序：

> 抑余闻婺学在宋有三氏：东莱氏以性学绍道统，说斋氏以经世立治术，龙川氏以皇帝王霸之略志事功。其炳然见于文者，各自造一家，皆出于实践，而取信于后之人而无疑者也。宋子之文，根性道，干诸治术，以超继三氏于百十年后，世不以归于柳、黄、吴、张，而必以宋子为归。①

宋濂之文"根性道，干诸治术"，足以涵盖三家学问，得婺学正解。

"开国文臣之首"的赞誉肯定了宋濂的文学成就，也掩盖了他的理学贡献。明嘉靖三十一年（1552），浦江为宋濂建祠堂，时任浙江督学使薛应旂为之作祠堂碑，全面评价宋濂：

> 金华之学，自东莱吕成公倡之，而何、王、金、许四贤相继而出，说者谓为朱学世適，今其立言著论，昭然具在，固非后人之所敢拟议者，然要之皆圣门之羽翼也。先生继起是邦，遭逢圣主，文章事业掀揭宇宙，士人籍籍咸称名臣，已极夸诩。至其所深造自得者，上跻圣真，直达本体，则反为文章事业所掩，而不得明预于理学之列。此余追考先生之平生，未尝不喟然而叹也，曰：嗟乎，世有真儒若先

---

① 杨维桢：《潜溪新集序》，见《宋濂全集·附录二》，第2738页。

生者哉！观其斥词章为淫言，诋葩藻为宿秽，期于划削刊落，以径趋乎道德……及读其所杂著，与凡"六经"之论，《七儒》之解，《观心》之记，则实有不能自己于言者，是岂徒欲以文章事业名世者哉？奈何学术难明，见闻易眩，而先入之言之易行，所以拟先生者，仅仅若此也……况究观先生之学，在宋则有若陆子静，在元则有若吴幼清，盖皆圣学正传，后先一辙，其与前四贤之繁简纡直，世必有能辨之者。①

薛应旂慨叹世人只看到宋濂的文章事业，却没有看到其文章里的道德之学，即理学。他断言，宋濂的学问与传承朱学的"北山四先生"有所不同，而与陆九渊、吴澄一样，乃"圣学正传"。薛应旂作为阳明后学，自然以心学为圣学正宗。"北山四先生"只是羽翼圣门，而宋濂作为金华人，其学问已经不仅仅是接续而是超越，成为陆九渊、吴澄之后的"圣学正传"。

从以上诸人评价来看，宋濂的思想不仅吸收继承了婺学的传统，而且超越前人，蔚为大宗。

五、结论

学术渊源不等于师承关系。师承关系固然重要，老师对学生，无论是问学方法还是人格修养，都有直接的影响。但思想的形成毕竟不是简单的模仿和复制，而是在前人的基础上有所创新，否则就不会有"北宋五子"，也不可能有学派纷呈的宋明理学了。正如陈俊民在辨析关学源流时所言："所谓学术渊源，主要不局限于他有无直接联系的家学和师承，而重要的

---

① 薛应旂：《浦江宋先生祠堂碑》，《宋濂全集·附录二》，第2610–2611页。

是取决于他长期对某一学说和方法的中心仰慕和追求，及其在承袭中的独立创造。"①《宋元学案》基本以师承关系梳理宋元学术史，为今天的研究提供了便利。但黄宗羲、全祖望在编纂学案时，将其主观好恶掺杂其中，因此许多"案语"都是他们个人的评判，今人可以参考，但绝不可作为不可移易的定论。一个人的思想究竟属于哪个学派，他的学问宗旨究竟为何，应当尊重思想家本人自述，更要以其全部著作所体现的思想为依据。

宋濂的学问，经史文结合，儒释道并论，看上去相当博杂。细绎之，会发现其涉猎虽广，却并非泛泛而论，而是对每一个领域都有相当深入的研究，可谓广博而精深。他研判两宋各家思想，述其得失。研判的目的，自然是扬长避短。作为婺州人，他立志振兴的是以吕祖谦为代表的婺学：经史结合，经世致用，以文传道，兼容并蓄，融会贯通。他用这些理念和原则在哲学、史学、文学、宗教等各个领域深耕细作，成就斐然。就如后人评价，宋濂绝不仅仅是一介文臣、文人，而是一代儒宗。究其学术渊源，儒学方面可谓本诸"六经"，直承婺学，博采众说；佛道思想则源自典藏研读、前辈禅僧启发、与方外僧道的广泛交游。

（本文作者为浙江师范大学马克思主义学院副教授）

---

① 陈俊民：《关学源流辨析》，《中国哲学》第九辑，生活·读书·新知三联书店，1983年，第200页。

◎ 名家研究

北山四先生学术思想与著作考述

李圣华　黄灵庚

提　要： 南宋乾淳间，东莱之学、永康之学、说斋之学同时并起，金华学术彬彬称盛。而后渐衰，自宋末至元，何基、王柏、金履祥、许谦四大家继起，学者称"金华四先生"，又称"北山四先生"。四先生为讲学家之流，其名相并称始于元末，流行于明初以后。四先生为朱子嫡脉，除何基"确守师说"外，余三家承朱子之学，鉴取东莱，兼容并包，已构成朱学之变。即浙学而言，由此复兴，且构成"新变"。全祖望称金履祥为"浙学之中兴"，卓有见解。详言之，四先生传朱一脉，为朱子世适，自王柏以下，兼采东莱。四先生之学以朱学为本，参诸东莱，朱、吕互为表里，前后又有"确守师说"到"要归于是"之变化。四先生长于"四书"，自王柏以下"五经"贯通，兼治史学，重于文献。王、金、许三家治学，与何基有所不同：一是治"五经"而贯穿性理，治"四书"而倚重训诂考据，"四书""五经"，打成一片。二是以理学为本，兼采汉学。三是欲为通儒之学，贯穿经史百家，重于世用。四先生著述甚富，无论汇叙发挥、随文笺义，抑或考证衍义、辨误订讹，都不离于言说义理。其著作可考者近一百五十种，大都散佚，今存不足三十种。检方志、宗谱、总集等，钩稽佚作，四先生诗文可得二百余篇。四先生重振东浙之学，北山一脉延亘至明初，蔚为壮观，足以标志浙学中兴。自四先生崛起，朱学与浙学交融于东浙，陆学复播于四明，朱、陆、吕三家并传，其间会融、分合不一，肇开浙学新格局。在中国学术史上，四先生成就虽不足与朱、陆、吕三大家相提并论，但皆不愧一代学者。其上承朱、吕，下启明清理学及浙学一脉，有功于浙学与宋元明清儒学匪小，学术贡献不下于王阳明、黄宗羲诸大家。

关键词：北山四先生　朱子世適　吕学传承　浙学中兴　著作考述

南宋乾淳间，吕祖谦东莱之学、陈亮永康之学、唐仲友说斋之学同时并起，金华之学彬彬称盛。东莱之学尤著，吕祖谦与朱熹、张栻并称"东南三贤"，又与朱熹、陆九渊并称"朱陆吕三大家"。惜祖谦早逝，丽泽门人无大力者继之，而永康、说斋之学嗣传亦稀。嘉定而后，金华何基、王柏振起。何基（1188—1269），字子恭，亲炙于朱熹高弟子黄榦，居北山之阳，学者称北山先生。门人王柏（1197—1279），字会之，一字仲会，号长啸，改号鲁斋。家学源于朱、吕。何、王转承朱子之统，王柏复私淑东莱。继有兰溪金履祥（1232—1303），字吉父，号次农。从学王柏，并得何基指授。宋元易代后，以遗民终，隐居讲学，东阳许谦、浦江柳贯诸子从学。许谦（1269—1337），字益之，号白云山人。年三十一师事履祥，为元世大儒。后世推许何、王、金、许，称"金华四贤""金华四先生""金华四子""何王金许四君子"，又称"北山四先生"。

四先生为讲学家之流，其名相并称始于元末，流行于明初。杜本《吴先生墓志铭》："浙之东州有数君子，为海内所师表。盖自朱子之学一再传，而何、王、金、许实能自外利荣，蹈履纯固，反身克己，体验精切，故其育德成仁，显有端绪。"① 黄溍《吴正传文集序》："初，紫阳朱子之门人高

① 吴师道：《礼部集》附录，《文渊阁四库全书》本。

弟曰勉斋黄氏，自黄氏四传，曰北山何氏、鲁斋王氏、仁山金氏、白云许氏，皆婺人。"①宋濂《故丹溪先生朱公石表辞》："而考亭之传，又唯金华之四贤，续其世胤之正。"②张以宁《甄山存稿序》："婺为郡儒先东莱吕成公之里也。近何、王、金、许氏，得勉斋黄公之传于徽国朱文公者，以经学教于乡。"③苏伯衡《洗心亭记》："伯圭，何文定公、王文宪公、金文安公、许文懿公里中子，而四贤实以朱文公之学相授受。"④郑楷《翰林学士承旨宋公行状》："初，宋南渡后，新安朱文公、东莱吕成公并时而作，皆以斯道为己任。婺实吕氏倡道之邦，而其学不大传。朱氏一再传，为何基氏、王柏氏，又传之金履祥氏、许谦氏，皆婺人，而其传遂为朱学之世適。"⑤以上为元末明初诸家并提四家之说。

导江张埴为王柏高弟子，"以其道显于北方"⑥，元人柳贯亦从学金履祥，同时黄溍、吴莱、吴师道、胡长孺并著闻，何以不入"四贤"之目？以上所引诸说已明言之：一则四先生递相师承，非嫡传不入；二则四先生于吕学既衰之后，上接紫阳一脉，以讲学明道为己任，非一般词章文士；三则皆不肯仕，高蹈远引，以经学教于乡；四则学行著述堪称师表，足传道脉。

元末明初学者多称说"何王金许""金华四贤"，盛明而后始多称"金华四先生"。"北山四先生"之称，则始于全祖望修补《宋元学案》，改《金华学案》为《北山四先生学案》。全氏盖以北山一脉兴于何基，何基居金华北山下，取以自号，王柏、金履祥亦居北山下，隐于斯，游于斯，讲学弘道于斯。北山秀奇，得四先生名益彰，北山有灵，亦莫大幸焉。

---

① 黄溍：《金华黄先生文集》卷十八，元刻本。
② 宋濂：《宋学士先生文集》卷十九，明天顺五年（1461）黄誉刻本。
③ 张以宁：《翠屏文集》卷三，明成化间刻本。
④ 苏伯衡：《苏平仲文集》卷八，《四部丛刊》景明正统刻本。
⑤ 程敏政：《明文衡》卷六十二，《四部丛刊》景明本。
⑥ 吴师道：《敬乡录》卷十四，明抄本。

在中国学术史上，四先生成就虽不足与朱、陆、吕三大家相提并论，但皆不愧一代学者。且其上承朱、吕，下启明清理学及浙学一脉，有功于浙学与宋元明清儒学匪小，学术贡献不下于王阳明、黄宗羲、顾炎武诸大家。

一、朱子世适，兼取东莱

四先生为朱子嫡脉，除何基"确守师说"，余三家承朱子之学，继朱子之志，鉴取东莱之学，兼容并包，已构成朱学之变。即浙学而言，由此复兴，虽与东莱、永康、永嘉所引领浙学初兴有异，但亦是浙学之新变。全祖望《宋元学案序录》称金履祥为"浙学之中兴"，卓有见解。

（一）传朱一脉

金华为东莱讲学之邦，何基、王柏奋起于吕学衰没之际，承朱学之统，亦自有故。

按王柏《何北山先生行状》，何基早岁从乡先生陈震习举子业，已能潜心义理。弱冠随父伯慧宦游临川，适黄榦为令，伯慧令二子何南、何基师事之。黄榦首教以"为学须先办得真实心地，刻苦工夫"，临别告以"但读熟'四书'，使胸次浃洽，道理自见"。何基"终身服习，不敢顷刻忘也。一室危坐，万卷横陈，存此心于端庄静一之中，穷此理于研精覃思之际。每于圣贤微词奥义，疑而未释者，必平其心，易其气，舒徐容与，不忘不助，待其自然贯通。未尝参以己意，不立异以为高，不狥人而少变。盖其思之也精，是以守之也固，充其知而反于身者，莫不践其实"[①]。

虽说何基开金华学朱之门，但居乡里未尝开门授徒，闻名而来学者，亦未尝为立题目、作话头。王柏从学何基，金履祥从学王柏，许谦问师履

[①] 何基:《何北山先生遗集》卷四，《金华丛书》本。

祥，皆有偶然性。

王柏出身望族，少慕诸葛亮之为人，年逾三十，与友人汪开之同读"四书"，取《论孟集义》求朱子去取之意，以黄榦《四书通释》尚阙答问，乃约为《语录精要》，题曰《通旨》。间从朱子门人杨与立、刘炎、陈文蔚问朱门传授之端，与立告何基得朱氏之传，即往从学[①]。何基授以"立志居敬"之旨，举胡宏之言曰："立志以定其本，居敬以持其志。志立乎事物之表，敬行乎事物之内。"[②]王柏自是发愤，来学者教之必先读《大学》。

金履祥年十八试中待补太学生，有能文声。旋自悔，屏举子业，研解《尚书》。与同郡王相为友，知向慕濂洛之学。闻何基得朱子之传，欲往从之无由。年二十三，由王相之介，得从王柏受业。初见，问为学之方，即教以"立志居敬"；问读书之目，则曰"自'四书'始"。未几由王柏之介进于何基之门，自是讲贯益密，造诣益精，讲求褆躬构物，如何、王所训"存敬畏心，寻恰好处"，"真实心地，刻苦工夫"。柳贯《故宋迪功部史馆编校仁山先生金公行状》云："二先生，乡丈人行，皆自以为得之之晚，而深启密证，左引右掖，期底于道。虽孙明复之于石守道，胡翼之之于徐仲车，不过是也。然文定之所示曰'省察克治'，文宪之所示曰'涵养充拓'，语虽甚简，而先生服之终身，尝若有所未尽焉者。"[③]

元大德五年（1301），履祥年七十，讲道兰江，许谦始来就学，年已三十一。明年，履祥设教金华城中吕祖谦祠下，许谦从之卒业。履祥告曰："吾儒之学，理一而分殊。理不患其不一，所难者分殊耳。"许谦由是致辨于分之殊，而要归于理之一。屏居八华山，率众讲学，教人"以五性人伦为本，以开明心术、变化气质为先，以为己为立心之要，以分辨义利为处

---

① 金履祥：《仁山文集》卷三，明万历二十七年（1599）刻本。

② 王柏：《复吴太清书》，《鲁斋集》卷八，明崇祯间刻本。

③ 柳贯：《柳待制文集》卷二十，《四部丛刊》景元至正本。

事之制"①。吴师道《祭许征君益之文》云："呜呼紫阳！朱子之传，其在吾乡，曰何与王。传之仁山，以及于公，其道弥光。仁山之门，公晚始到。独超等夷，远诣深造。"②

（二）兼采吕学

何、王崛起于吕学衰落之际，传朱子之学，然生于东莱讲学之乡，丽泽沾润已入士人肌理，故自王柏以下，返本溯源，遂成学朱为主，参诸吕学之格局。此一变化自王柏始。

王柏家学出于吕氏。按叶由庚《王鲁斋先生圹志》，王柏祖师愈从杨时受《易》《论语》，后与朱、张、吕游。父瀚与其叔季执经问难于考亭、丽泽之门，世其家学。王柏早孤，抱志宏伟，三十而后"始知家学授受之原，慨然捐去俗学以求道"。既师何基，发愤益厉，"研究愈刻深，则义理愈呈露；涵养愈细密，则趣味愈无穷"③。金履祥《鲁斋先生文集目后题》追溯鲁斋家学云："初，公之大父焕章公与朱、张、吕三先生为友，父仙都公早从丽泽，又以通家子登沧洲之门。公天资超卓，未及接闻渊源之论而早孤。年长以壮，谓科举之学不足为也，而更为文章、偶俪之文，又以偶俪之文不足为也，而从学于古文诗律之学，工力所到，随习辄精。今存于《长啸醉语》者，盖存而未尽去也。公意不谓然，因阅家书，而得师友渊源之绪，间从扬堂先生刘公、船山先生杨公、克斋先生陈公，考问朱门传授之端。而于杨公得闻北山何子恭父之名，于是寻访盘溪之上，尽弃所学而学焉。"④所言王柏既见何基，"尽弃所学"，非谓尽弃家学，而指前

---

① 黄溍：《白云许先生墓志铭》，《金华黄先生文集》卷三十二。
② 吴师道：《吴礼部文集》卷二十，《金华丛书》本。
③ 王柏：《鲁斋王文宪公文集·附录》，《金华丛书》本。
④ 金履祥：《仁山文集》卷三。

之所好。吴师道《仙都公所与子书》亦载:"鲁斋先生之学,世有自来矣。先生大父崇政讲书直焕章阁致仕讳师愈,师事龟山杨公,后又从朱、张、吕三公游,朱子志墓,称其有本有文者也。父朝奉郎主管仙都观讳瀚,执经朱、吕之门,克世其学。此其所与子书,莫非《小学》书少仪、外傅之旨也。"[①]

东莱之学,与朱、陆有同有异。概言之,东莱主于经史不分,"五经"、史学皆擅;近接北宋理学之绪,远采汉儒考据训诂,并重义理、考据;博收广揽,以文献见长,讲求通贯;重于用实,揆古用今。吕祖谦与陈亮等人好读史,学问"博杂",朱熹深有不满,指为"浙学"风习。然东莱之学自成一系。王柏尝为履祥作《三君子赞》,分赞"东南三贤"朱熹、张栻、吕祖谦,《吕成公》云:"片言妙契,气质尽磨。八世文献,一身中和。手织云汉,心衡今古。鼎崎东南,乾淳邹鲁。"[②]于东莱评价可谓高矣。然王、金诸子终不明言取则东莱,而标榜传朱一脉。叶由庚《圹志》、金履祥《后题》、吴师道《仙都公所与子书》追溯王柏家学出于吕氏,亦皆重于载述师从何基接轨朱子一脉,而不言返本吕学。

论四先生之学,当察其言,观其行,亦必考其实迹,始可得真实全貌。王、金、许三家,于"五经"之好不减"四书",既重性理探求,复事于训诂考据;守朱子之说,而欲为"忠臣",以求是为本;朱子不喜学者嗜读史,三家未尽遵行;朱子不喜浙学"博杂",三家贯通经史、诸子百家,喜辑录文献;朱子不喜浙人好言"事功",三家负经济之略,身在草莱,而心存当世,欲出所学措诸政事。柳贯《金公行状》称履祥"先生夙有经世大志,而尤肆力于学,凡天文地形、礼乐刑法、田乘兵谋、阴阳

① 吴师道:《吴礼部文集》卷十七。
② 金履祥:《濂洛风雅》卷一,清雍正间金律刻本。

律历，靡不研究其微，以充极于用"①。史学、考据乃东莱所长，朱子亦借助训诂，并出其余力研史，然史学、考据终为所短。王、金、许三家取朱子言性理之长，去其所短，兼师东莱，遂精于史学、考据。

王、金、许三家援汉儒训诂考据以治"四书""五经"，得力于东莱颇多。生于东莱讲学旧邦，风气沾熏，有其不自知者。尤可言者，四先生好"标抹点书"，殆传东莱文献之学。东莱标抹点校之书，如《礼仪》《汉书》《史记》《资治通鉴》等，久为士林所重。吕乔年称其"一字一句，点画皆有深意，而所得之精，多见于此"②。吴师道屡言四先生"标抹点书"，乃鉴用东莱之法。《请传习许益之先生点书公文》："当职生长金华，闻标抹点书之法，始自东莱吕成公。至今故家所藏，犹有《汉书》《资治通鉴》之类。"③《题程敬叔读书工程后》："盖自东莱吕成公用工诸书，点正句读，加以标抹，后儒因之，北山何先生基子恭、鲁斋王先生柏会之俱用其法……金、张亦皆有所点书，其渊源有自来矣。"④章懋《枫山语录》云："何最切实，王、金、许不免考索著述多些。"又，"东莱于香溪，四贤于东莱，皆无干涉"⑤。王、金、许"考索著述多些"，即三家重于文献。然称四先生与东莱"无干涉"，未尽合于实。东莱文献之学冠于海内，四先生生长其乡，著述相接，故论者曰："吾婺固东南邹鲁也，中原文献之传甲于天下。"⑥全祖望称王应麟承东莱文献之学，为"明招之大宗"。以文献之传而言，王、金、许何尝不可称"明招之大宗"？

四先生缘何不明言取径东莱，今蠡测之，盖有数因：一则，重于师

---

① 柳贯：《柳待制文集》卷二十。

② 吴师道：《吴礼部文集》卷十八。

③ 吴师道：《吴礼部文集》卷二十。

④ 吴师道：《吴礼部文集》卷十七。

⑤ 章懋：《枫山语录》，《文渊阁四库全书》本。

⑥ 张祖年：《婺学志》集前序，《婺学志》，清刻本。

承，称说师门，但言朱子，不言其他。二则，东莱之学不能无弊，丽泽后学治经，辑讨文献，或疏于性理求索，四先生以明道为先务，笃信朱子问学要义。三则，朱子批评浙人"好功利"，四先生亦警醒，关注世用而不急功求利，不标举东莱之学，或有此故。由此不难理解叶由庚《圹志》所言："证古难也，复古尤难也；明道难也，任道尤难也。朱、张、吕三先生同生于一时，皆以承濂洛之统为身任者也。张、吕不得其寿，仅及终身，经纶未展，论著靡竟。独文公，立朝之时少，居闲之日多，大肆其力于圣经贤传，刊黜《诗》《书》之小序，绍复《易》《春秋》之元经，定著《论语》《孟子》《中庸》《大学》章句，以立万世之法程。北山、鲁斋二先生同生于一乡，亦皆以续考亭之传为身任者也。"①

四先生之学，以朱学为本，参诸东莱，朱、吕互为表里。海宁查慎行为黄宗羲高弟子，其《得树楼杂钞》卷一云："鲁斋上承吕、何之绪，下开金、许之传，其功尤大。"②卓有识见。数百年来，学者罕直言四先生私淑东莱，而述及学统，或指出接绪朱、吕。明成化三年（1467），浙江按察司佥事辛访奏请将宋儒何基等封爵从祀，下礼部尚书兼翰林学士陈文议："昔者晦庵朱文公熹与东莱吕成公祖谦皆传圣道，而金华郡儒者何基、王柏、金履祥、许谦师徒，累叶出于文公之后，以居于成公之乡，其于斯道不为不造其涯涘，然达渊源则未也，不为不蹑其径庭，然造堂奥则未也。"③张祖年《八婺理学渊源序》云："子朱子挺生有宋，疏洙泗，瀹濂洛，决横渠，排金溪，补苴罅漏，千古理学渊源，浑涵渟滀，称会归矣。维时吾婺东莱成公，倡道东南，而子朱子、南轩宣公声应气求，互相往来"，"是丽泽一泓，固八婺理学渊源也，猗欤盛哉！三先生为东南理学鼎

---

① 王柏：《鲁斋王文宪公文集·附录》。

② 查慎行：《得树楼杂钞》卷一，民国《适园丛书》本。

③ 姚夔：《姚文敏公遗稿》卷十，明弘治间姚玺刻本。

峙，吾婺学者翕然宗之"，"而毅然卓见斯道者，未之有闻。幸北山先生父伯慧者佐治临川，钦勉斋黄氏学，命北山师事之，遂载紫阳的传而归。以授之鲁斋，鲁斋以授之仁山，仁山以授之白云，踵武绳绳，机钥相印，而丽泽溶漾灏瀚矣。"①胡宗楙谓赵宋南渡，婺学昌盛，钩稽派别，可约分政学、理学、文学三派，其理学则自范浚以下，继以东莱，复继以四先生。《续金华丛书序》云："二曰理学，香溪《心箴》，导其先河。东莱吕氏，丽泽讲席。北山鲁斋，溯源扬波。仁山白云，一脉相嬗。莘莘学子，追踪邹鲁。咸淳之际，于斯为盛。"②当然，论者迄今仍多只认四先生为朱子世嫡。近岁，我们昌言"浙学复兴"，强调四先生兼传东莱，诸论始有所改观。

（三）从"确守师说"到"要归于是"

四先生中，何、王殁于宋亡前，金履祥由宋入元，许谦则为元世名儒。四先生尊德性，道问学，递相师传，百余年间亦有前后变化。兼采吕学，即是自王柏后一大变化。另一显著变化，即从"确守师说"到愿为"朱子之忠臣"，笃于求是。

何基之学，立志以定本，恭敬以持志，力学以致知，笃守朱、黄之传，虚心体察，不欲参以己意，不以立异为高。王柏《何北山先生行状》称"思之也精"，"守之也固"。《启蒙发挥后序》又说："晚年纂辑朱子之绪论，羽翼朱子之成书，不敢自加一字，而条理粲然，群疑尽释。"③《同祭北山何先生》则云："公独屹然，坚守勿失"，"发挥师言，以会于归。"④黄宗羲论云："北山之宗旨，熟读'四书'而已"，"北山确守师说，可谓有

① 张祖年《婺学志》集前序。
② 胡宗楙：《梦选楼文钞》卷上，民国二十五年（1936）刊本。
③ 王柏：《鲁斋王文宪公文集》卷五，明崇祯间刻本。
④ 王柏：《鲁斋王文宪公文集》卷十九。

汉儒之风焉"①。

王柏问学，重视求于《四书集注》《周易本义》之内，然好探朱子发端而未竟之义，考订索隐朱子所未及，视此为继朱子之志，较何基已有变化。叶由庚《圹志》云："先生学博而义精，心平而识远，考订群书，如干将莫邪，所向肯綮，迎刃自解。凡文公发其端而未竟，致其疑而未决，与夫诸儒先开明之所未及者，莫不该摄融会，权衡裁断，以复经传之旧"，"上自羲画，下逮鲁经，莫不索隐精订，以还道经之旧，以承考亭之志，确乎其任道之勇也！"金履祥《祭鲁斋先生文》云："论定诸经，决诐放淫。辨析群言，折衷圣人。究其分殊，万变俱融。会诸理一，天然有中。见其全体，靡所不具。"②

金履祥为王柏鼓动，重于求是，不标新奇之论，亦不拘于一说，欲为"朱子之忠臣"。《论孟集注考证跋》云："文公《集注》，多因门人之问更定，其问所不及者，亦或未修，而事迹名数，文公亦以无甚紧要略之，今皆为之修补。或疑此书不无微牾者，既是再考，岂能免此？但自我言之，则为忠臣；自他人言之，则为诐贼尔。此履祥将死真切之言，二三子其详之！"③李桓《论孟集注考证序》云："其于《集注》也，推其意之未发，佐其力之不及，以简质之文，达精深之义，而名物度数、古今实事之详，一皆表其所出。后儒之说，可以为之羽翼者，间亦采摭而附入之。观之时若不同，实则期乎至当，故先生尝自谓朱子之忠臣。夫忠臣者，固不为苟同，而其心岂欲背戾以求异哉？盖将助之而已矣。斯则《考证》之修，所以有补于《集注》者也。"④

---

① 黄百家：《金华学案》。
② 金履祥：《仁山文集》卷三。
③ 金履祥：《孟子集注考证》，《率祖堂丛书》本。
④ 陆心源：《皕宋楼藏书志》卷十，清同治光绪间刻《潜园总集》本。

许谦承履祥之传，于先儒之说未当处不敢苟同，敷说义理，归于平实，考据训诂，"要归于是"。黄溍《白云许先生墓志铭》云："先生于书无不观，穷探圣微，蕲于必得，虽残文羡语，皆不敢忽。有不可通，则不敢强。于先儒之说，有所未安，亦不敢苟同也。读《四书章句集注》，有《丛说》二十卷。敷绎义理，唯务平实……读《诗集传》，有《名物钞》八卷。正其音释，考其名物度数，以补先儒之未备，仍存其逸义，旁采远援，而以己意终之。读《书集传》，有《丛说》六卷。时有与蔡氏不能尽合者，每诵金先生之言曰：'自我言之，则为忠臣；自他人言之，则为谗贼。'要归于是而已。"①

四先生之学，从何基"确守师说"，到金履祥、许谦"要归于是"，乃其前后一大变化。此外，朱子尝少涵养一段功夫，晚年有异。四先生传朱子之学，重于涵养功夫、践履真实。何基常是一室危坐，存此心于端庄静一，研精覃思。履祥从学何、王，何基示曰"省察克治"，王柏示曰"涵养充拓"，履祥服之终身，常若有所未足。许谦习静，晚年尤以涵养本原为务，讲授之余，斋居凝然。应典《八华精舍义田记》云："迨其晚年，有谓：圣贤之学，心学也。后之学者虽知明诸心，非诸事，而涵养本原，弗究弗图，则虽博极群书，修明励行，而与圣贤之心犹背而驰也。"②

（四）发挥表笺，汉宋互参

何基"确守师说"，毋主先入，毋师己意，虚心体察，述自得之意，名其著述曰"发挥"，所撰有《易学启蒙发挥》《易大传发挥》《大学发挥》《中庸发挥》《语孟发挥》《太极通书西铭发挥》。《近思录发挥》未诠定而殁，金履祥与同门汪蒙、俞卓续抄校订，付其家藏之。柳贯《金公行状》

---

① 黄溍：《金华黄先生文集》卷三十二。
② 党金衡纂修：《[道光]东阳县志》卷十，民国三年（1914）石印本。

云："凡文公语录、文集诸书，商确考订之所及，取其已定之论，精切之语，汇叙而类次之，名为《发挥》，已与诸书并传于世矣。而若文公、成公所辑周、程、张子之微言曰《近思录》者，宜为宋之一经，而顾未有为之解者，亦随文笺义，为《近思录发挥》，未诠定而文定殁。"①

自王柏以下，虽力戒先入之见，不标榜己意，然欲为通儒，折衷群言，出入经史百家，索隐朱子发端而未竟之义，考订朱子所未及之书，故不苟同先儒之见，且倚重于训诂考据，已不能不与何基有异。所著述于"标抹点书"、"发挥"外，或名"考证"，或曰"精义""衍义""疏义""指义"，或曰"表注""丛说"。

王柏考订群书，叶由庚《圹志》称"无一书一集，不加标注，于'四书'《通鉴纲目》，精之又精。一言之题，一点之订，辞不加费，而义以著明，无非发本书之精髓，开后学之耳目"。又论其与何基异同云："北山深潜冲澹，精体默融，志在尚行，切于立言；鲁斋通睿绝识，足以穷圣贤之精蕴，雄词伟论，足以发理象之微著。"②

履祥出入经史，天文地理、礼乐刑法、田乘兵谋、阴阳律历无不究研。谓古书有注必有疏，作《论孟集注考证》，以为朱子《集注》有疏，因补所未备，增释事物名数。注解《尚书》，推本父师之意，正句画段，提其章旨，析其义理之微，考证文字之误，表于四阑之外，曰《尚书表注》。柳贯《金公行状》云："研究经义，以究窥圣贤心术之微；历考传注，以服袭儒先识鉴之确。无一理不致体验，参伍错综，所以约其变；无一书不加点勘，铅黄朱墨，所以发其凡。"许谦《上刘约斋书》云："其为学也，于书无所不读，而融会于'四书'，贯穿于'六经'，穷理尽性，诲人不倦，治身接物，盖无毫发歉，可谓一世通儒。"③许谦追步王、金，欲为一世通儒。黄溍

---

① 柳贯：《柳待制文集》卷二十。
② 王柏：《鲁斋王文宪公文集》附录，《金华丛书》本。
③ 许谦：《许白云先生文集》卷三，明成化二年（1466）陈相刻本。

《白云许先生墓志铭》云："先生于天文地理、典章制度、食货刑法、字学音韵、医经数术，靡不该贯，一事一物，可为传闻多识之助者，必谨志之。至于释老之言，亦皆洞究其蕴，谓学者孰不曰辟异端，苟不深探其隐，而识其所以然，能辨其同异，别其是非也几希。"许谦每念履祥所言欲为"朱子之忠臣"，有志"要归于是"，所著《诗集传名物钞》《读书丛说》《读四书丛说》，考订索隐，以补先儒所未备，存其逸义，而终以己意。

在王、金、许三家看来，其著述不离于孔孟遗意，唯求是求真，乃可继朱子之志。

四先生著述，无论汇叙发挥、随文笺义，抑或考证衍义、辨误订讹，都不离于言说义理。王、金、许三家治学，与何基有所不同，总体以观，有三大特点：一是治"五经"而贯穿性理，治"四书"而倚重训诂考据，"四书""五经"打成一片。二是以理学为本，兼采汉学。汉、宋兼采，本为东莱所长，三家盖以朱学为主，兼取东莱。三是欲为通儒之学，贯穿经史百家，重于世用，不避"博杂"之嫌，此亦与东莱之学相通。

二、四先生治"四书""五经"及其史学、文学

四先生长于"四书"，自王柏以下，"五经"贯通，兼治史学，重于文献。其治"四书"，义理阐说与训诂考据并重；治"五经"，疑古考索，尚于求是，并重义理；研史则经史互参，会通朱、吕；诗文虽其余事，不离于讲学家风习，然发掘性灵，陶冶性情，文以载道，裨益教化，各具其致。以文章合于道，扶翼经义、世教，通于世用，故金、许传人尚文风气日盛。以下分作论述。

（一）"四书"学

朱子之学，萃于《四书集注》。门人黄榦得其传，有《四书通论》。世

推四先生为朱子世适，亦以其得朱门"四书"之传也。

何基从学黄榦，黄榦临别告以熟读"四书"，道理自见。何基以此为读书为学之要，教门人治学以"四书"为主，以《朱子语录》为辅。尝曰："学者读书，先须以'四书'为主，而用《语录》以辅翼之……但当以《集注》之精严，折衷《语录》之疏密；以《语录》之详明，发挥《集注》之曲折。"王柏《行状》称"此先生编书之规模也，他书亦本此意"。何基后又觉得《四书》"义理自足"，当深探本书，"截断四边"。王柏称"此先生晚年精诣造约，终不失勉斋临分之意"①。

王柏得北山之教，深味其旨，教门人为学亦以"四书"为本。宝祐二年（1254），履祥来学，问读书之目，告以"自'四书'始"。是年冬，履祥作《读论语管见》，凡有得于《集注》言意之外者则录之。王柏读后，劝说当沉潜涵泳于《集注》之内，有所自得，不当故求言外之意，发为新奇之论②。履祥终生沉潜涵泳不辍，作《论孟集注考证》。殁前一岁，即大德六年（1302），在金华城中讲学，以《大学》为第一义，诸生执经问难，为之毫分缕析，开示蕴奥，因成《大学指义》一书。许谦闻履祥绪论，精研"四书"。黄溍《白云许先生墓志铭》称其每戒学者曰："圣贤之心尽在'四书'，而'四书'之义备于朱子。顾其立言，辞约意广，读者或得其粗而不能悉究其义。或以一篇之致自异，而初不知未离其范围。世之诋訾贸乱，务为新奇者，其弊正坐此耳。始予三四读，自以为了然，已而不能无惑，久若有得，觉其意初不与己异，愈久而所得愈深，与己意合者，亦大异于初矣。童而习之，白首不知其要领者何限，其可以易心求之哉？"③

四先生阐说性理，递相师承，治"四书"皆所擅长。何基有《大学

---

① 王柏：《何北山先生行状》，《何北山先生遗集》卷四。
② 王柏：《金吉甫管见》，《鲁斋王文宪公文集》卷九。
③ 黄溍：《金华黄先生文集》卷三十二。

发挥》《中庸发挥》《语孟发挥》，王柏有《论语通旨》《论语衍义》《鲁经章句》《孟子通旨》《批点标注四书》，金履祥有《大学疏义》《中庸表注》《论语集注考证》《孟子集注考证》，许谦有《读四书丛说》。从朱子《四书章句集注》《四书或问》，到黄榦《四书通释》，再到四先生著述十余种，可见四先生"四书"学渊源，亦可见朱学流传及其盛行浙东之况。

何基《四书发挥》，取朱子已定之论、精切之说，以为发挥，守师说甚固，研思亦精。王柏、金履祥、许谦三家，传何基之学，复继朱子之志，索隐微义，考证注疏，以为羽翼。其索隐考证，倚于训诂考据，以性理为本，重于求是。许谦《论孟集注考证序》云："先师之著是书，或櫽栝其说，或演绎其简妙，或摅其幽，发其粹，或补其古今名物之略，或引群言以证之。大而道德性命之精微，细而训诂名义之弗可知者，本隐以之显，求易而得难。吁！尽在此矣。"① 吴师道《读四书丛说序》称"四书"自二程肇明其旨，至朱子集其大成，然一再传之后，泯没叛涣，"其能的然久而不失传授之正，则未有如于吾乡诸先生也。盖自北山取《语录》精义，以为《发挥》，与《章句集注》相发明；鲁斋为标注点抹，提挈开示；仁山于《大学》有《疏义》《指义》，《论》《孟》有《考证》，《中庸》有《标抹》，又推所得于何、王者，与其己意并载之"，"今观《丛说》之编，其于《章句集注》也，奥者白之，约者畅之，要者提之，异者通之，画图以形其妙，析段以显其义。至于训诂名物之缺，考证补而未备者，又详著焉。其或异义微牾，则曰：'自我言之，则为忠臣；自他人言之，则为谗贼。金先生有是言也。'此可以见其志之所存矣"②。《四库全书总目》著录《论孟集注考证》，其提要云："其书于朱子未定之说，但折衷归一，于事迹典故，考订尤多。盖《集注》以发明理道为主，于此类率沿袭旧文，未遑详

---

① 金履祥：《孟子集注考证》，《率祖堂丛书》本。

② 吴师道：《吴礼部文集》卷十七。

核，故履祥拾遗补阙，以弥缝其隙，于朱子深为有功"，"然其旁引曲证，不苟异，亦不苟同，视胡炳文辈拘墟回护，知有注而不知有经者，则相去远矣。"此可见四先生"四书"学及其"家法"之大端。

（二）《五经》学

朱子研《易》《诗》，并涉猎礼制，而东莱则"五经"贯通。何基于"五经"仅《易经》有撰著，仍题曰"发挥"。其治"四书"，虽与"五经"参读，大抵"发挥师言，以会于归"。自王柏以下，不唯尊德性，且好治经研史。王、金、许三家研讨"五经"，既通于朱子经学，又通于东莱经学及文献之学。概言之，一是崇义理而并事训诂考据，"四书""五经"打成一片。二是好纂辑、音释、标抹、考订、表注，以翼经传。三是喜考证名物度数，补先儒之未备。四是不苟同，不苟异，"要归于是"。前已言及，此更举例以明之。

王柏于"五经"皆有撰述，著《读书记》十卷、《读诗记》十卷、《读春秋记》八卷、《书附传》四十卷、《诗可言》二十卷、《诗疑》二卷、《书疑》九卷、《涵古易说》一卷、《大象衍义》一卷、《左氏正传》十卷等。叶由庚《圹志》称其嗜于索隐考订，好"复经传之旧"，"矧先生一更一定，皆有授证，一析一合，不添只字，秩秩乎其旧经之完也，炳炳乎其本旨之明也"。并举其大端如：于《易》，作《易图》，推明《河图》《洛书》先后。谓《河图》为先天后天之宗祖，逐位奇偶之交，后天为统体奇偶之交。古之册书，作上下两列，故《易》上下经非标先后。谓今之三百五篇非尽孔子之三百五篇，孔子所删，或有存于闾巷浮薄之口者，汉儒概谓古诗，取以补亡。乃定二《南》各十一篇，还两两相配之旧，退《何彼秾矣》《甘棠》，归之《王风》，而削去《野有死麕》。若风、雅、颂，亦必辨其正变，次其先后，谓郑、卫淫诗，皆当在削。

世人或称经以讲解辩订而明，厘析类合则陋，王柏则不以为然，好参订疑经。何基尝告之："治经当谨守精玩，不必多起疑端。有欲为后学言者，谨之又谨可也。"①然王柏终勇于"任道"、"求是"，《书疑序》云："不幸秦火既焰，后世不得见先王之全经也。唯其不全，固不可得而不疑。所疑者，非疑先王之经也，疑伏生口传之经也。读书者往往因于训诂，而不暇思经文之大体，间有疑者，又深避改经之嫌，宁曲说以求通，而不敢轻议以求是……圣人之经不可改，伏氏之言亦不可正乎？纠其缪而刊其赘，订其杂而合其离，或庶几乎得复圣人之旧，此有识者之不容自已。"②

后世于王柏疑经，颇多争议。钱维城《王柏删诗辩》："宋儒之狂妄无忌惮，未有如王柏之甚者也……朱子唯过于慎，故宁为固而不敢流于穿凿，而孰知一再传之后，其徒之肆无忌惮，乃至于此也。"③成僎《诗说考略》卷二《王柏诗疑之舛乱》："夫以孔子所不敢删者，而鲁斋删之；以孔子所不敢变易者，而鲁斋变易之。世儒犹以其渊源于朱子而不敢议，此竹垞所以嗤为无是非之心也。"④《四库全书总目》著录《书疑》九卷，《提要》云："然柏之学，名出朱子，实则师心，与朱子之谨严绝异"，"柏作是书，乃动以脱简为辞，臆为移补"，"至于《尧典》《皋陶谟》《说命》《武成》《洪范》《多士》《多方》《立政》八篇，则纯以意为易置，一概托之于错简"，"是排斥汉儒不已，并集矢于经文矣，岂濂洛关闽诸儒立言垂教之本旨哉？托克托等修《宋史》，乃与其《诗疑》之说并特录于本传，以为美谈，何其寡识之甚乎"！又著录《诗疑》二卷，《四库提要》云："《书疑》虽颇有窜乱，尚未敢删削经文。此书则攻驳毛、郑不已，并本经而攻驳之；攻驳本经不已，又并本经而删削之。"为之辩护析论者亦多。如胡凤丹《重刻王鲁斋

---

① 戴殿江:《金华理学粹编》。
② 王柏:《鲁斋王文宪公文集》卷五。
③ 钱维城:《茶山文钞》卷八，清乾隆四十一年（1776）眉寿堂刻本。
④ 成僎:《诗说考略》，清道光间木活字本。

诗疑序》："朱子所攻驳者《小序》耳，于本经未尝轻置一议也。先生黜陟《风》《雅》，窜易篇次，非唯排诋汉儒，且几几乎欲夺宣圣删定之权而伸其私说。其自信之坚，抑何过哉"，"是书设论新奇，虽不尽归允当，而本其心所独得，发为议论，自成一家，俾世之读其书者足以开拓心胸，增广识见，引而伸之，触类而长之，未始非卓荦观书之一助也。"①皮锡瑞《论王柏书疑疑古文有见解特不应并疑今文》："王氏失在并今文而疑之耳，疑古文不得谓其失也"，"王氏知古文之伪，不知今文之真。其并疑今文，在误以宋儒之义理准古人之义理，以后世之文字绳古人之文字"，"《书疑》多本前人，亦非王氏独创，特王氏于《尚书》篇篇献疑，金履祥等从而和之，故其书在当时盛行，而受后世之掊击最甚。平心而论，疑经改经，宋儒通弊，非止王氏，皆由不信经为圣人手定（注：王氏《诗疑》删郑、卫诗，窜改《雅》《颂》，僭妄太甚，《书疑》犹可节取）"②。王柏以义理治《诗》《书》，索隐太过，不免其弊。后人尽黜之则未当，宜小心考求，平允论之。

金履祥承王柏疑经之绪，以为秦火后全经不存，汉儒拘于训诂，轻于义理，循守师传，曲说不免，亦自勇于"任道""求是"。其考订诸经，用力最多乃在《尚书》，有《尚书注》十二卷、《尚书表注》二卷。《尚书表注序》称全书不得见，"考论不精，则失其事迹之实；字辞不辨，则失其所以言之意"，"夫古文比今文固多且正，但其出最后，经师私相传授最久，其间岂无传述附会"，"后之学者，守汉儒之专门，开元之俗字，长兴之板本，果以为一字不可刊之典乎？幸而天开斯文，周、程、张、朱子相望继作，虽训传未备，而义理大明，圣贤之心传可窥，帝王之作用易见"③。履祥钩玄探赜，折衷群说，力求平心易气，不为浚深之求，无证臆

---

① 胡凤丹：《退补斋文存》卷一，清同治十二年（1873）退补斋鄂州刻本。

② 皮锡瑞：《经学通论》，清光绪间刻《师伏堂丛书》本。

③ 金履祥：《仁山文集》卷三。

决，考订较王柏为慎。《四库全书总目》著录《尚书表注》二卷，其提要云："大抵攟摭旧说，折衷己意，与蔡沈《集传》颇有异同。其征引伏氏、孔氏文字同异，亦确有根原。"胡凤丹《重刻尚书表注序》云："故先生之功在注释，而先生之志在表章。以视抱经硁硁，索解于章句之末者，其相去为何如耶？"① 陆心源《重刊金仁山先生尚书注序》云："《尚书》则用功尤深，《表注》一书，为一生精力所萃。是书即《表注》之权舆，训释详明，颇多创解。"②

按柳贯《行状》，履祥殁时，所注书仅仅脱稿，未及正定，悉以授门人许谦。许谦遵其遗志，雠校刻板以传。许谦考订诸经，用力尤勤者在《诗》《书》，撰《读书丛说》六卷、《诗集传名物钞》八卷，长于正音释、考证名物度数。读《春秋三传》，撰《温故管窥》。读《三礼》，参互考订，发明经义。句读标抹《九经》《仪礼》《三传》，注明大旨要解、错简衍文。吴师道《诗集传名物钞序》云："君念朱《传》犹有未备者，旁搜博采，而多引王、金氏，附以己见，要皆精义微旨，前所未发。又以《小序》及郑氏、欧阳氏《谱》世次多舛，一从朱子补定。正音释，考名物度数，粲然毕具。其有功前儒，嘉惠后学，羽翼朱《传》于无穷，岂小补而已哉！"③《名物钞》羽翼《诗集传》，犹金履祥作《论孟集注考证》为《集注》之疏。王柏重订《诗经》篇目，《名物钞》取用之，然未尽鉴采《诗疑》。盖《名物钞》于朱子《诗集传》、王柏《诗疑》各有订正。要之，折衷群说，能指明师说之不然。《四库提要》云："研究诸经，亦多明古义。故是书所考名物音训，颇有根据，足以补《集传》之阙遗。唯王柏作《二南相配图》……而谦笃守师说，列之卷中，犹未免门户之见"，"然书中实

---

① 胡凤丹：《退补斋文存》卷一。

② 金履祥：《书经注》，《十万卷楼丛书》本。

③ 吴师道：《吴礼部集》卷十五。

多采用陆德明《释文》及孔颖达《正义》，亦未尝株守一家。"许谦继履祥作《读书丛说》，大指类于《名物钞》，以《书集传》出于朱子门人蔡沈之手，尤当疏注辨明。《丛说》多有与《书集传》意见不合者。张枢《读书丛说序》云："先生尝诵金先生之言曰：'在我言之，则为忠臣；在人言之，则为谗贼。'要归于是而已，岂不信哉！"①《四库提要》云："谦独博核事实，不株守一家，故称《丛说》……然宋末元初说经者多尚虚谈，而谦于《诗》考名物，于《书》考典制，犹有先儒笃实之遗，是足贵也。"

（三）史学

历来论四先生之学，大都明其传朱子之统，讲说性理。至于自王柏以下兼采东莱史学、文献之学，研经兼通史，宗程朱兼取法于汉儒，则鲜有讨论。

浙学兴起之初，吕祖谦、陈亮诸子好读史，朱熹指为"博杂"，告诫门人读书以"四书"为本。何基谨守师说，问学欲求朱子之醇。王柏、金履祥、许谦欲为一世通儒，出入经史百家，研史与治经相发明，虽与东莱经史不分、汉宋互参、重于文献有所不同，但也多有相通之处。此一变化，一定程度上体现了王柏等人向浙学的回归。

王柏标注《通鉴纲目》，著《续国语》四十卷、《拟道学志》二十卷、《江右渊源》五卷、《杂志》二卷、《地理考》二卷等书。金履祥著《通鉴前编》十八卷、《举要》二卷。《尚书表注》经史互证，探求义理，综概事迹，考正文字，《通鉴前编》亦取此义。司马光作《资治通鉴》，周威烈王二十三年（前403）之前事未载，刘恕《外纪》纪前事，不本于经，而信百家之说。履祥以为出《尚书》诸经者为可考信，出子史杂书者多流俗传闻、鄙陋之说，因撰《通鉴前编》，一以《尚书》为主，下及《诗》《礼》

---

① 赵鹤：《金华文统》卷五，明正德间刻本。

《春秋》，旁采旧史诸子，表年系事，考订辨误，断自唐尧，以下接《资治通鉴》。履祥《通鉴前编序》兼言朱、吕，云："朱子曰：'古史之体可见也，《书》《春秋》而已。《春秋》编年通纪，以见事之先后；《书》则每事别纪，以具事之始末。'今本之以经，翼之以史子传记，附之以诸家之论。且考其系年之故，解其辞事，辨其疑误。如东莱吕氏《大事记》，而不敢尽仿其例。"① 朱子编《通鉴纲目》，裁剪《通鉴》，考订嫌于疏浅。东莱邃于史，《大事纪》颇有史裁。如《四库提要》所云："当时讲学之家，唯祖谦博通史传，不专言性命。《宋史》以此黜之，降置《儒林传》中，然所学终有根柢……凡《史》《汉》同异，及《通鉴》得失，皆缕析而详辨之。又于名物象数旁见侧出者，并推阐贯通，夹注句下。" 履祥颇取法《大事纪》，第不尽仿其例。即经史不分而言，履祥较王柏更近于东莱。《通鉴前编》一书，履祥生前未遑刊定，临殁属之许谦。天历元年（1328）《通鉴前编》刻行，郑允中采录进呈。《元史·金履祥传》评云："凡所引书，辄加训释，以裁正其义，多儒先所未发。"② 许谦著《观史治忽几微》。黄溍《白云许先生墓志铭》云："仿史家年经国纬之法，起大皥氏，讫宋元祐元年秋九月尚书左仆射司马光卒，备其世数，总其年岁，原其兴亡，著其善恶。盖以为光卒，则宋之治不可复兴。诚一代理乱之几，故附于续经而书孔子卒之义，以致其意也。"③

王、金、许三家研讨经义，兼及治史，以史翼经，与东莱史学有相通之处，然相较东莱经史并重、经史不分，仍有所不同。

（四）文学

宋代理学大兴，儒者"大要尚道义而下词章"，昌学古者"崇理致，

① 金履祥：《通鉴前编》，元刻明递修本。
② 宋濂等：《元史》卷一百八十九，中华书局，1976年，第4318页。
③ 黄溍：《金华黄先生文集》卷三十二。

黜崛奇而主平易，忌艰深而贵敷腴"，又恐沿袭而少变，故"其词纡余而曲折"。后来学者"融之以训诂，发之以论说，专务明乎理，是以其词详尽而周密。其于诗也亦然"①。朱、陆、吕为讲学大家，不废诗文。四先生尊德性、道问学，诗文亦自可观，各自有集。

总体来说，四先生的文章扶翼经义、世教，文以载道，阐明义理，裨益教化，通于世用。诗发摅性灵，陶冶性情，既为悟道之具，又得天机自然之趣，超然物表，不事雕琢藻缋，非激壮之音，亦无寒蹙之态。

王柏《何北山先生行状》称何基："以其余事言之，先生之文，温润融畅；先生之诗，从容闲雅，皆自胸中流出，殊无雕琢辛苦之态。虽工于词章者，反不足以闯其藩篱。"②

王柏早岁为文章，纵心古文诗律，有《长啸醉语》。及师北山，乃弃所学，余力所及，文集尚有七十五卷之多，又编《文章指南》十卷、《朝华集》十卷、《紫阳诗类》五卷等。何基文章"温润融畅"，诗歌"从容闲雅"，而王柏文章于温雅外，尚多雄伟之辞，诗于冲澹外，复好刚健之调。杨溥《鲁斋集序》云："金华王文宪公，天资高爽，学力精至，以其实见发为文章，足以明道德。使其见用，足以建事功，而卒老于丘园，惜哉！若其诗歌，又其余事也。"③《四库提要》云："其诗文虽亦豪迈雄肆，然大旨乃一轨于理。"

金履祥诗文自订为四集，又编集《濂洛风雅》七卷。唐良瑞《濂洛风雅序》云："'诗者，志之所之也。'志有正有偏，有通有蔽，则诗有纯有驳，有晦有明。故偏滞之词，不若中正之发，而放旷悲愁之态，不若和平冲淡之音……然皆涵畅道德之中，歆动风雩之意，淡平者有淳厚之趣，而

---

① 张以宁：《甑山存稿序》，《翠屏文集》卷三，明成化间刻本。

② 何基：《何北山先生遗集》卷四。

③ 王柏：《鲁斋集》，《金华丛书》本。

浩壮者有义理自然之勇……窃以为今之诗，非风雅之体，而濂洛渊源诸公之诗，则固风雅之遗也。"①履祥诗和平冲澹，不事字句工拙，不倚于奇崛跳踉、发扬蹈厉之辞。文则湛深经史，辞义高古，醇洁精深，非矜句饰字者可比。徐用检《仁山金先生文集序》云："愚唯先生之文，析微彻义，自成一家言；律诗取意而不泥律，古风宣而语劲，纯如也。"②

许谦与履祥相近，诗冲澹自然，文湛深经史，辞意深厚，然亦有变化，即诗歌理气渐少，文章颇有韩、柳、欧、苏法度。黄溍《白云许先生墓志铭》云："文主于理，诗尤得风人之旨。"《四库提要》云："谦初从履祥游，讲明朱子之学，不甚留意于词藻，然其诗理趣之中颇含兴象，五言古体尤谐雅音，非《击壤》体一派唯涉理路者比。文亦醇古，无宋人语录之气，犹讲学家之兼擅文章者也。"

四先生之学传朱一脉，自王柏以下有变，诗文自王柏以下亦有一小变，至许谦及北山后学更有一大变，能文之士日众，宋濂、王祎则其尤著者。文为载道之器，道为出治之本，文道不相离，乃许谦及其门人所持重之义。许谦延祐二年（1315）《与赵伯器书》云："道固无所不在，圣人修之以为教，故后欲闻道者，必求诸经。然经非道也，而道以经存；传注非经也，而经以传显。由传注以求经，由经以知道，蕴而为德行，发之为文章事业，皆不倍乎圣人，则所谓行道也。"③皇庆二年（1313），元仁宗诏复科举，至是年始开科取士。许谦发为此论，非为科举。王祎《宋景濂文集序》追溯金华文章源流，称南渡后，吕祖谦、唐仲友、陈亮"其学术不同，其见于文章，亦各自成其家"，范浚、时少章"皆博极乎经史，为文温润缜练，复自成一家之言"，入元以后，柳贯、黄溍精文章，"羽翼乎圣

---

① 金履祥：《濂洛风雅》，《率祖堂丛书》本。
② 金履祥：《仁山文集》，明万历二十七年（1599）刻本。
③ 许谦：《许白云先生文集》卷四。

学，而黼黻乎帝猷"，又有四先生传朱学，理学遂以婺为盛。因论云："所贵文章之有补者，非以其明夫理乎？理之明，不由其学术之有素乎……然为其学者，上而性命之微，下而训诂之细，讲说甚悉。其颇见于文章者，亦可以验其学术之所在矣。"①《送胡先生序》又辩称吕、唐、陈之学"虽不能苟同，然其为道皆著于文也，其文皆所以载道也，文义、道学，曷有异乎哉"，金、许以道学名家，胡长孺、柳贯、黄溍、吴师道以文知名，"虽若门户异趋，而本其立言之要，道皆著于文，文皆载乎道，固未始有不同焉者……以故八十年间，踵武相望，悉为世大儒，海内咸所宗师。夫何后生晚进，顾乃因其所不同而疑其所为同，言道学者以穷研训诂为极致，言文章者以修饬辞语为能事，各立标榜，互相排抵，而不究夫统宗会元之归，于是诸公之志日微，而学术之弊遂有不可胜言者矣"②。

黄百家纂《金华学案》，留意北山一脉前后变化，于宋濂传后案云："金华之学，自白云一辈而下，多流而为文人。夫文与道不相离，文显而道薄耳。虽然，道之不亡也，犹幸有斯。"学案前又有案语："而北山一派，鲁斋、仁山、白云既纯然得朱子之学髓，而柳道传、吴正传以逮戴叔能、宋潜溪一辈，又得朱子之文澜，蔚乎盛哉！"③有一派学问，有一派文章。此说有其道理，但称金华之学"多流而为文人"，归柳贯、宋濂等人的文章为"朱子之文澜"，仍未尽然。自王柏以下，北山一脉文章已非仅朱子之文余波。且北山一脉文道不相离，尚文别有意属，许谦、王祎言之已明。全祖望承黄百家之说，《宋文宪公画像记》更论云："予尝谓婺中之学，至白云而所求于道者疑若稍浅，观其所著，渐流于章句训诂，未有深造自得之语，视仁山远逊之，婺中学统之一变也。义乌诸公师之，遂成文章之士，

---

① 王祎：《王忠文公集》卷五，明嘉靖元年（1522）刻本。

② 王祎：《王忠文公集》卷七。

③ 黄宗羲等：《宋元学案》，黄璋等校补稿本。

则再变也。至公而渐流于佞佛者流，则三变也。犹幸方文正公为公高弟，一振而有光于先河，几几乎可以复振徽公之绪，惜其以凶终，未见其止，而并不得其传。"①其说亦未可尽信。金、许传人多文章之士，亦躬行之士，文章明道经世，载出治之本。此乃一时风气。迨孝孺以金华一脉好文而不免轻于明道，遂纠正其偏。此亦一时风气。

三、四先生与"浙学之中兴"

学术史的发展变迁，是一种历史存在，也是学术批评与接受的结果。明人此一述朱，彼一述朱，审视宋元学术多于此下论其合与不合。清初学者着意区分汉宋，兼采居主。乾嘉而后，宗汉流行，学者多不囿于述朱之说。近四百年来，有关四先生之认识，深受时代学术风尚影响。而清初以后，学者又颇沿《宋元学案》之论，以迄于今。以下略述四先生与浙学中兴之关系及其学术史意义。

（一）从《金华学案》到《北山四先生学案》

清康熙间，黄宗羲以周汝登《圣学宗传》、孙奇逢《理学宗传》未粹，多所遗阙，撰《明儒学案》，继而发凡《宋元学案》，其子百家纂辑初稿。清道光间何绍基重刊本《宋元学案》卷八十二为《北山四先生学案》，总目标云："黄氏原本，全氏修定。"卷端录全祖望案语："勉斋之传，得金华而益昌。说者谓北山绝似和靖，鲁斋绝似上蔡，而金文安公尤为明体达用之儒，浙学之中兴也。述《北山四先生学案》。"王梓材案："是卷梨洲本称《金华学案》，谢山《序录》始称《北山四先生学案》。"自黄宗羲发凡起例，至何绍基刊百卷本，《宋元学案》成书历时逾百五十年。书成众

---

① 全祖望：《鲒埼亭集外编》卷十九，清嘉庆十六年（1811）刻本。

手，黄百家、杨开沅、顾諟、全祖望、黄璋、黄征乂、王梓材、冯云濠等各有补订。《北山四先生学案》究何人所撰？检黄璋、征乂父子校补《宋元学案》稿本，知原出百家之手。稿本第十七册收《金华学案》不分卷，抄写不避"胤""弘"；"玄"字凡三见，两处不避，一处缺末笔。由是知写于康熙间，即道光重刊本所标"黄氏原本"。然为录副，非百家手稿。至于宗羲生前得见此否，则未可知。百家《金华学案》，祖望改题《北山四先生学案》。细作考证，《北山四先生学案》实冯云濠、王梓材据《金华学案》另一录副本，参酌黄璋、征乂校补本（黄直垕誊清稿），订补成稿，而非据全氏修订本增删而成。冯、王误以为所见《金华学案》录副即"梨洲原本"，亦即"谢山原稿"，《北山四先生学案》所标注全氏"修""补"大都未确。不过，二人发挥全氏校补《宋元学案》之义，博征文献，广大其流，《北山四先生学案》遂呈大观。

从《金华学案》到《北山四先生学案》，不仅见后世如何认识评价四先生，亦可见学风转移于学术史撰著之作用。

元末明初，黄溍、杜本、宋濂、王祎、苏伯衡、郑楷皆专视四先生为朱学嫡传。宋濂从学柳贯，为金履祥再传，念吕学之衰，思继绝学。郑楷《翰林学士承旨宋公行状》载："婺实吕氏倡道之邦，而其学不大传……先生既间因许氏门人而究其说，独念吕氏之传且坠，奋然思继其绝学。"[①]王祎《宋太史传》传述此语[②]。在诸子看来，"吕氏之传且坠"终有未妥。

明人论四先生，大抵以述朱为中心。章懋有志复兴浙学，《枫山语录》称"吾婺有三巨担"，其一即"自何、王、金、许没，而道学不讲"。戴殿泗《金华三担录》载其语曰："自朱子一传为黄勉斋，再传为何、王、金、许，而东莱吕公则亲与朱子相丽泽者也，道学正宗，我金华实得

---

① 程敏政：《明文衡》卷六十二。
② 王祎：《王忠文公集》卷二十一。

之。'"①周汝登《圣学宗传》过于疏略，未登录黄榦、四先生。刘鳞长欲
"以浙之先正，呼浙之后人"，编《浙学宗传》，自杨时至陈龙正得四十一
人。宋元十家，朱、陆、吕、何、许、金、王并在列。四先生与宋濂、刘
基、方孝孺、吴沉等八人，皆见于《北山四先生学案》。自王守仁以下共
十七人，皆阳明一脉。一部《浙学宗传》，上半部为东莱、北山之学，下
半部为阳明之学。鳞长《浙学宗传序》云："吊宝婺旧墟，抚然叹曰：'于
越东莱先生与吾里二亭夫子，问道质疑，卒揆于正，教泽所渐，金华四
贤，称朱学世嫡焉，往事非遽也。'击楫姚江，溯源良知，觉我明道学，
于斯为盛。"②

　　黄宗羲、百家《宋元学案》以朱、陆为纲，论列南宋至元代之学，未
及为东莱立学案。《金华学案》附宗羲、百家案语数则，可见其论四先生
及北山之学大概。卷首列百家案语，述作《金华学案》大旨，即以北山一
派为朱学嫡传，故独立一案。全祖望于朴学大兴之际，传浙东史学、东莱
文献，创为《东莱学案》《深宁学案》，重提朱、陆、吕三家并立之说，修
订其他诸案。《北山四先生学案》虽非出于祖望修订，然全氏《序录》提
出一个重要命题，即金履祥"尤为明体达用之儒，浙学之中兴也"。黄璋、
征义父子未尽解其意，校补《金华学案》，以校雠为多。冯云濠、王梓材
能味谢山之旨，校补《北山四先生学案》，沿于全氏所言两点，即"勉斋
之传，得金华而益昌""浙学之中兴"，广而大之，遍及南北学者。所显现
四先生一脉，非复金华学者之学，而为宋末至明初学术之主流。《金华学
案》改题《北山四先生学案》，盖亦寓此意。

　　以上略述《北山四先生学案》由来。述四先生之学，不当非仅摘某作
某说、某作某评而已。唯有明其源流，始可知其大体，考其通变。

_____

① 戴殿泗：《风希堂文集》卷四，清道光八年（1828）九灵山房刻本。
② 刘鳞长：《浙学宗传》，明末刻本。

（二）四先生与浙学中兴之关系

今以论之，浙学中兴有广义、狭义之别。从狭义言，金履祥学问出入经史，明体达用，沿何、王上承朱、黄，又接丽泽遗绪。此殆全氏发为此论之意。从广义言，四先生继东莱之后，重振东浙之学，北山一脉延亘至明初，蔚为壮观，足以标志浙学中兴。东莱、永康、永嘉开启浙学风气，朱、陆之学亦传入，相与渗透，互为离立，共成浙学源头。浙学凡历数变，就大者言，一变而为北山之学，再变而为阳明之学，三变而为梨洲之学，四变而为朴学浙派。全氏虽不言之，未必不有此看法。此就广义略说四先生及北山一脉与浙学中兴之关系。

其一，自何基为始，朱学"得金华益昌"。

金华本东莱讲学之地，丽泽学人遍东南，以金华为最多。东莱之学衰没，而有何、王崛起，金华成为朱学兴盛之地，此亦朱熹身前所未料及。其时金华传朱者，尚有朱子门人杨与立，字子权，浦城人，知遂昌，因家于兰溪，学者称船山先生。著有《朱子语略》二十卷。又有何基兄何南，号南坡，亦师黄榦。然引朱学昌于金华，何基最为有力。王柏以下，传朱为主，兼法东莱。四先生重新构建浙学一脉理学宗传。金履祥《北山之高，寿北山何先生》："维何夫子，文公是祖。是师黄父，以振我绪……昔在理宗，维道之崇。既表程朱，亦跻吕张。谓尔夫子，缵程朱绪。"[1] 所编《濂洛风雅》亦可见大端。集中收周敦颐、程颢、程颐、张载、邵雍、朱熹、张栻、吕祖谦、何基、王柏、王偁等人诗文。王崇炳《濂洛风雅序》："《濂洛风雅》者，仁山先生以风雅谱婺学也。吾婺之学，宗文公，祖二程、濂溪。则其所自出也，以龟山为程门嫡嗣，而吕、谢、游、尹则支；以勉斋为朱门嫡嗣，而西山、北溪、扒堂则支。由黄而何而王，则世嫡相传，直接濂洛。程门之诗以共祖

---

[1] 金履祥：《仁山集》卷一。

收，朱门之诗以同宗收，非是族也，则皆不录，恐乱宗也。"①

其二，因四先生倡朱学，浙学播于江左，流及大江南北。

查容《朱近修为可堂文集序》："宋南渡后，吕东莱接中原文献之传，倡道于婺，何、王、金、许遂为紫阳之世嫡，慈湖杨氏又为象山之宗子，而浙之理学始盛矣。"②朱学之传几遍大江之南，而金华、台州特盛。赵汝腾、蔡抗、杨栋官金华，叹丽泽讲席久空，延王柏主之。台州上蔡书院落成，台守赵星纬聘王柏主教师。王柏至则首讲谢良佐居敬穷理之训，推毂朱学播传台州。高弟子张墍侨寓江左，至元中行台中丞吴曼庆延致江宁学宫讲学，中州士大夫欲子弟习朱子"四书"，多遣从游。金履祥与门人许谦、柳贯各广开讲席，许谦及门弟子至逾千人。黄溍《白云许先生墓志铭》："屏迹八华山中，学者翕然囊粮笥书而从之。居再岁，以兄子丧而归，户屦尤多，远而幽冀、齐鲁，近而荆扬、吴越，皆百舍重趼而至。"

其三，"四书"学之盛，为浙学中兴之基石。

东莱谈义理，研《论》《孟》，未如朱熹用力勤且专。朱门弟子多撰"四书"之说，以为羽翼。自何基承黄榦之教，治学以"四书"为本始，"四书"遂为北山一脉所擅。四先生撰著前已述之，其学侣、门人、后学纂述亦富有，叶由庚《论语慕遗》、倪公晦《学庸约说》、潘墀《论语语类》、孟梦恂《四书辨疑》、牟楷《四书疑义》、陈绍大《四书辨疑》、范祖幹《大学大庸发微》、叶仪《四书直说》、吕洙《大学辨疑》、吕溥《大学疑问》、戚崇僧《四书仪对》、蒋玄《中庸注》《四书笺惑》等。"四书"学之盛，不唯推动浙学复兴，亦成浙学传承重要内容。

其四，"五经"贯通，兼治诸史，为浙学复兴之助。

自王柏以下，北山一脉勤研"五经"，兼治诸史。王柏、汪开之、戚

---

① 金履祥：《濂洛风雅》。

② 沈粹芬、黄人等辑：《国朝文汇》卷十七，清宣统元年（1909）上海国学扶轮社石印本。

崇僧等人追溯家学，皆源出东莱。黄百家《金华学案》仅戚崇僧小传言及"贞孝先生绍之孙也，家学出于吕氏"①，冯、王校补《北山四先生学案》沿之，复增数则文字，述及北山学者家学源于吕氏。《文宪王鲁斋先生伯》小传下冯云濠案云："父瀚，东莱弟子。"《汪先生开之》小传为参酌《金华府志》新增，有云："东莱弟子独善之孙也。"《修职王成斋先生城》小传为参酌《王忠文公集》新增，有云："其子瀚受业吕成公之门，其孙文宪公柏传道于何文定，得于朱子门人黄文肃公。先生于文宪为诸孙，又在弟子列，未尝辄去左右。"② 既述朱子师传，又述家学出于吕氏，盖发挥全氏所言"浙学之中兴"之意。"五经"及史学撰著，北山一脉著述颇丰。王柏、金履祥、许谦撰述前已述之，其学侣、门人、后学撰著如倪公晦《周易管窥》，倪公武《风雅质疑》，周敬孙《易象占》《尚书补遗》《春秋类例》，黄超然《周易通义》二十卷、《或问》五卷、《发例》三卷、《释象》五卷，张瓒《释奠仪注》《丧服总数》《四经归极》《阙里通载》及《孝经口义》一卷，张枢《三传归一》三十卷、《刊定三国志》六十五卷、《续后汉书》七十三卷、《林下窃议》一卷、《宋季逸事》，吴师道《春秋胡传补说》、《易书诗杂说》八卷、《战国策校注》十卷，孟梦恂《七政疑解》《汉唐会要》，杨刚中《易通微说》，牟楷《九书辩疑》《河洛图书说》《春秋建正辩》《深衣刊误》，范祖幹《读书记》《读诗记》《群经指要》，唐怀德《六经问答》，胡翰《春秋集义》，戚崇僧《春秋纂例原旨》三卷、《昭穆图》一卷、《历代指掌图》二卷，马道贯《尚书疏义》六卷，戴良《春秋经义考》三十二卷、《七十子说》、《郑氏家范》三卷，杨璲《注诗传名物类考》，徐原《五经讲义》，宋濂、王祎等纂《元史》，宋濂《浦阳人物记》《平汉录》《皇明圣政纪》，王祎《续大事记》七十七卷等。北山一脉经学

---

① 黄宗羲等：《宋元学案》，黄璋等校补稿本。

② 黄宗羲等：《宋元学案》卷八十二，中华书局，1986年，第2729、2735、2751页。

所擅，乃在《易》《诗》《春秋》，亦与东莱相近。其"五经"学成就与"四书"学相埒，史学次之。

（三）中兴浙学之功及学术史贡献

自四先生崛起，朱学与浙学交融于东浙，陆学复播于四明，朱、陆、吕三家并传，其间会融、分合不一，肇开浙学新格局。以四先生为代表之浙学中兴，意味着朱学之繁荣及东莱之学之赓续。从浙学流变来看，吕祖谦、陈亮、叶适为初兴，四先生及北山后学为中兴，阳明一脉为三兴，其后更有蕺山、梨洲之四兴，朴学浙派之五兴。从婺学流变来看，吕祖谦、陈亮、唐仲友称初兴，四先生为再兴，宋濂、王祎、方孝孺诸子为三兴，其后金华之学渐衰。自阳明而后，浙学中心移至绍兴，金华学坛不复旧观。

论四先生与浙学及理学之关系，以下诸说皆可鉴采。黄溍《吴正传文集序》："近世言理学者，婺为最盛。"① 方孝孺《文会疏》："浙水之东七郡，金华乃文献之渊林……自宋南渡，有吕东莱，继以何、王、金、许，真知实践，而承正学之传。复生胡、柳、黄、吴，伟论雄辞，以鸣当代之盛，遂使山海之域，居然邹鲁之风。"② 魏骥《重修丽泽书院记》："四贤之学，其道盖亦出于东莱派者也"，"窃念书院，昔人虽为东莱之设，朱、张二先生亦尝讲道其地，人亦蒙其化者，曷若于今书院论其道派，以朱、吕、张三先生之位设之居堂之中，而并何、王、金、许四先生之位设居其傍，为配以享之。"③ 章鋆《重修崇文书院记》："吾浙自唐陆宣公蔚为大儒，至宋吕成公得中原文献之传，昌明正学，厥后何、王、金、许，逮明方正学、王阳明、刘蕺山，以及国朝陆清献，其学者粹然一出于正，千百年来，流

---

① 黄溍:《金华黄先生文集》卷十八。
② 方孝孺:《逊志斋集》卷八,明嘉靖四十年(1561)张可大刻本。
③ 魏骥:《南斋先生魏文靖公摘稿》卷六,明弘治间刻本。

风尚在。"①张祖年《婺学志》亦具识见，其说可与《宋元学案》相参看。祖年作《婺学图》，以范浚、吕祖谦、朱熹、张栻为四宗，以"丽泽讲学"为婺学开宗。黄榦传朱、吕、张之学，四先生即朱、吕、张之嫡脉。祖年之谱四先生，视域较黄百家《金华学案》稍阔大。

四先生的学术史贡献，王祎《元儒林传》言之详且确矣，其论曰："程氏之道，至朱氏而始明；朱氏之道，至金氏、许氏而益尊。用使百年以来，学者有所宗向，不为异说所迁，而道术必出于一，可谓有功于斯道者矣。大抵儒者之功，莫大于为经。经者，斯道之所载焉者也。有功于经，即其所以有功于斯道也。金氏、许氏之为经，其为力至矣，其于斯道谓之有功，非耶？"②商辂《重建正学祠记》亦有见解："三代以下，正学在'六经'，治道在人心，非有诸儒阐明之，则天下贸贸焉，又恶知孔孟之书为正学之根抵，治道之轨范"，"四先生生东莱之乡，出紫阳之后，观感兴起，探讨服行，师友相成，所得多矣"，"夫正学具于'六经'，原于人心者，其体也；见于治道者，其用也。'六经'既明，则人心以正，治道以顺，而正学之功，于斯至矣。然则四先生有功于'六经'，即有功于正学；有功于人心，即有功于治道"③。

世人于四先生之贡献，仍不无异辞。如吕留良《程墨观略论文》三则，其二云："程子曰：今之学有三，而异端不与焉，一训诂，一文章，一儒者。余按：今不特儒者绝于天下，即文章、训诂，皆不可名学，独存者异端耳。昔所谓文章，苏、王之类也；训诂，则郑、孔之类也，今有其人乎？故曰不可名学也。而有自附于训诂者，则讲章是也。儒者正学，自朱子没，勉斋、汉卿仅足自守，不能发皇恢张。再传尽失其旨，如何、王、金、许

---

① 章鋆：《望云馆文稿》，清光绪十四年（1888）刻本。

② 王祎：《王忠文公集》卷十四。

③ 商辂：《商文毅公集》卷十，明万历三十年（1602）刘体元刻本。

之徒，皆潜畔师说，不止吴澄一人也。自是讲章之派，日繁月盛，而儒者之学遂亡，唯异端与讲章觭互胜负而已。"①陆陇其《松阳钞存》卷上引吕氏此说，论云："愚谓吕氏恶禅学，而追咎于何、王、金、许以及明初诸儒，乃《春秋》责备贤者之义，亦拔本塞源之论也。然诸儒之拘牵附会，破碎支离，潜背师说者诚有之，而其发明程朱之理以开示来学者，亦不少矣。"②姚椿《何王金许合论》辩说："至谓四氏之说，或有潜畔其师者，虽陆氏亦有是言。夫毫厘秒忽之间，诚不可以不辨……自汉学盛行，竞言训诂，学使者试士，至以四先生之学为背缪。夫四先生之学，愚诚不敢谓其与孔、孟、程、朱无丝毫之异，然言汉学者，不敢诋孔、孟，而无不诋程、朱。诋程、朱者，诋孔、孟之渐也。夫既以程、朱为非，则其于四先生也何有是？视向者觝排之微辞，其相去益以远矣。夫四家言行，各有所至，要皆力务私淑，以维朱子之绪，其居心不可谓不正，而立言不可谓不公。"③又引许谦《与赵伯器书》"由传注以求经，由经以知道，蕴而为德行，发之为文章事业"④之说，论云："四氏之学，大约尽于此言。"⑤所言庶几允当矣。

四、四先生著述概况

宋元人著述体例，不当以今之标准来衡论。四先生解经，重于义理，自王柏以下，兼重训诂考据，讲求融会贯通。其解经之法，承朱、吕著述之统，诸如编次勘定、标抹点校、句读段画、表笺批注、节录音释，皆以为真学问，与经传注疏之学相通。在王柏等人看来，经书篇目勘定次第、

---

① 吕留良：《吕晚村先生文集》卷五，清雍正三年（1725）吕氏天盖楼刻本。

② 陆陇其：《松阳钞存》卷上，清刻《陆子全书》本。

③ 姚椿：《晚学斋文集》卷一，清咸丰二年（1852）刻本。

④ 许谦：《许白云先生文集》卷三。

⑤ 姚椿：《晚学斋文集》卷一。

去取分合，意义甚而在撰文立说之上，"标抹点书"亦撰著之一体。故王柏《行状》盛赞何基"无一书一集，不加标注"①，"无一书一集，不施朱抹，端直切要"②。叶由庚《圹志》称说王柏"无一书一集，不加标注"，"一言之题，一点之订，辞不加费，而义以著明"。柳贯《金公行状》载金履祥"无一书不加点勘，铅黄朱墨，所以发其凡"。黄溍《白云许先生墓志铭》谓许谦句读《九经》《仪礼》《三传》，铅黄朱墨，明其宏纲要旨、错简衍文。因此，四先生"标抹点书"，当亦列入著述。四先生著述数量，以王柏最富有，何基最少，金履祥、许谦数量大体相当。以下分作考述。

（一）何基著述

叶由庚《圹志》称何基"志在尚行，切于立言"。《金华丛书》本《何北山先生遗集》卷四录王柏《行状》，称"先生平时不著述，唯研究考亭之遗书"，编类《大学发挥》十四卷、《中庸发挥》八卷、《易大传发挥》二卷、《易启蒙发挥》二卷、《太极通书西铭发挥》三卷，"有力者皆已板"，又有《近思录发挥》未刊定，《语孟发挥》未脱稿，"《文集》一十卷，裒集未备也"。何基次子何铉《北山先生文定公家传》称："先生不甚为文，亦不留稿，今所裒类《文集》，得三十卷。从先生游者，唯鲁斋王聘君刚明造诣，问答之书前后凡百数。"③《文定公圹记》又云："《文集》三十卷，编未就。"④《宋史》本传称《文集》三十卷，吴师道《节录何、王二先生行实寄文史局诸公》则曰："先生集三十卷，而与王公问辨者十八卷。"⑤王柏撰《行状》，不见于明刻本《鲁斋集》，亦罕见他集载及。《金华

---

① 王柏：《何北山先生遗集》卷四附录，《金华丛书》本。
② 王柏：《何北山先生遗集》卷四附录。
③《东阳何氏宗谱》卷二，清咸丰九年（1859）重修本。
④《东阳何氏宗谱》卷二。
⑤ 吴师道：《吴礼部文集》卷二十。

丛书》本作"《文集》一十卷"，其"一"字疑"三"字之误。检《[万历]金华府志》卷十六《人物》之《何基传》，摘录王柏《行状》，作"《文集》三十卷"。《[康熙]金华县志》卷七《杂志类》著录《北山集》三十卷，亦可证之。

何铉《北山四先生文定公家传》云："其他诸经有标题者，皆未就绪，今不复见成书矣。"吴师道《节录何、王二先生行实寄文史局诸公》称何基："所标点诸书，存者皆可传世垂则也。"①以上诸书外，何基尚有"标抹点书"数种：

《仪礼点本》，佚。吴师道《题仪礼点本后》："北山何先生标点《仪礼》，其本用永嘉张淳所校定者。某从其曾孙景瞻借得之……夫以难读之书，使按考注疏，切订文义，以分句读，非数月之功不可。今蒙先正之成而趣办于半月之间，可谓易矣……张淳校本，朱子犹有未满。今先生间标一二，于字音圈法甚略，或发一二字而余不及，盖使人必其自求之耳。今悉仍其旧，而不敢有所增也。"②

《四书点本》，存佚未详。吴师道《请传习许益之先生点书公文》："何氏所点《四书》，今温州有板本。"又，《题程敬叔读书工程后》："北山师勉斋，鲁斋师北山，其学则勉斋学也。二公所标点，不止于'四书'，而'四书'为显。"程端礼《程氏家塾读书分年日程》卷一"自八岁入学之后"条言读"四书"应至烂熟为止，仍参看"何北山、王鲁斋、张达善句读、批抹、画截、表注、音考"③。

何基标抹其他经传之书，俟再考证。其著述虽少，不计标抹之书，亦逾六十卷。

① 吴师道：《吴礼部文集》卷二十。
② 吴师道：《吴礼部文集》卷十八。
③ 黄宗羲等：《宋元学案》卷八十七。

（二）王柏著述

王柏考订群书，经史子集，靡不涉猎，著述逾八百卷。王三锡《题文宪公集后》："生平博览群书，参微抉奥，往往发前人所未发，当时著述八百余卷。"①冯如京《重刻鲁斋遗集序》："阐'六经'，羽翼圣传，即天文地理，旁及稗史，靡不精究，著述不下八百余卷。"②

吴师道《节录何王二先生行实寄文史局诸公》详记王柏著述："有《读易记》《读书记》《读诗记》各十卷、《读春秋记》八卷、《论语衍义》七卷、《太极图衍义》一卷、《伊洛精义》一卷、《研几图》一卷、《鲁经章句》三十卷、《论语通旨》二十卷、《孟子通旨》七卷、《书附传》四十卷、《左氏正传》十卷、《续国语》四十卷、《阐学之书》四卷、《文章续古》三十五卷、《文章复古》七十卷、《濂洛文统》二百卷、《拟道学志》二十卷、《朱子指要》十卷、《诗可言》二十卷、《天文考》一卷、《地理考》二卷、《墨林考》十六卷、《大尔雅》五卷、《六义字原》二卷、《正始之音》七卷、《帝王历数》二卷、《江右渊源》五卷、《伊洛指南》八卷、《涵古图书》一卷、《诗辨说》一卷、《书疑》九卷、《涵古易说》一卷、《大象衍义》一卷、《杂志》二卷、《周子》二卷、《发遣三昧》二十五卷、《文章指南》十卷、《朝华集》十卷、《紫阳诗类》五卷、《文集》七十五卷、《家乘》五十卷。又有亲校刊刻诸书，无不精善。比年婺屡毁，散落已多。"所载诸书通计七百九十四卷，标抹诸经尚未记。

吴师道《敬乡录》卷十四又云："北山所著少，而有诸书发挥，传布已久。鲁斋所著甚多，比年烬于火，传抄者仅存。"③德祐二年（1276）以

---

① 王柏：《鲁斋王文宪公文集》。
② 王柏：《鲁斋集》，清顺治十一年（1654）冯如京刻本。
③ 吴师道：《敬乡录》，《文渊阁四库全书》本。

后，王柏著述大都散失。至元二十六至二十七年（1289—1290）间，金履祥募得诸稿，携同门士各以类集，杂著卷帙少者用《朱子大全集》之例各附入，编为《王文宪公文集》。履祥《鲁斋先生文集目后题》："今存于《长啸醉语》者，盖存而未尽去也"，"间因述所考编，以求订证，谓之《就正编》。迨至端平甲午，学成德进，粹然一出于正。自是以来，一年一集，以自考其所进之浅深，所论之精粗。自甲午至癸卯，凡五卷，谓之《甲午稿》。其后类述仿此，《甲辰稿》二十五卷、《甲寅稿》二十五卷、《甲子稿》二十五卷。其杂著成编者，《论语衍义》七卷、《涵古图书》一卷、《研几图》一卷、《诗辩说》二卷、《书疑》九卷、《涵古易说》一卷、《大象衍义》一卷、《太极衍义》一卷。其余编集不在此数也。其程课、交际、出处、事为、著述前后，则见于《日记》。履祥又尝集公与北山先生来往问答之词为《私淑编》……《就正编》《大象衍义》，北山先生亦俱有答语，与履祥所集《私淑编》，当依《延平师友问答》之例，别为一书。但《大象》乃公所拈出，谓为夫子一经，故其《衍义》亦自入集。讲义虽尝刊于天台而未尽，间亦有再讲者，今皆入集。"①所述《长啸醉语》《就正编》《日记》《上蔡书院讲义》、履祥所辑王柏与何基往来问答之《私淑编》，皆不见于吴师道《节录何、王二先生行实寄文史局诸公》载记。《诗辩说》二卷，即《诗疑》二卷。《读易记》十卷、《读书记》十卷、《读诗记》十卷不传，今未详《诗辩说》《书疑》诸书与之内容重复之况。

今人程元敏撰《王柏之生平与学术》，《自序》云："王氏遗书，为世人所习知者，不过《书疑》《诗疑》及《鲁斋文集》而已。及检书目，又得《研几图》与后人纂辑之《鲁斋正学编》。复于《程氏读书工程》中，见《正始之音》全文。而《诗准》《诗翼》，诸家目录误题为何、倪二氏所作者，亦因考之县志而正其误，于是总得七书。然去鲁斋本传所言八百卷

① 金履祥：《仁山先生文集》卷三。

之数尚远。因更考其师友与元明人著作，复得鲁斋佚诗文数百条。"① 第二编《著述考》，按经史子集详考王柏著述。今录吴师道《节录何、王二先生行实寄文史局诸公》列目未书、金履祥《鲁斋先生文集目后题》所未载及，鉴采程元敏考据，列之如下，并略作补证：

《易疑》，佚。王崇炳清雍正七年（1729）序金履祥《大学疏义》："鲁斋博学弘文，著书满车，今所存亦少，而《大学定本》《诗疑》《礼疑》《易疑》等编，曾于四明郑南溪家见之。"②

《系辞注》二卷，佚。《授经图》卷四《诸儒著述》附历代《三易》传注云："《系辞注》二卷，王柏。"然程元敏谓"殊可疑"。

《禹贡图说》一卷，佚。见《聚乐堂艺文目录》《万卷堂书目》《金华经籍志》《经义考》。

《诗考》，佚。《［康熙］金华县志》著录。

《礼疑》，佚。王崇炳尝于郑性家见之。

《紫阳春秋发挥》四十卷，残。见叶由庚《圹志》引王柏题《春秋发挥》。

《春秋左传注》二十卷，佚。《授经图》卷十六《诸儒著述》附历代《春秋》传注著录。然程元敏谓"洵可疑"。

《大学疑》，残。《晁氏宝文堂分类书目》著录。

《大学定本》，佚。王崇炳尝于郑性家见之。

《订古中庸》二卷，佚。《经义考》著录。

《标抹点校四书集注》，佚。宋定国等《国史经籍志》载王柏"手校《四书集注》二十四册，抄本"。今按：吴师道《题程敬叔读书工程后》："某倾年在宣城见人谈《四书集注》批点本，亟称黄勉斋，因语之

---

① 程元敏：《王柏之生平与学术》，华东师范大学出版社，2011年，第5页。

② 金履祥：《大学疏义》，《金华丛书》本。

曰：'此书出吾金华，子知之乎？'其人咈然怒而不复问也⋯⋯四明程君敬叔著《读书工程》以教学者，举批点'四书'例，正鲁斋所定，引列于编首者，而亦误以为勉斋，毋乃惑于传闻而未之察欤？"① 程端礼《程氏家塾读书分年日程》卷一言熟读"四书"，仍参看"何北山、王鲁斋、张达善句读、批抹、画截、表注、音考"，卷二《批点经书凡例》列《勉斋批点四书例》，即吴师道所言"正鲁斋所定"。又，吴师道《请传习许益之先生点书公文》："王氏所点'四书'及《通鉴纲目》，传布四方。"程元敏《著述考》既列此条，又列《批点标注四书》一条："《批点标注四书》二卷，残。"《批点标注四书》又见《经义考》《金华经籍志》著录。细察吴师道《题程敬叔读书工程后》《请传习许益之先生点书公文》，所标注"四书"，即《四书集注》。

《标抹点校资治通鉴纲目》五十九卷，佚。见叶由庚《圹志》、吴师道《请传习许益之先生点书公文》。

《朱子系年录》，佚。见王柏《朱子系年录跋》。

《重改庚午循环历》，残。见王柏《重改庚午循环历序》。

《重改石笋清风录》十卷，残。见王柏《重改石笋清风录序》。

《（鲁斋）故友录》一卷，残。王柏编，见《［万历］金华县志》存《自序》。

《鲁斋清风录》十五卷，残。见王柏《鲁斋清风录序》。

《考兰》四卷，残。见王柏《考兰序》。

《阳秋小编》一卷，佚。见王柏《跋徐彦成考史》。

《天地万物造化论》一卷，存。王柏撰，明周颙注。

《批注敬斋箴》十章，佚。朱熹箴，王柏批注。金履祥《濂洛风雅》卷一录《敬斋箴》，注云："王鲁斋尝批注，又讲于天台。"

《上蔡书院讲义》一卷，残。金履祥《鲁斋先生文集目后题》："《讲

---

① 吴师道：《吴礼部文集》卷十七。

义》虽尝刊于天台而未尽。"吴师道《题程敬叔读书工程后》篇末注:"鲁斋亦有《类聚朱子读书法》一段,在《上蔡书院讲义》中。"

《天官考》十卷,佚。《世善堂书目》著录。

《雅藏录》,佚。见王柏《跋宽居帖》。

《朱子诗选》,佚。见王柏《朱子诗选跋》。

《朱子文选》,佚。见宋濂《题北山先生尺牍后》。

《雅歌集》,残。见王柏《雅歌序》。

《五先生文粹》一卷,佚。《聚乐堂艺文目录》《万卷堂书目》《千顷堂书目》著录。

《勉斋北溪文粹》,残。王柏编,何基增定。见王柏《跋勉斋北溪文粹》。

《诗准》四卷、《诗翼》四卷,存。《四库全书总目》载:"旧本题宋何无适、倪希程同撰……疑为明人所伪托。观其《岣嵝山碑》全用杨慎释文,而《大戴礼·几铭》并用锺惺《诗归》之误本,其作伪之迹显然也。"程元敏考辨以为台北汉学研究中心藏明郝梁刻《诗准》四卷、《诗翼》四卷,为王柏所编集,四库馆臣所见之本乃伪作[1]。又考何钦字无适,咸淳五年(1269)夏卒。倪普字君泽,改字希程,婺州人,淳祐十年(1250)进士,历官刑部尚书、签书枢密院事。今按:《诗准》《诗翼》,宋本尚存中国国家图书馆。美国哈佛大学哈佛燕京图书馆藏明朱绂等编《名家诗法汇编》十卷,明万历五年(1577)刻本(四册),卷九为《诗准》,卷十为《诗翼》,卷端皆题:"宋金华王柏选辑,明潜川徐珪校正,潜川谈辂编次。"末附王柏淳祐三年《序》、杨成成化十六年(1480)《序》、嘉靖二年(1523)邵锐《序》。王柏《序》:"友人何无适、倪希程前后相与编类,取之广,择之精,而又放黜唐律,法度益严。予因合之,前曰《诗准》,后曰《诗翼》。"是书殆王柏次定之力为多,《诗准》《诗翼》当题何钦、倪普

---

[1] 程元敏:《王柏之生平与学术》上册,第428页。

编类，王柏次定。

程元敏辑考《上蔡师说》《鲁斋诗话》等，嫌于牵强，其他大都详核，多所发现。

（三）金履祥著述

金履祥著述，按徐袍《宋仁山金先生年谱》：宝祐二年（1254），作《读论语管见》；咸淳六年，自弱冠以后至是岁杂诗文三册，汇为《昨非存稿》；德祐元年（1275），自咸淳七年至是岁杂诗文二册，自题《仁山新稿》；至元十七年（1280），撰成《资治通鉴前编》，凡十八卷，《举要》三卷；至元二十八年，自德祐二年至是年杂诗文二册，自题《仁山乱稿》；至元二十九年，是岁以后杂诗文题《仁山嚘稿》；元贞二年（1296），编次《濂洛风雅》成；大德六年（1302），《大学指义》成。又有《大学疏义》，早年所作；《尚书表注》《尚书注》《论语集注考证》《孟子集注考正》，不知成于何年；编王柏与何基往来问答之词为《私淑编》。

以上通计之，凡十四种。标抹批注又有数种：

《乐记标注》，佚。柳贯《金公行状》：履祥疑前儒《乐记》十一篇之说，反复玩绎，"则见所谓十一篇者，节目明整，了然可考，而《正义》所分，犹为未尽，于是一加段画，而旨义显白，无复可疑"①。

《中庸标注》，佚。吴师道《读四书丛说序》："仁山于《大学》《论》《孟》有《考证》，《中庸》有《标抹》。"②章贽《仁山金文安公传略》："若《大学疏义》《中庸标注》《论孟考证》，我成祖皆载入《大全》，固已万世不磨矣。"③吴师道《题程敬叔读书工程后》"金氏《尚书表注》《四书疏义

---

① 柳贯：《柳待制文集》卷二十。

② 吴师道：《吴礼部文集》卷十一。

③ 金履祥：《仁山先生金文安公文集》卷五，清雍正九年（1731）东藕堂刻本。

考证》"注云："金止有《大学疏义》《论孟考证》。"

《四书集注点本》，佚。吴师道《请传习许益之先生点书公文》："金氏、张氏所点，皆祖述何、王。"

《礼记批注》，存。江西省图书馆藏宋本《郑注礼记》二十卷，顾广圻《跋》："此抚州公使库刻本《礼记》，是南宋淳熙四年官书，于今日为最古矣。"书中批注千余条，黄灵庚先生考证谓履祥批注。今按：《礼记》卷四《王制第五》"凡四海之内，九州岛"以下数章，眉批："履祥按：方百里，唯以田计。青、兖、徐、豫，山少田多，故疆界若狭。冀与雍，田少山多，故疆界其阔。"可与履祥《答赵知县百里千乘说》相参证。履祥有《中庸标注》《大学指义》《大学疏义》《乐记标注》，此本《中庸》《大学》无批注，《乐记》仅间有夹批注明数字之音，则不可解。

《夏小正注》，存。国家图书馆藏明刻本杨慎集解《夏小正解》一卷，卷端题："戴氏德传，王氏应麟集校，金氏履祥辑。"国图藏清乾隆十年（1745）黄叔琳刻本《夏小正》一卷，卷端题："戴德传，金履祥注，济阳张尔岐稷若辑定，北平黄叔琳昆圃增订，海虞顾镇备九参校。"二本所载履祥注，皆录自《通鉴前编》。

《仁山文集》，存。履祥诗文先后自订为四稿，集久散落，明正德间，董遵收拾散佚，刻为《仁山先生文集》五卷，卷一至卷四为履祥自作诗文，卷五为附录。正德刻本不存，今传明万历二十七年（1599）金应驲等校刻本、明抄本、旧抄本等，虽有三卷、四卷、五卷之异，然皆祖于正德本，仅有篇目多寡、附录增删之异。

（四）许谦著述

许谦著述，按黄溍《白云许先生墓志铭》：《读四书丛说》二十卷；《诗集传名物钞》八卷；《读书丛说》六卷；《温故管窥》若干卷；《治忽几微》若干卷。又有《三传义例》《读书记》"皆稿立而未完"；门人编《日闻杂记》"未及诠次"；有《自省编》，"昼之所为，夜必书之，迫疾革，始绝笔"。载及书名者，以上凡九种。朱彝尊《经义考》卷一百九十四著录《春秋温故管窥》，云："未见。陆元辅曰：先生于《春秋》有《温故管窥》，又著《三传义例》。《义例》未成。"①钱大昕《元史·艺文志》卷一著录《春秋温故管窥》《春秋三传义疏》。《义疏》，当即《义例》。以上九种外，黄溍《白云许先生墓志铭》载及而未言书名，及所未载及者，又有十余种：

《假借论》一卷，佚。焦竑《国史经籍志》卷二著录"许谦《假借论》一卷"②。《焦氏笔乘》卷六载及"许谦《假借论》"③。并见《千顷堂书目》《元史·艺文志》著录。

《诗集传音释》二十卷，存。《经义考》卷一百十一著录《罗氏复诗集传音释》二十卷，存。云："按：曹氏静惕堂有藏本，乃合白云许氏《名物钞》而音释之。"④《铁琴铜剑楼藏书目录》卷三著录元刊本《诗集传音释》二十卷："题东阳许谦名物钞音释，后学罗复纂辑。黄氏《千顷堂书目》始著于录，流传颇少。《凡例》后有墨图记云：'至正辛卯孟夏，双桂书堂重刊。'犹元时旧帙也。其书全载集传，俱双行夹注，音释即次集传末，墨围'音释'二字以别之"，"盖以《名物钞》为主，更采他说以附益之，与《凡例》所云正合。然此但摘录许书音释，而其考订名物则不具载，且音释亦间有不录者。"⑤

《绛守居园池记注》一卷，存。《四库全书总目》是书提要之："唐樊宗师撰，元赵仁举、吴师道、许谦注"，"皇庆癸丑，吴师道病其疏漏，为

---

① 朱彝尊：《经义考》卷一百九十四，清乾隆二十年（1755）卢见曾续刻本。

② 焦竑：《国史经籍志》卷二，明刻本。

③ 焦竑：《焦氏笔乘》卷六，明万历三十四年（1606）谢与栋刻本。

④ 朱彝尊：《经义考》卷一百十一。

⑤ 瞿镛：《铁琴铜剑楼藏书目录》卷三，清光绪间常熟瞿氏家塾刻本。

补二十二处，正六十处。延祐庚申，许谦仍以为未尽，又补正四十一条。至顺三年，师道因谦之本，又重加刊定，复为之跋。二十年屡经窜易，尚未得为定稿，盖其字句皆不师古，不可训诂，考证不过据其文义推测钩贯以求通。"

《四书集注点本》，佚。吴师道《请传习许益之先生点书公文》："乃金氏高弟，重点《四书章句集注》。"

《仪礼经注点校》，佚。吴师道《仪礼经注点校记异后题》："许君益之点抹是书，按据注疏，参以朱子所定，将使读者不患其难。"[①]黄溍《白云许先生墓志铭》："于《三礼》，则参伍考订，求圣人制作之意，以翼成朱子之说……又尝句读《九经》《仪礼》《三传》，而于其宏纲要旨，错简衍文，悉别以铅黄朱墨，意有所明，则表见之。其后友人吴君师道得吕成公点校《仪礼》，视先生所定，不同者十有三条而已，其与先儒意见吻合如此。"

《九经点校》，佚。见上引黄溍《白云许先生墓志铭》。吴师道《请传习许益之先生点书公文》称许谦，"重点《四书章句集注》，及以廖氏《九经》校本再加校点。他如《仪礼》、《春秋》公谷二《传》并注，《易程氏传》、朱氏《本义》、《诗朱氏传》、《书蔡氏传》、朱子《家礼》，皆有点本，分别句读，订定字音，考正谬讹，标释段画，辞不费而义明。用功积年，后出愈精，学士大夫咸所推服"。宋末廖莹中刊《九经》，即《周易》《尚书》《毛诗》《礼记》《周礼》《左传》《论语》《孝经》《孟子》，有《孝经》，无《仪礼》，有《论语》《孟子》，无《公羊传》《谷梁传》。故黄溍《白云许先生墓志铭》并举《九经》《仪礼》《三传》。许谦校点，除句读外，尚订定字音，考正讹谬，标释段画。

《三传点校》，佚。见上引黄溍《白云许先生墓志铭》、吴师道《请传

---

① 吴师道：《吴礼部文集》卷十五。

习许益之先生点书公文》。许谦《春秋温故管窥》《春秋三传义疏》并佚，与《三传点校》殆各沿其例为书。

《书蔡氏传点校》，佚。许谦《回南台都事郑鹏南洸点书传书》："近辱萧侯传示教命，俾点《书传》。旧不曾传点善本前辈，方欲辞谢，又恐有辜盛意，遂以己意，漫分句读……圈之假借字样，旧颇曾考求，往往与众不合，今以异于众者，具别纸上呈。标上旧题为《蔡氏书传》。谨按：古来传注，必先题经名，然后曰某人注……乞命善书者易题曰《书蔡氏传》，庶几于义而安。"① 又一书云："某比辱指使点正《书传》，不揣芜陋，弗克辞谢，辄分句读，污染文籍。"② 郑云翼字鹏南，延祐二年官南台都事，延祐六年迁广东道肃政廉访使，泰定元年升兵部尚书。许谦应云翼之请点校蔡沈《书集传》，吴师道《请传习许益之先生点书公文》亦言及是书，今未见传。

《易程氏传点校》，佚。见上引吴师道《请传习许益之先生点书公文》。其不名《程氏易传》，《回南台都事郑鹏南洸点书传书》已言之。

《易朱氏本义点校》，佚。见上引吴师道《请传习许益之先生点书公文》。《易朱氏本义》，即《周易本义》。其不名《朱氏易本义》，《回南台都事郑鹏南洸点书传书》已明之。

《诗朱氏传点校》，佚。见上引吴师道《请传习许益之先生点书公文》。《诗朱氏传》，即《诗集传》。其不名《朱氏诗传》，《回南台都事郑鹏南洸点书传书》已明之。

《家礼点校》，佚。见上引吴师道《请传习许益之先生点书公文》。

《典礼》，佚。许鸿烈《八华山志》卷中《金仁山许白云立谥咨文》："若《三传义疏》《典礼》《读书记》，皆未脱稿者也。"末署"元至正七年

---

① 许谦：《许白云先生文集》卷三。
② 许谦：《许白云先生文集》卷四。

八月初九日"①。此又见于清宣统三年（1911）重修本《桐阳金华宗谱》卷一，题作《为金许二先生请谥咨文始末》。黄溍《墓志铭》仅言"有《三传义例》《读书记》，皆稿立而未完"。《典礼》，疑为《三传典礼》。许谦熟于古今典礼政事，黄溍《墓志铭》："搢绅先生至于是邦，必即其家存问焉。或访以典礼政事，先生观其会通而为之折衷，闻者无不厌服。"今难得其详，俟再考证。

《八华讲义》，佚。许谦《八华讲义》："讲问辨析，有分寸之知，敢不倾竭为诸君言？苟所不知，不敢穿凿为诸君诳。"②许谦讲学八华山中，四方来学。《八华山志》卷中《道统志》收许谦题《八华讲义》及所撰《八华学规》《童稚学规》《答门人问》。《八华讲义》盖为讲义之题，非止一篇题作，未刻行，久佚。明正德间陈纲重刻《许白云先生文集》，改《八华讲义》作《金华讲义》。

《历代统系图》，佚。戚崇僧《白云历代指掌图说》："白云先生《历代统系图》，自帝尧元载甲辰，迄至元十三年丙子，总三千六百三十三年，取义已精，愚约为《指掌》，以便观玩。"末署"至正乙酉，金华戚崇僧述"③。崇僧为许谦高弟子，字仲咸，金华人。著有《春秋纂例原指》三卷、《四书仪对》二卷、《历代指掌图》二卷等书。《[雍正]浙江通志》著录《历代指掌图》二卷，注云："金华戚崇僧著，见黄溍《戚君墓志》。"④《历代指掌图》二卷，今佚。按崇僧《序》，其书乃据许谦《历代统系图》"约为《指掌》"。季振宜《季沧苇藏书目》著录"抄本《历代统系图》，一本"⑤，未详即许谦之书否。

① 许鸿烈：《八华山志》卷中，民国二十七年（1938）重修本。
② 许谦：《许白云先生文集》卷四。
③《蓉麓戚氏宗谱》卷二，民国十九年（1930）重修本。
④《[雍正]浙江通志》卷二百四十三，《文渊阁四库全书》本。
⑤ 季振宜：《季沧苇藏书目》，清嘉庆十年（1805）黄氏士礼居刻本。

《许氏诗谱钞》，存。吴骞《元东阳许氏诗谱钞跋》："元东阳许文懿公尝以郑、欧之谱世次容有未当，别纂《诗谱》，系于《诗集传名物钞》……特所序诸国传世历年甚悉，有足资讨核者。爰为辑订，附于《诗谱补亡》之后。"[①] 许谦不满于郑玄《诗谱》、欧阳修《诗谱》，以为世次有所未当，别纂《诗谱》，附《诗集传名物钞》各卷之末，未单行。吴骞辑订《诗谱补亡》，从《名物钞》采录《许氏诗谱》一书，有拜经楼刻本。

《白云集》，存。黄溍《白云许先生墓志铭》："其藏于家者，有诗文若干卷。"不言集名。按《八华山志》，东阳许三畏字光大，自幼师事许谦，许谦殁，"乃萃其遗稿，手钞家藏，待后以传，赖以不坠"。明人李伸幼时得许谦残编于祖妣王氏家，皆许氏手稿，明正统间编次《白云集》四卷。成化二年（1466），张瑄得金华陈相之助，刻行于世。正德间，金华陈纲重刻之，改题《白云存稿》。

四先生著述大都散佚，今存不足三十种。如何基著作，胡凤丹编《何北山先生遗集》四卷，凡诗一卷、文一卷、《解释朱子斋居感兴诗》一卷、附录一卷，篇章寥寥。四先生批注、编类之书，传世尤尠，今可见者仅何基《解释朱子斋居感兴诗二十首》、王柏次定《诗准》《诗翼》、金履祥编《濂洛风雅》、许谦等人《绛守居园池记注》一卷等数种。何基《解释朱子斋居感兴诗二十首》，胡凤丹已编入《何北山先生遗集》。王柏《天地万物造化论》一卷，前人已刻入《鲁斋王文宪公文集》。杨慎辑解《夏小正解》一卷、吴骞编订《许氏诗谱钞》一卷，分从《资治通鉴前编》《诗集传名物钞》中辑录，单行于世。罗复纂辑《诗集传音释》二十卷，亦与《名物钞》重复，且有改易，然今存《名物钞》最早传本为明抄二种，《诗集传音释》存元正至双桂书堂刊本，可相参证。四先生著作多散佚，检方志、宗谱、总集等，钩稽佚作，诗文可得逾二百篇。如《仁山集》集外之作，

① 吴骞：《愚谷文存》卷四，清嘉庆十二年（1807）刻本。

今存约五十篇，当本集三之一。《白云集》集外诗文约五十篇，当本集四之一。立足考据，博作搜佚，于四先生研究实多助益。

（本文作者李圣华为绍兴文理学院鉴湖学者资深教授、黄灵庚为首都师范大学特聘教授）

黄宗羲遗民史观发微

朱义禄

提　要： 黄宗羲在他的论著中，不遗余力地表彰明清之际遗民的忠义气节，认为他们的所作所为是"天地之元气"的体现。在众多墓志铭中，黄宗羲以"取直"与"可信"为撰写铭文的准则；以颂扬宋遗民的文章，来隐喻明遗民的坚贞不屈。以"直"与"信"为核心的"铭法"与"借宋喻明"，构成了黄宗羲遗民史观的主要内容。其目的是弘扬中华民族抵抗外族入侵的精神支柱——浩然正气。

关键词： 黄宗羲　遗民史观　忠义之心　天地元气　借宋喻明

在浙东学者中，黄宗羲留下了大量表彰明清之际遗民的传状文字，颂扬遗民的坚贞不屈气节的这一主题，对以全祖望为代表的浙东史学的形成与发展，具有里程碑式的意义，学术界于此已多有论述。本文对黄宗羲的遗民史观作一番细微的剖析，冀有助于黄宗羲史学思想研究的深入。

一

首先，黄宗羲本人就是遗民，他对遗民作了界说：

> 亡国之戚，何代无之。使过宗周而不悯黍离，陟北山而不忧父

母，感阴雨而不念故夫，闻山阳笛而不怀旧友，是无人心矣。故遗民者，天地之元气也。然士各有分，朝不坐，晏不与，士之分亦止于不仕而已……夫郑思肖之《心史》，铁函封固，沉之井中，是时思肖年四十三耳，至七十八岁而卒。当其沉之之时，与君火之之时，其心一也，盖皆付之乌有耳。思肖岂望三百五十六年之后，其书复出而行于世乎？《心史》断手，其余年三十有五，亦不闻别有著撰也。自有宇宙，只此忠义之心，维持不坠。①

这段话有五个典故②。《黍离》是《诗经·国风》中一首诗，为诗人抒写自己在迁都时难舍家国的心情。《北山》系《诗经·小雅》中一首诗，为士人怨恨分配徭役时劳逸不均而作。"闻山阳笛怀旧友"，典出向秀《思旧赋》。"山阳"在太行山南麓，今河南修齐县西北。向秀在赴洛事毕后，途经山阳时，怀念嵇康作了一首赋，内有"悼嵇生之永辞兮，顾日影而弹琴"语③。黄宗羲以为，不知道这些典故中对家国、父母与故友的怀念之情，就是"无人心"的表现。郑思肖字亿翁，号所南。《宋史》无传，但他的名、字、号皆寓忠于赵宋故国之深思。黄宗羲断言，这种"忠义之心"，历经三百多年而"不坠"，就是"天地之元气"。黄宗羲视遗民是"天地之元气"的象征，是宇宙间最宝贵的东西。具体地说，就是不到新朝担任官职，即不与新朝的统治者发生实际的交往，就是"朝不坐，晏不与"④，即不认可新朝的政治统治的合理性与正当性。不到清朝做官就是"遗民"，为黄宗羲对"遗民"的界说。

---

① 黄宗羲:《谢时符先生墓志铭》,《黄宗羲全集》第十册,浙江古籍出版社,2005年,第411页。
② 其中"感阴雨而念故夫",不知出自何处。
③ 向秀:《思旧赋》,转引自马积高《赋史》,上海古籍出版社,1987年,第192页。
④ 陈寿:《三国志》卷四十七《吴书二》裴松之注,中华书局,1982年,第1125页。

与顾炎武坚决不与清廷打交道的态度相比，黄宗羲显得略为灵活一点。对博学鸿词科，顾炎武以七十老翁正欠一死的激烈态度相拒，黄宗羲不如顾炎武那么坚决，而以侍奉老母为由婉谢。就黄宗羲晚年而言，既要保持气节，又不时与清廷官员周旋，他这样做是为了让自己有充裕的时间去从事学术著作的撰写，这是主观上的原因。"宗羲虽杜门匿影，而与海上通消息，屡遭名捕，幸不死。其后海氛渐灭，无复有望，乃奉母返里门，自是始毕力著述。"①基于这一信念，他不像顾炎武那样秘密串联志同道合的人抗清。他堂而皇之地在绍兴、宁波讲学，重开证人书院。此并非苟且偷生之想，实出于自己的学术成果得以保存下来并传给后世的打算。

黄宗羲以墓志铭作为记载遗民气节的主要载体，强调"信与直"为"铭法"的标准：

> 夫铭者，史之类也。史有褒贬，铭则应其子孙之请，不主褒贬，而其人行应铭法则铭之，其人行不应铭法则不铭，是亦褒贬寓于其间。后世不能概拒所请，铭法既亡，犹幸一二大人先生一掌以埋江河之下，言有裁量，毁誉不淆。如昌黎铭王适，言其谩妇翁；铭李虚中、卫之玄、李于，言其烧丹致死；虽至善如柳子厚，亦言其少年勇于为人，不自贵重。岂不欲为其讳哉？以为不若是，则其人之生平不见也；其人之生平不见，则吾之所铭者，亦不知谁何氏也，将焉用之？大凡古文传世，主于载道，而不在区区之工拙。故贤子孙之欲不死其亲者，一则曰：宜得直而不华者，铭传于后。再则曰：某言可信，以铭属之。苟欲诬其亲而已，又何取直与信哉！亦以诬则不可传，传亦非其亲

---

① 徐鼒：《小腆纪传》卷五十三，清光绪十三年（1887）刻本。

矣。是皆不可为道。①

　　笔者统计了《黄宗羲全集》第十册、第十一册中所收录的文章，共计
为327篇（6篇赋不算在内）。其中序87篇、记19篇、书41篇、传状35篇、
哀祭4篇、杂文10篇、寿序17篇、碑志114篇。碑志占总数的34.9%，是
黄宗羲存留下来各类文章中数量最大的。原因很简单，"夫铭者，史之类
也"。"铭法"，就是撰写墓志铭的指导原则。

　　历代文人、学者所写的墓志铭，普遍存在着"子孙所请"的情况。当
然也有例外，墓志铭由本人在世时撰写②。"子孙"的长辈往往与撰写人之
间有着割舍不断的友情与关系，"所请"的潜台词无非是让赞扬之词多见
于墓志铭中。撰写人虽说要依据逝者生平的实际情况来写，但碍于情面常
常是"不主褒贬"。黄宗羲以为"不能概拒所请"的结果，必定是"其人
之生平不见"。对这种陋习，黄宗羲提出了"铭法"的两个原则：宜直与
可信。也就是说，要按照信史的标准撰写墓志铭，据实直书，不卖弄华而
不实的词藻，这样才能传于后世；反过来，属于可信的事实，方可作墓志
铭。为了说明"宜直与可信"的"铭法"的权威性，黄宗羲以唐宋八大家
之一的韩愈为例来说明。李于，韩愈兄长之孙女婿，服丹药而死。韩愈不
因亲情，回避这样一个令人诟病的事实③。一些"有名位"之人，如工部
尚书归登、殿中御史李虚中、刑部尚书李逊、工部尚书孟简等人，韩愈不
因其位贵而在墓志铭中掩饰他们的荒唐之事，"在文书所记及耳闻相传者

――――――――――――

① 黄宗羲:《与李杲堂陈介眉书》,《黄宗羲全集》第十册,第154–155页。
② 如张岱这位明代大学者,在世时就为自己撰写墓志铭。其作《自为墓志铭》,目的是让世人
"晓我之衷曲"。详见朱义禄主编《中国古代人文名篇鉴赏辞典》,上海辞书出版社,2017年,第418–
423页。
③ 韩愈:《故太学博士李君墓志铭》,马其昶、马茂元校注《韩昌黎文集校注》第七卷,上海古籍
出版社,1986年,第554页。

不说，今直取目见亲与之游而以药败者六七公，以为世诫"①。至于"昌黎铭王适，言其谩妇翁"，见于《试大理评事王君墓志铭》中。韩愈说王适在年轻落魄时，为娶得意中人为妻，对媒婆吹嘘了一通，欺骗了未来的丈人。后王适官至大理评事，韩愈对他年轻时说谎言的事情据实记载。即使自己的好友柳宗元，韩愈对他少年时的缺点亦据实而言："子厚前时少年，勇于为人，不自贵重顾籍。"②黄宗羲以为，只是片面满足"其亲"之求，就谈不上"信与直"，写出来的墓志、碑铭，不但是"诬其亲"，而且"不可传"。即使传下来的话，也不是"其亲"的铭文了。

二

存世的黄宗羲所撰墓志铭，为后世提供了不可或缺的真实可信的史料。在易代之际，在艰难的环境下保持节操，不受任何威胁利诱入新朝为官，是明遗民的主心骨，是规范他们行为的内聚力。他们不承认新朝统治的合法性，但又不得不在新朝的统治下生存。除武力反抗、视死如归外，他们还以逃禅披缁、抗薙发令、隐逸山居、不入城市等行为方式，力保遗民的气节。本文以《兵部左侍郎苍水张公墓志铭》与《汪魏美先生墓志铭》为例，以作个案剖析。

黄宗羲认为，张苍水抗清斗争时间之长与艰苦程度，不亚于南宋末年抗元的文天祥：

> 唯两公之心，匪石不可转，故百死之余，愈见光彩。文山之《指南录》，公之《北征纪》，虽与日月争光可也。文山镇江遁后，驰驱不

---

① 韩愈：《故太学博士李君墓志铭》，《韩昌黎文集校注》第七卷，第554页。
② 韩愈：《柳子厚墓志铭》，《韩昌黎文集校注》第七卷，第513页。

过三载；公丙戌航海，甲辰就执，三度闽关，四入长江，两遭覆没，首尾十有九年。文山经营者，不过闽、广一隅；公提孤军，虚喝中原而下之。是公之所处为益难矣。①

张煌言（1620—1664），号苍水，浙江鄞县（今属宁波）人。崇祯十五年（1642）考中举人。当时李自成领导的农民起义，烽火已燃及全国。迫于形势所逼，朝廷让参加考试的士人，加试武备中的一些科目。黄宗羲记述了张苍水应试时的情况："诸生从事者新，射莫能中；公执弓抽矢，三发连三中，暇豫如素习者，观者以为奇。"②可知张苍水是文武兼备的人才。1645年，清军大举南下。刑部员外郎钱肃乐，在宁波集师举义，张苍水积极参与。之后他奉表请鲁王朱以海北上监国，被授为翰林院编修。文天祥与张苍水有着许多相似处。一是意志坚强，不因困境而转变自己的主张；二是有气贯长虹的文章，长留于人世间③。不过就涉及的地域与时间而言，张苍水超过了文天祥。文天祥直接抗元的时间仅三年多，而地域主要在江西、福建、广东一带；张苍水的抗清时间长达十九年，地域更为广阔，"三度闽关，四入长江"，处境比文天祥更为恶劣。黄宗羲与张苍水是世交，"至余与公，则两世之交也。念昔周旋鲸背蛎滩之上，共此艰难"④。为此黄宗羲写下了一段悲壮而翔实的文章，记载"艰难"的实况："上自浙河失守以后，虽复郡邑，而以海水为金汤，舟楫为宫殿，陆处者唯舟山二年耳。海泊中最苦于水，侵晨洗沐，不过一盏。舱大周身，穴而下，两人侧卧，仍盖所下之穴，无异处于棺中也。御舟稍大，名河船，其顶即为

---

① 黄宗羲：《兵部左侍郎苍水张公墓志铭》，《黄宗羲全集》第十册，第286页。

② 黄宗羲：《兵部左侍郎苍水张公墓志铭》，《黄宗羲全集》第十册，第281页。

③ 关于文天祥抗元斗争的详细经历，参见朱义禄《儒家理想人格与中国文化》，复旦大学出版社，2006年，第335-339页。

④ 黄宗羲：《兵部左侍郎苍水张公墓志铭》，《黄宗羲全集》第十册，第286页。

朝房，诸臣议事在焉。落日狂涛，君臣相对，乱礁穷岛，衣冠聚谈。是故金鳌橘火，零丁飘絮，未罄其形容也。有天下者，以兹亡国之惨，图之殿壁，可以得师矣。"①以大海为抵御的长城，以水上居民作为依靠的对象。风浪的击打，令鲁王小朝廷的君臣们处于风雨飘零之中。但只要复明的希望尚存一丝的可能，境遇虽然穷困，复明的希望始终不灭。船是朝廷的宫殿，大一点是鲁王住的船，顶层是大臣们议事的朝房。小一点的船，是黄宗羲等大臣们住的。船舱只有周身那么大，上下只能像穿洞穴时那样弯着身子。睡觉须两人侧着身子才行，与躺在棺材里没有差别了。西坠的太阳，呼啸的狂浪，荒无人烟的小岛，不时露头的礁石，就是"衣冠聚谈"的君臣们所面临的景象。黄宗羲因个人的亲身经历而追记的文字，是真实可信的，故其对明遗民史实的记述极具魅力。

作为明末抗清志士中的佼佼者，张苍水之后与郑成功联合抗击清军。他出入沿海与长江各地，不断给清军造成威胁。清廷多次招降，均遭严正拒绝。清康熙三年（1664），被叛徒（"小校"）出卖就义于杭州。这一年，张苍水义军解散后，隐居在一个荒无人烟的海岛上，"公之小校降，欲生致公以为功"。"小校"上岛杀死数人，以武力威胁知情者。知情者被迫告以实情："虽然，公不可得也。公畜双猿，以候动静。船在十里之外，则猿鸣木杪，公得为备矣。"张苍水的准备是充分的，但在利益驱使下，"小校乃以夜半出山之背，缘藤逾岭而入，暗中执公"②。他留下的几百篇诗歌，大多数是抒发浩然正气的："予之浩气兮，化为风霆；予之精魂兮，变为日星。尚足留纲常于万祀兮，垂节义于千龄。夫何分孰为国祚兮，孰为家声？歌以言志兮，肯浮慕乎箕子之贞。若以拟乎正气兮，或无愧于先

---

① 黄宗羲：《行朝录·鲁王监国》，《黄宗羲全集》第二册，第141页。
② 黄宗羲：《兵部左侍郎苍水张公墓志铭》，《黄宗羲全集》第十册，第285页。

生。"①这是张苍水写在杭州狱中墙上的诗，表示自己和文天祥相比也不感到惭愧。自己为国献身的浩然正气，将化为日月星辰，为后人留下节义的榜样。黄宗羲的见解与张苍水相似，断言张苍水的《北征录》与文天祥的《指南针》，是可以同日月争光而长存的。

深受黄宗羲遗民史观影响的全祖望，认为明遗民的抗清斗争虽然失败了，但他们的精神是永垂后世："志士之精魂，终古不朽，而莫为宝之，使冥行于太虚，而人莫得见，则后死者之恨也。"②明遗民持这么一个信念——有形的土地可以为异族所占领，无形的人心是绝不对异族屈服的："诸公之可死者身也，其不可死者心也。"③正如吴钟峦所言："此身不死，此志不移，生一日是一日之恢复也。尺地莫非其有，吾方寸之地，终非其有也。"④

三

如果说张苍水是明遗民中以积极有为的方式去反清的话，那么另一种看似消极的反清方式，用自我禁锢来规范自身行为，以示抗清志向耿耿之心的烈士——黄宗羲的挚友汪魏美，就是这类遗民的典型：

> 魏美不入城市，不设伴侣，始在孤山，寻迁大慈庵，又迁宝石院。匡床布被之外，残书数卷，锁门而出，或返或不返，莫可踪迹，

---

① 张苍水：《放歌》，转引自黎洪、施培毅、朱玉衡编《华夏正气篇》，安徽人民出版社，1982年，第293—295页。

② 全祖望：《鲒埼亭集内编》卷三十二《董高士晓山墨阳集序》，《全祖望集汇校集注》，上海古籍出版社，2000年，第604页。

③ 全祖望：《鲒埼亭集外编》卷二十五《杲堂诗文续抄序》，《全祖望集汇校集注》，第1222页。

④ 全祖望：《鲒埼亭集外编》卷九《明礼部尚书仍兼通政使武进吴公事状》，《全祖望集汇校集注》，第908—909页。

相遇好友，饮酒一斗不醉，气象萧洒，尘事了不关怀，然夜观乾象，昼习壬遁，知其耿耿者犹未下也。余丁酉遇之孤山，颇讲龙溪调息之法，各赋三诗契勘。戊戌，三宜盂设供，同坐葛仙祠。己亥二月望，笑鲁庵中坐月至三更，是夜寒甚，庵中止有一被，余与魏美两背相摩，得少暖气。明日，余入云居访仁庵，魏美矢不入城，至清波门别去。从此不复相值。①

黄宗羲与汪魏美是好友。生活上亲密无间，学术上相互切磋，各畅己见。

明亡后，汪魏美长期住在寺庵中，对佛教是有研究的。黄宗羲有一封书信，是答复汪魏美关于临济宗与曹洞宗争论事宜的②。两人相聚时，对王畿（"龙溪"）的"调息之法"作了探讨。"调息"是指通过呼出浊气吸进清气的气功锻炼方法。

从表面上看，汪魏美不关心世事，然其内心始终关注着易代政治。他常常晚上起来观看天象，而天文星象的变化在古代往往是和王朝的命运休戚相关的。黄宗羲说他"耿耿者犹未下也"。"耿耿"就是依然纠结于故朝的政治心态。

汪魏美坚持不与清朝官吏有任何的往来。他被时人称为"湖上三高士"之一，"当事亦甚重之"。"监司卢公"为笼络他，"置酒湖船，以世外之礼相见"。另外二位"高士"前往，"卢公相得甚欢，唯魏美不至为恨事"。后知其行踪，"放船就之，魏美终排墙遁去"③。

汪魏美所坚持的"不入城市"，为明遗民普遍采用的生存方式。黄宗羲曾与汪魏美一起前往杭州拜访友人张仁庵，汪魏美向黄宗羲说明，自己

---

① 黄宗羲：《汪魏美先生墓志铭》，《黄宗羲全集》第十册，第382页。
② 详见黄宗羲：《答汪魏美问济洞两宗争端书》，《黄宗羲全集》第十册，第176–178页。
③ 黄宗羲：《汪魏美先生墓志铭》，《黄宗羲全集》第十册，第382页。

是矢志不入城市的，到清波门外就别去。他自愿甘处僻乡山林，是以僻乡山林为清朝之世外。杜绝正常的社会交往（"不设伴侣"），而甘于自我禁锢，以不与他人发生人事接触。

《南雷诗历》有《与徐昭法》一诗，黄宗羲把徐昭法与汪魏美、万泰并举："近时之不赴公车者，于吾友中，吴有徐昭法，西浙有汪魏美、巢端明、徐兰生，东浙有万履安、颜叙伯、董天鉴。此数子者，其亦可以出而不出耶？抑不当出而不出耶？由是而言，隐逸之为名节，岂不信夫！"[1]明亡时，23岁的徐昭法，生活困苦，自是隐居终其身，足不入城市。迹于杭州西湖边上，最后定居涧上。康熙二十四年（1685），江苏巡抚汤斌，"尤钦其高节，尝屏驺从，两诣山中访之，卒不得见，太息而归"[2]。要关注的是，明遗民每拒绝一次，他们的身份就又提高一个层次，这成为他们声望日高的缘由。"不与人接"的徐昭法，其书法之作，"海内得其遗墨，争宝之"[3]。

"不入城市"与"不设伴侣"，是汪魏美坚贞不屈、誓作遗民的前提条件，是出于不承认新政权合法性的考虑。"不入城市"，是因为城市里有着诸多危险，或遭细作的告讦，或受官吏的陷害等。相较之下，僻乡山林与寺庙庵堂，清初朝廷的力量是难以控制的。"不设伴侣"，是杜绝人际交往。汪魏美把自我孤立起来，是违反人性合理需求的，而做到这一点是需要多大的克制能力与坚定意志啊！法国思想家蒙田说："没有交流对我来说就没有快乐：我独自产生的生气勃勃的见解，却又不能告诉他人的思想，无一不使我痛苦。"[4]蒙田的话，是讲到了人性的基本需求的。从人的

---

① 黄宗羲：《前乡进士董天鉴墓志铭》，《黄宗羲全集》第十一册，第49页。

② 孙静庵：《明遗民录》卷四十三，浙江古籍出版社，1985年，第322页。

③ 孙静庵：《明遗民录》卷四十三，第322页。

④ 转引自库利《人类本性与社会秩序》，包凡一、王源译，华夏出版社，1989年，第59页。

本性来说，社会上的人际交往，乃是人的基本精神需求的体现。因为对个体来说，这是一种必要的活动。喜欢孤独的人毕竟是少数，大多数人是热切地希望与他人进行正常的人际交往的。人在一生中，是不可能没有朋友（"伴侣"）的。一个人只要生活在社会里，与他人的交往就是人性的基本需求。汪魏美"不设伴侣"，其内心的痛苦是常人无法承受的，但以遗民自居的汪魏美却承受了下来。"不入城市，不设伴侣"是明遗民群体中对抗清廷的一种方式，在明遗民群体中是相当流行的。就其区域而言，重点是在江南与广东，而这两个地域正是抗清斗争最为激烈、时间最长的。"不入城市"的明遗民中，著名的还有被全祖望称为"清初三大家"之一的李颙。学生为他作年谱，顺治十六年（1659）条载："是春，临安骆讳钟麟宰邑。下车之始，他务未遑，一闻先生名，即竭诚造谒，再往乃见，长跽请诲，严奉师事。自是，政暇必趋其庐，从容盘桓，竟日乃去，去亦无所报谢，人或以为倨。公曰：'李先生二十年来不履城市，岂可因钟麟一人顿违生平？但得不闭逾垣，为幸大矣。'"[①]李颙"不履城市"有生活贫困的缘由，但更多的因素是坚持遗民的气节[②]。地方长官骆钟麟上任后，首先想到的是谒见李颙，长跪求教。此后，有空余时间必去李颙寓所请益。骆钟麟说，李颙二十年不入城市，我去他那里，没有吃闭门羹，是算得上"大幸"了。还有一位叫刘若宜的明遗民，作《不入城说》，只是此文没有存留下来。全祖望对明遗民李天植自我禁锢的行为有更翔实的记载："既洊遭丧乱，遣妾遣婢殆尽，尚有田四十余庙，宅一区，并家具一切分畀所后子震与其女。髡其发，别其妻。径入陈山。自是足不至城市，训山中童子以自给……有司慕其高，访之，逾垣而避。"[③]

---

① 惠龗嗣：《历年纪略》，《二曲集》卷四十五，中华书局，1996年，第563页。

② 清廷屡以博学鸿词征召李颙，李颙以绝食坚拒得免。

③ 全祖望：《鲒埼亭集内编》卷十三《蠡园先生神道表》，《全祖望集汇校集注》，第245页。

"不入城市，不设伴侣"，这两条对大多数的士人来说是难以做到的，因为现实生活中的情况是不能支持这样的人生信条的。甲申之变，入主中原的满族统治者，除杀戮外又以怀柔之策笼络汉族士大夫，如李光地、汤斌、徐乾学等人，甘为贰臣。又开博学鸿儒科，而热衷利禄之士，甘心为富贵损其大节。对此黄宗羲深有感触地说："余见今之亡国大夫，大略三等，或龌龊治生，或丐贷诸侯，或法乳济、洞，要皆胸中扰扰，不胜富贵利达之想，分床同梦，此曹岂复有性情，先生视之如粪土也。"①无论是"龌龊治生"，还是逃禅隐身于佛门（"法乳济、洞"），在黄宗羲看来，这类士人均"视之如粪土"。像汪魏美这样坚持气节，实为难中之难。

四

"借宋喻明"来抒发自己对故朝的家国情怀，是黄宗羲遗民史观的重要内容。主要的表现就是大力颂扬宋代遗民的事迹与诗文，为他们的著作作注。黄宗羲在这方面倾尽自己的毕生精力，用笔墨渲染宋遗民的气节，而目的是衬托明遗民的"忠义之心"。黄宗羲在赞许汪魏美气节后，发了一通"借宋喻明"的议论：

> 尝思宋之遗民，谢翱、吴思齐、方凤、龚开、郑思肖为最著。方、吴皆有家室，翱亦晚娶刘氏，开至贫画马，有子同居，唯思肖孑然一身，乞食僧厨。魏美妻死不更娶，有子托于弟，行事往往与思肖相类，遗民之中，又为其所甚难者。②

---

① 黄宗羲：《宪副郑平子先生七十寿序》，《黄宗羲全集》第十册，第671页。文中的"先生"是郑禹梅之父郑平子，黄宗羲是同意郑平子之见解的。

② 黄宗羲：《汪魏美先生墓志铭》，《黄宗羲全集》第十册，第382页。

谢翱（1249—1295），字皋羽，号晞发子。宋德祐二年（1276），文天祥举兵勤王。谢翱毁家纾难，以全部家财招募乡兵数百人，至南平投奔文天祥，被委为咨议参军。文天祥兵败撤退江西，在赣州章水握别时，赠一方端砚给谢翱。杨琏真伽是执管江南地区佛教大权的元僧，他在元至元二十一年（1284），派人挖掘宋皇陵（"宋六陵"），将掘得的金银、宝物用于修建寺庙。谢翱在友人协助下，冒用他人骸骨换取宋高宗、宋孝宗遗骨，又重金请渔人捞取被元兵抛到湖中的宋理宗颅骨，转至绍兴兰亭山安葬。葬毕，移冬青树种于墓上，并作《冬青树引》。黄宗羲有《冬青树引注》之作，以表彰宋遗民。至元二十七年，谢翱与吴思齐、严侣、冯桂芳等人，登上桐庐严子陵钓台，设文天祥牌位于荒废的亭子旁，以竹如意击石，歌招魂之词："魂朝往兮何极！暮归来兮关塞黑。"[1]谢翱作《西台恸哭记》以记此事，这是遗民泣血吞声的千古之作。

黄宗羲曾读《西台恸哭记》不止一次。他说，第一次是在明崇祯十一年，读后"信笔注释"；第二次是在清顺治二年："岂知是后七年，而所遇之境地一如皋羽乎！"[2]这七年，正是他举义兵抗清的岁月。境地不同，作注的态度截然不同，先前只是随意而为，这次是异常认真地作了考证。谢翱在《西台恸哭记》中没有列举同祭友人的名字，而以"与友人甲乙若丙"隐语来表达。黄宗羲则明指："讳其名，故称甲乙。甲为吴思齐，字子善"，"乙为严侣，字君友""丙为冯桂芳"[3]。

黄宗羲极度重视谢翱，无非是谢翱的节操为他所敬佩。当时有人刊刻谢翱的《晞发集》，且创为《皋羽年谱》，注其《游录》，请黄宗羲写序。黄宗羲在序中写下了一段名言：

---

① 黄宗羲：《西台恸哭记注》，《黄宗羲全集》第二册，第247页。

② 黄宗羲：《西台恸哭记注》，《黄宗羲全集》第二册，第243页。《黄宗羲全集》第十一册收录了《西台恸哭记初注本》，第510–514页。

③ 黄宗羲：《西台恸哭记注》，《黄宗羲全集》第二册，第245页。

夫文章，天地之元气也。元气之在平时，昆仑旁薄，和声顺气，发自廊庙，而邕浃于幽遐，无所见奇；逮夫厄运危时，天地闭塞，元气鼓荡而出，拥勇郁遏，垒愤激讦，而后至文生焉。故文章之盛，莫盛于亡宋之日，而皋羽其尤也，然而世之知之者鲜矣！①

黄宗羲强调，宋亡于异族为天地间一大"厄运"，而实影射明亡于满族之意。黄宗羲以为，宋元之际、明清之际，是"天地闭塞"的"危时"，作为民族气节象征的"天地之元气"，受到压抑和禁锢后，一定会鼓荡而出，通过"至文"来表现自己的想法。黄宗羲断言，"文章之盛，莫盛于亡宋之时"。像谢翱这样的宋遗民作品中，蕴含着强烈的反抗意识，虽一时受压抑，但却是埋没不了的。事实也正是如此，黄宗羲、顾炎武、王夫之、傅山、方以智等明遗民，在"厄运危时"的明清之际，留下了众多熠熠生辉的著作。这些著作以别开生面的创新精神、超越同时代人的睿智卓识，勾勒出一幅绚丽多彩的文化画卷。

再说吴思齐（1238—1301），他在南宋末年担任过嘉兴县丞，因忤逆贾似道，辞官寓于桐庐。文天祥被捕后，他体验了国破家亡的痛苦。此后二十多年间，游名山大川，访南宋遗民。后与谢翱、方凤相识，义结金兰。"宋濂《子善传》云：思齐与方凤、谢翱，无月不游，游辄连日夜，或酒酣气郁时，每扶携望天末恸哭，至失声而后返。"②三人做了一件影响深远的事情：创办了月泉诗社，出题征诗，编集《月泉吟社》。诗歌的主题之一是故国之思，且开中国诗词大赛之先声。

方凤（1241—1322），字韶卿，号岩南老人，浦江后郑村人。宋亡隐于仙华山。与流寓浦江的谢翱、吴思齐相好，吟诗唱和，为月泉吟社的评

① 黄宗羲：《谢皋羽年谱游录注序》，《黄宗羲全集》第十册，第32页。
② 黄宗羲：《西台恸哭记注》，《黄宗羲全集》第二册，第245页。

卷人之一。

龚开（1222—1304），字圣予，号翠岩，江苏淮阴人。1260年至1264年，与陆秀夫在两淮制置司李庭芝幕府任职。南宋亡后隐居不仕。他是诗人兼画家，擅长画马。存世之作《骏马图》，现存日本大阪市立美术馆。画中一老马，瘦骨嶙峋，漫步风中，有棱有格，象征坚贞气节，寓眷恋故朝的怀念之情。"开至贫画马"，是就此而言的。

郑思肖（1241—1318），别名郑所南。元军南下时，到临安叩宫门上书皇帝，怒斥当权者的误国，要求革除弊政。因言辞激烈，未予上报。南宋亡后，自称"孤臣"。改名思肖，因"肖"是宋朝国姓"赵"的组成部分。善画兰花，所画之兰均无土与根，以示国土已被元人占领，无土可依。至元十五年，《心史》完成，冠以德祐年号，藏于苏州承天寺中。顾炎武作《井中心史歌》诗："有宋遗臣郑思肖，痛哭元人移九庙。独力难将汉鼎扶，孤忠欲向湘累吊。著书一卷称《心史》，万古此心心此理。千寻幽井置铁函，百拜丹心今未死。"①诗前有小序，讲及此事："崇祯十一年冬，苏州府城中承天寺，以久旱浚井，得一函，其外曰《大宋铁函经》。锢之再重，中有书一卷，名曰《心史》，称大宋孤臣郑思肖百拜封。思肖号所南，宋之遗民，有闻于志乘者。其藏书之日，为德祐九年，宋已亡矣。"②

以上五人，黄宗羲认为是南宋遗民中最著名者，不过与汪魏美相较，后者要高出一筹，又为其所甚难者。对持节操自守的汪魏美的"行事"，黄宗羲认为与历来为人们传颂的郑思肖相类，是遗民中的佼佼者。其实，汪魏美的名声是不及这五位南宋遗民的。黄宗羲有这样的评价，无非是"借宋喻明"的主观意识在起作用。正是因为这种意向，黄宗羲说自己是接着程敏政《宋遗民录》来撰写墓志铭、神道碑、行述、传记、寿序等传状类文章的：

---

① 顾炎武：《井中心史歌》，《顾亭林诗文集》，上海古籍出版社，1983年第2版，第410页。

② 顾炎武：《井中心史歌》，《顾亭林诗文集》，第409—410页。

余尝观宋时文、谢幕府之士，身填沧海者无论矣，其散而之四方者，亦不负初心，皆能洁然以自老，程篁墩尝为《遗民录》记之。余与泽望拾遗其后，残编之不灭没者尚不啻百余，屈指危亡事始，一时名存身丧者，固不让于宋。①

这段文字写于清康熙十一年，可知黄宗羲是有意识为明末遗民写传状的。他与黄宗炎一起努力，留下了百余篇表彰明遗民的文章。

五

在黄宗羲看来，遗民的价值观念，绝非对一姓之忠贞所能包容，更多的是对自身汉族文化的依恋。扬州十日，嘉定屠城，颁薙发令，宣称留头不留发，这在汉民族的传统文化心理上引起了极大的刺激。黄宗羲以诗文表彰明遗民的忠烈气节，于失义变节者，皆在口诛笔伐之列。晚年的黄宗羲已深切感受到，要保持气节不是易事：

当夫丧乱之际，凡读书者，孰不欲高箕颍之节。逮夫事变之纷拿，居诸之修永，波路壮阔，突灶烟销，草莽篱落之间，必有物以害之。故卑者茅靡于时风，高者决裂于方外，其能确守儒轨，以忠孝之气贯其终始者，盖亦鲜矣！此无他，凡故畴新亩，廪假往来，屋庐僮仆，吾不能忘世，世自不能忘吾，两不相忘，则如金木磨荡，燎原之势成矣。吾于士衡先生，为得遗民之正也。②

① 黄宗羲：《陆汝和七十寿序》，《黄宗羲全集》第十册，第658—659页。
② 黄宗羲：《杨士衡先生墓志铭》，《黄宗羲全集》第十册，第467—468页。

　　这是说，在社会发生动荡之时，受过正统教育的士人，哪一个不想成为高风亮节之士。然而事情往往是繁复多变的。士大夫在承平之时，高谈孔孟，坐论尧舜，以忠孝为分内事，但当动荡之时，以忠孝之气节扬名于世的，实为凤毛麟角。不得已屈身求容。那些品行高洁的，就"决裂于方外"，也就是明清之际经常见的"逃禅"①。

　　黄宗羲记载了许多遗民逃禅的事迹："近年以来，士之志节者，多逃之释氏，盖强者销其耿耿，弱者泥水自蔽而已。"②要保持儒家主张，让"忠孝之气"贯穿一生，这样的人是极为少见的，但杨士衡做到了。杨士衡是几社成员，他的志向是"泽被生民"，恰遇明亡，致使壮志未酬。弘光小朝廷在南京建立后，许多"狭邪小人，乘时以干富贵"，杨士衡以为，这些跟随"时风"的小人，等同"赴火之虫"。清军初平江南后，为稳定其统治，恢复科举制，极尽软硬兼施之伎俩："江南内附，诸生之系于博士者，按籍而试之，不至者罪。先生数徙以避之，终于不出。"③杨士衡以其铮铮铁骨，不随"时风"，他与汪魏美一样，以自我禁锢的方式来保持节操。这种自律精神，王夫之称之为"自畛"④，认为这是遗民做人的先决条件。"及事定，弹琴赋诗，温厚和平，人世尘坌之处，未尝一迹。"但树欲静而风不止，"顾狡狯之徒，见其不屑事务，多方胁之，利其所有，如拾遗于地也。"杨士衡不为所动，视俯拾可取之利如蒂芥。黄宗羲有论曰：

---

　　① 黄宗羲《刘伯绳先生墓志铭》中引恽日初语："古来贤士隐于禅者不少，有读《易》者，有歌《楚辞》者，有泛舟赋诗焚其草者，岂不知业已圆顶方袍，而故为此狂激之态乎？盖曰，吾非真禅也，聊以抒艰贞之志云耳。"见《黄宗羲全集》第十册，第307页。

　　② 黄宗羲：《七怪》，《黄宗羲全集》第十册，第631页。

　　③ 黄宗羲：《杨士衡先生墓志铭》，《黄宗羲全集》第十册，第468页。

　　④ 王夫之：《黄书·原极第一》："天地制人以畛，人不能自畛以绝其党，则人维裂矣。"中华书局，2009年，第102页。

"先生当家势盛时，未尝心侈体汰；时移物换，亦未尝志气销沮。"①此一"志气"，黄宗羲认为就是"天地之元气"，故嘉许其为"遗民之正"，与"不胜富贵利达之想"的"小人"，形成鲜明的对比。

遗民作为特殊的社会群体，是中国古代史中一种重要的政治、文化现象。不降其志，保持气节，不仕新朝，是易代之际遗民的基本特征。他们以不同的生存方式、价值观念、人格形象与情感世界，映现出自己的遗民人格。这种特殊的情况，丰富了遗民史的内容。在历代遗民中，明遗民以其数量之众多与记载的文献资料之丰富，在遗民史中占有重要的一席。有着强烈遗民情结的黄宗羲，他有意识地、大量地收集明遗民的材料，以表彰他们的"忠义之心"。

然遗民与逸民是有区别的，不能混为一谈。商周之际的伯夷、叔齐在武王灭商后，逃避到首阳山，不食周粟而死。他们作为最早的逸民常为后人提及，历来都是作为忠贞的典型而颂扬的。范晔作《后汉书》，特辟《逸民列传》新目，记录了众多不事新朝的逸民。在昆山参加过抗清义举的、顾炎武的好友归庄说："孔子表逸民，首伯夷、叔齐；《遗民录》亦始于两人，而其用意则异。凡怀道抱德不用于世者，皆谓之逸民；而遗民则唯在废兴之际，以为此前朝之所遗也。"②归庄这一区别，是恰如其分的。虽说两者都不认同新朝政权的合法性，改朝换代的事实在汉族内部发生的，是逸民得以产生的现实基础。逸民眷恋故朝，较多的是以隐晦的方式（如隐逸、逃禅）出现的。遗民则不同，或以激烈的方式（如暴力）来对抗新王朝，或以隐晦的方式（如隐逸、逃禅）以示与新王

---

① 黄宗羲：《杨士衡先生墓志铭》，《黄宗羲全集》第十册，第469页。

② 归庄：《历代遗民录序》，《归庄集》卷三，上海古籍出版社，1984年，第170页。归庄（1613–1673），明代著名散文家归有光的曾孙，是一个货真价实的遗民，抗清斗争失败后，逃禅以僧装亡命。迨清统治日益稳固，隐居乡野，佯狂玩世，穷困以终。

朝的不合作。

自宋以后，汉民族与异民族的冲突，出现了前所未有的情况，汉民族第一次面临被少数民族全面统治的状况。宋元之际与明清之际，作为民族矛盾与异质文化激烈冲突的产物，出现了一种特殊的社会群体——遗民。程敏政的《宋遗民录》、孙静庵的《明遗民录》，便是记载这些人物事迹的专著。还有朱子素《历代遗民录》、朱明德《广宋遗民录》等已佚失之书。遗民事迹的记载绝非这些专著所能包揽，还有大量散见于元以后的文集之中。就规模和对后世的影响而言，明清之际遗民是大大超过了宋元之际的。朱明德《广宋遗民录》罗列了四百余人，孙静庵《明遗民录》虽已达八百余人，"而其所遗漏者，尚汗漫而不可纪极也"①。据病骥老人在《明遗民录序》中所说，依附郑成功的明代遗民有八百余人，而南洋群岛达两千余人②。至于在大陆本土上的遗民，当数倍于两者之总和。记载遗民事迹的绝不止这些专著，多散见于明末以后的文集之中。

放眼明末清初，以张苍水为代表的抗清志士与以汪魏美为代表的自我禁锢的遗民，黄宗羲以"天地之元气"表彰之③。这不单是局限于传统的忠义，而是从民族精神着眼的。毛泽东在得知史学家何干之专心于民族史的研究后，写信说："你的研究民族史的三个态度，我以为是对的，尤其是第二个态度。如能在你的书中证明民族抵抗与民族投降两条路线的谁对谁错，而把南北朝、南宋、明末、清末一班民族投降主义者痛斥一番，把那

---

① 《民史氏与诸同志书》，见孙静庵《明遗民录·附录》，浙江古籍出版社，1985年，第375页。

② 孙静庵：《明遗民录》，第372页。

③ 浙东一地，遗民们留下了不少怀念张苍水的诗歌。如徐凤垣的《哭苍水墓》："三年两度哭君坟，频把黄阡一陌焚。但使此心同皎日，何嫌穷岛失孤军。山河不掩零丁涕，金石长埋冰雪文。却惜名园松万树，郁葱深护墓前云。"他"晚与林评事、高武部共辑《甬东正气录》，搜辑梓里忠节诸公文字"，而他自己"遗诗三四千首，其后人惧涉忌讳，遂没其十之七。"参见全祖望《鹤山七子之一》，《续甬上耆旧诗》卷三十四，杭州古籍出版社，2004年，第53页、第1页。

些民族抵抗主义者赞扬一番，对于当前抗日战争是有帮助的。"①这个民族精神的内涵就是孟子所说的"浩然之气"、文天祥在《正气歌》中所伸张的"浩然正气"②。一个民族的文化传统不是僵固不变的，它不是一个民族前进的包袱。黑格尔说："传统并不是一尊不动的石像，而是生命洋溢的，有如一道洪流，离开它的源头愈远，它就膨胀得愈大。"③浩然正气的历久不衰，并在不同的历史情境下萌发出许多新意蕴来，证实了这句名言的真理性。任何一种正义的、符合民族和国家利益的事业，都需要志士仁人去前赴后继。有浩然正气的志士仁人，他们的精神境界是高尚的，人格是伟大的。黄宗羲重视对遗民浩然正气的发扬，强调个体要有为理想而勇于捐躯的浩然正气，对正在走向复兴的中华民族来说，具有不可忽视的现实意义。

（本文作者为同济大学马克思主义学院教授）

---

① 毛泽东：《毛泽东书信集》，人民出版社，1983年，第136页。

② 朱义禄：《儒家生死观与中华民族的浩然正气》，《孔孟月刊》1993年第3期。

③ 黑格尔著，贺麟译：《哲学史讲演录》第一卷，商务印书馆，1983年，第8页。

从黄宗羲与昆山三徐的交往看其晚年自我身份定位

李国跃

提　要： 清代浙东学派创始人黄宗羲是清初著名遗民，他晚年的思想变化是遗民史上不可忽视的现象。抗清失败后，黄宗羲转向学术研究与文化传承，南明永历政权的覆亡、清廷博学鸿儒的征召，构成他晚年思想和心态发生转变的关键因素。黄宗羲在预见到复明无望以及目睹康熙帝推行"崇儒右文"的文化政策后，心态发生了一些变化，开始主动与清廷朝士结交，与昆山三徐的频密交往即是探讨他晚年思想转变的重要切入口。在与三徐的交往中，黄宗羲一方面得到了日常生活与学术文化上的帮助，另一方面又保留了遗世独立精神和遗民气节。晚年的他不坚持遗民世袭，为其子办理捐监，为其孙请托。在清初政治环境、士人生计问题、家族生存等因素的影响下，他的遗民思想逐渐出现了"逸民化"倾向。不过这种倾向并不足以改变其遗民身份，黄宗羲始终坚守了遗民之道，是清初遗民社会的大纛。

关键词： 黄宗羲　昆山三徐　遗民　逸民　《梨洲末命》

黄宗羲是清初著名的明遗民，与顾炎武、王夫之并称明末清初三大思想家。然而与顾、王二人对待清廷的决绝态度不同，晚年的黄宗羲一定程度上承认了清朝的统治，在文中称康熙帝为"圣主""圣天子"。从开始的惊惧疑虑，到后来的松弛宽放，对待清廷的态度发生了显著变化。他与清廷高官新贵如叶方蔼、汤斌等人多有往来，尤其是与昆山三徐交往频密。他晚年仍坚守遗民不仕贰朝的原则，同时也认同了遗民不世袭。因舐犊情深为子孙请托，其门下弟子亦多有仕于新朝者。临终前，他没有王夫之自撰墓志铭的决绝，在自撰墓联上以逸民自居。那么黄宗羲到底在什么尺度上算是遗民？为何在他生前及身后的较长一段时间里，在公开场合更多地被视为逸民？为何黄宗羲本人临终以逸民自标？以上种种，我们可以从他和昆山三徐的交往中窥见一斑。

清初昆山徐乾学、徐秉义、徐元文三兄弟并称昆山三徐，以文章科第烜赫一时，他们出生成长于明末清初，颇受时代风气所染，其从父徐开任、舅父顾炎武就是当时著名遗民。他们少年时或受业于遗民，或从遗民游历，或与遗民结社，生活交游与遗民极为密切。三徐虽经科第而鼎贵，却始终对遗民有着相当的敬意，他们与金堡、陈恭尹、钱澄之、阎尔梅、彭士望、曾灿、魏禧、朱用纯、顾有孝、朱鹤龄、顾景星、冒襄、陆圻、葛芝、陆元辅、方文等众遗民皆有交游，其中与黄宗羲之交游颇具代表性。研究黄宗羲晚年思想的转变，黄氏与三徐的关系是一个始终都绕不开的课题。

一、黄宗羲与昆山三徐交游始末

（一）康熙间黄宗羲心态之变

黄宗羲自题画像云："初锢之为党人，继指之为游侠，终厕身于儒林。"[①]此语正是他对自己跌宕起伏一生的最好概括。三十四岁之前，黄宗羲以复社中坚、东林遗孤，奋而为父申冤报仇，名动当时；三十四岁后，他参与抗清斗争，为救国而四处奔走，失败后坚守遗民气节；五十岁后，

---

① 黄宗羲：《自题》，黄炳垕：《黄梨洲先生年谱》，清同治十二年（1873）刻本。

深知复明无望，遂专心于学术，著书以立学说，讲学以传薪火。特别值得注意的是，就在黄宗羲专心学术事业的晚年，他的思想与心态发生了一次重要的转变，这种转变尤其体现在他对清廷的态度上。

顺治十六年（1659），郑成功、张煌言率军北伐，一度势如破竹，进抵南京城下，东南遗民十分振奋，然此次北伐不久即遭失败。康熙元年（1662），永历帝在昆明被绞死，南明政权覆亡。从此东南和西南皆平定，黄宗羲看到复明难以成功，于是让黄百家弃武从文，转习举子业，黄百家自言：“当是时，西南既靖，东南亦平，四海晏如，此真挽强二石不若一丁之时。家大人见余跅弛放纵，恐遂流为年少狭邪之徒，将使学为科举之文。”①康熙七年，黄宗羲开始在甬上讲学，放弃抗清转而进行文化传承事业。然而此时他的内心并未接纳新朝，对清廷颇多疑虑。在三藩之乱即将平定时，朝廷诏举博学鸿儒，纂修《明史》，他并未应召，在送弟子万斯同、万言北上修史时，还告诫叮嘱“太平有策莫轻题”②。

康熙二十年，清军攻入昆明，三藩之乱正式结束。康熙二十二年，清军收复台湾，清廷真正做到了混一华宇。明年，康熙帝南巡，在南京谒明孝陵，亲诣奠酒；至曲阜祭孔，行三跪九叩礼，感动了许多遗民和汉族士人。康熙帝的身体力行和所推行的崇儒右文文化政策消除了许多遗民的疑虑，加之在朝大臣如徐乾学、徐元文、叶方蔼等人不断笼络东南遗民，不少遗民的心态开始转变，黄宗羲就是其中之一。康熙二十四年，黄宗羲在给徐乾学的一封信中，认为当世杀运已退，对时世进行了评价，以为正是学士大夫有为之时，《与徐乾学书》云：“方今杀运既退，薄海内外，怀音革状；皇上仁风笃烈，救现在之兵灾，除当来之苦集，学士大夫皆以琴瑟

---

① 黄百家：《王征南先生传》，《学箕初稿》卷一，清康熙箭山铁镫轩刻本。

② 黄宗羲：《送万季野贞一北上》，吴光主编：《黄宗羲全集》第21册，浙江古籍出版社，2012年，第852页。

起讲堂之上，此时之最难得者也。"①

　　黄宗羲从最初对清廷惊惧疑虑的不信任，到有所肯定，这一变化与三徐有很大的关系。三徐是清朝的忠实拥护者，又有好士之名，与东南遗民关系良好，是当时收服江南遗民之心的文化纽带，颇得康熙帝倚重信赖。尤其是徐乾学，被视作汉人南党领袖，在官场中有着广泛的人脉，学士大夫多以拜在三徐门下为荣。经济上，三徐对生活困窘的遗民多有馈赠救济；政治上，三徐充当了遗民庇护人的角色。黄宗羲与三徐的交往，既得到了日常生活中的帮助，也得到学术文化上的帮助。

　　黄宗羲晚年与三徐关系密切，徐秉义曾听其讲学而以师礼事之，并为其父黄尊素刊刻文集，而黄宗羲也让其子黄百家拜徐秉义为师。在《宋元集略》《明文海》等修书事业中，黄宗羲得到了三徐的大力支持。徐元文曾推荐他参与修史，徐乾学亦在康熙帝前推荐过他，黄宗羲则荐其子百家代替自己参与《明史》纂修；黄宗羲曾致书徐乾学为父求文、为孙请托，而徐乾学亦请其撰文且慨然相助。徐乾学欲立《理学传》，黄宗羲致书史馆激烈反对，然而这无损于他们的情谊。无论在学术文化，还是日常生活，他们都有着频繁的互动。黄宗羲门人与三徐也关系密切，如万斯同、万言、郑梁、仇兆鳌、陈紫芝、范光阳、陈锡嘏、陈赤衷、查慎行、查嗣瑮、陈诜、陈勋、黄百家等黄门弟子，他们或为三徐幕僚，或为三徐门生，或为三徐姻亲。

（二）黄宗羲与三徐的交游唱和

　　三徐之中，黄宗羲最早结识的是徐秉义。康熙十四年，徐秉义典浙江乙卯乡试，得士甚盛，其中陈锡嘏、范光阳，仇兆鳌、陈勋、万言等人皆为黄宗羲门人，陈锡嘏更是摘得了此科解元。徐秉义因以得识黄宗羲，并

---

① 黄宗羲:《黄宗羲全集》第21册,第668页。

聆听其教诲："余之交公，始于卯秋。因文会友，由显阐幽。"①次年，黄宗羲受许三礼邀请，讲学于海昌，徐秉义前往听讲。此次听讲，徐秉义印象深刻，黄宗羲学问渊博，使之如坐春风，如饮醇酒，让他对有明一代儒学发展有了更深的认识，尽剖先前之疑："隔岁西迈，树帜海陬。考钟伐鼓，溯源穷流。上彻祁妙，下达高刘。侧听末坐，尚记从游……百年所怀，一朝尽剖。展也吾师，何敢言友。"②徐秉义乃至不敢以朋友相待而以师礼事之。

康熙十九年，徐秉义至余姚黄竹浦拜访黄宗羲。秉义记云："余于康熙庚申岁，曾至姚江，访黄梨洲先生于黄竹浦……因思以忠端公之节义，复继以先生之理学文章，余得身至其里，殆更胜于过柴桑、问浣花也。"③以隐逸不仕的陶渊明和心忧天下的杜甫比拟黄宗羲，对黄尊素之节义与黄宗羲理学文章非常推崇，深以能亲至其里为荣。

是年二月，徐元文被任命为《明史》监修，上《特举遗献录用史才疏》，举荐黄宗羲参与《明史》纂修。然徐元文深知黄宗羲持重遗民气节，正如其舅父顾炎武不愿参与修史一样，黄宗羲也不可能赴史局，因此提出若黄宗羲不能前来，则朝廷当派人前往抄录其著作。黄宗羲果然以奉母婉言拒绝，康熙帝下旨："凡黄某所有著述有资《明史》者，着该地方官抄录来京，宣付史馆。"④

康熙二十四年，黄宗羲致信贺徐乾学升任内阁学士，入值南书房，并以二事嘱托徐乾学。五月，徐秉义亲迎黄宗羲至昆山，黄宗羲得以纵观徐乾学传是楼藏书，而徐秉义则雇人将黄宗羲所选宋元文集尽行抄录。此次所抄录

---

① 徐秉义：《祭黄梨洲先生文》，《培林堂文集》卷五，清抄本。

② 徐秉义：《祭黄梨洲先生文》，《培林堂文集》卷五。

③《黄氏撝残集》卷首徐秉义序，清康熙四十一年（1702）刻本。

④《明文授读》卷首黄百家序，清康熙张氏味芹堂刻本。

之宋元文集，黄宗羲拟据以编纂《宋元集略》，并以未能得观徐乾学在京藏书为憾，期以他日得睹："《宋元集略》尚未抄完，然亦不过旬日，即当送上也。只是未曾检出及留在京邸者，不知何时得以寓目？"①此次昆山之行，除传是楼藏书，黄宗羲亦从徐秉义培林堂抄录了不少宋元文集。

康熙二十六年，受徐元文之邀，黄宗羲让黄百家入《明史》馆，负责《历志》《天文志》的纂修。康熙二十九年春，徐乾学告归，开书局于洞庭东山，纂修《一统志》。临行前，康熙帝向徐乾学问起海内是否有博学洽闻、文章尔雅可备顾问者，徐乾学以黄宗羲对。康熙帝欲召黄宗羲至京师，不任以事，仅备顾问。徐乾学为其请辞："前业以老病辞，恐不能就道也。"②谢章铤评曰："夫以人事君，大臣之盛节也，然出则无以全其名，不出则无以安其身。东海盖筹之熟矣，老不能来之对，盖所以成梨洲也。"③此真知人论世之言，深知徐乾学与黄宗羲之心也。

徐乾学归里后，黄宗羲再登传是楼抄书。前后得旧所未读明集三百余家，《明文案》由此扩充为《明文海》。昆山访书，黄宗羲收获颇大，所得睹明文，几与黄氏家藏相埒。更为难得的是，徐乾学慨然应允黄宗羲将书带回余姚抄录，黄宗羲所搜检明文集达数牛车。徐秉义更是"手抄目勘，遥为勸理"④，助其完成编纂有明一代明文的心愿。

康熙二十九年，黄宗羲拜访了解职归田的徐元文。时徐元文在病中，黄宗羲后有吊徐元文诗云："夫子寻归田，得侍函丈席。扩我以见闻，杜我之疵隙。尧舜其君民，时不去胸臆。阴阳间失位，玩彼忧患易。一部明室史，功已过半百。俟后之君子，将恐乱阡陌。病中未了事，忧容如可撼。

---

① 黄宗羲：《与徐乾学书》，《黄宗羲全集》第21册，第669页。

② 黄百家：《先遗献文孝公梨洲府君行略》，《黄宗羲全集》第21册，第1011页。

③ 谢章铤：《赌棋山庄词话》续编卷四，清光绪十年（1884）刻《赌棋山庄全集》本。

④ 《明文授读》卷首徐秉义序。

仆归未一年，夫子之病革。"①可知此次见面，二人相谈甚欢，黄宗羲称扬徐元文经世爱民之心，对其解任表示慰问，并担心徐元文去职后《明史》纂修不得其人。黄宗羲从昆山回到余姚未满一年，徐元文就病逝了。

　　与三徐的交往让黄宗羲逐渐放下了对清廷的疑虑，尽管早在康熙初年他就已经让黄百家习举子业，康熙十四年又为黄百家办了捐监，但推荐黄百家入《明史》馆才是他对清廷态度转变的重要标志。此次举荐带有托孤性质，黄宗羲曾致书徐元文："昔闻首阳山二老托孤于尚父，遂得三年食薇，颜色不坏，今吾遣子从公，可以置我矣。"②他谐谑地把自己比作伯夷叔齐，而把徐元文比作太公望，将黄百家托付给了徐元文。当时黄百家以布衣身份入《明史》馆，例食七品俸。在黄宗羲看来，一代人有一代人际遇和境况，遗民不世袭，且人生活在天地间难以避免人情往来，只要坚守不出仕的底线，与出仕于新朝之人往来只是生存的策略："生此天地之间，不能不与之相干涉。有干涉则有往来。陶靖节不肯屈身异代，而江州之酒，始安之钱，不能拒也。"③黄宗羲以陶渊明不拒王弘白衣送酒、颜延之付酒钱之事表明了自己的遗民交游原则。他认为与三徐的交往并无损遗民形象。

　　黄宗羲与三徐的诗文赓酬，可见其情谊。康熙二十四年，黄宗羲曾请徐乾学为黄尊素祠堂撰写《赠太仆寺卿黄忠端公祠堂记》。徐乾学在文中竭力表彰黄尊素的忠烈气节。黄宗羲亦于是年登徐乾学传是楼抄书，作为回报，他也为徐乾学撰写了《传是楼藏书记》，文中高度评价徐乾学渊博的学问，独推徐乾学能承接宋濂、唐顺之、杨慎、黄道周之后，为"间世

---

① 黄宗羲：《哭相国徐立斋先生》，《黄宗羲全集》第21册，第925页。

② 全祖望：《梨洲先生神道碑文》，《鲒埼亭集》卷十一，清嘉庆九年（1804）史梦蛟刻本。

③ 黄宗羲：《余若水周唯一两先生墓志铭》，《黄宗羲全集》第20册，第322页。

之学者"①。

康熙二十八年，黄宗羲八十大寿，徐元文作诗三首寄寿黄宗羲。第一首赞扬黄宗羲隐逸不仕之志节远超商山四皓："生平仰儒宗，独推江夏氏……遂守不字贞，寄情在山水。讵耽烟霞癖，高蹈良有以。寂寞商山芝，笑彼夏与绮。"第二首则赞扬黄宗羲能传承蕺山之学并将其发扬光大："蕺山制颓波，执经遍宇内。入室资巨贤，终日勤问对。辨理析毫芒，著书薄组缋。寥寥千百载，兹道幸无晦。"第三首以班固、蔡邕比拟黄宗羲，赞其史学成就："恭承帝嘉命，史局领校雠。茫茫三百年，轶迹委山丘。颠倒是与非，贤奸共沉幽。谁为识汉事，班蔡君其俦。举之寄咨禀，相期共千秋。"②黄宗羲有感于徐元文之盛情，作《次徐立斋相国见赠韵》三首以答之。第一首自述其身世："束发膺家难，投门变姓氏。奄儿乘横流，磨牙森相拟。绕树苦无枝，何暇问经史。《点将》与《蝗蝻》，毒矢机迁徙。"第二首述其学问渊源："千载濂溪学，吾师穷外内。当日侍函丈，不过充应对。视余真犹子，朽木施雕缋。从游堂室人，委骨风雨晦。"第三首则以主持《元史》纂修的宋濂来比拟徐元文，希望徐元文能坚持秉笔直书的传统修好《明史》，并感谢徐元文对自己的推荐，用汉武帝封禅泰山、司马谈滞于周南未能参与其事的典故，表示未能参与《明史》纂修的遗憾，同时又含蓄说派儿子黄百家入史馆，亦可稍补遗憾："昔也宋金华，文章莫与雠。后此三百年，玉峰为介丘……骤长丹霄价，朝章忽下投。夸谐沿里落，讥刺入明眸。史官分宰相，其权不相谋……史谈滞周南，执手清泪缪。古今有同心，孤负此旁求。"③

徐乾学亦有诗寄寿黄宗羲八十寿辰："家传博古号青箱，大鸟犹闻世

---

① 黄宗羲：《传是楼藏书记》，《黄宗羲全集》第19册，浙江古籍出版社，2012年，第117页。

② 徐元文：《送黄子主一归里，寄寿其尊君梨洲先生三首》，《含经堂集》卷十四，清刻本。

③ 黄宗羲：《黄宗羲全集》第21册，第889—890页。

德长。一自乾坤留党籍，至今风雨护刊章。相逢喜说申公健，归去应携蓟子方。剩有菖蒲胜水玉，封题应许寄山堂。"①徐乾学以青箱传学的典故来赞美黄尊素、黄宗羲、黄百家三代家传之学，称扬黄宗羲以东林遗孤为父报仇的壮举，并以"申公""蓟子"典故祝他健康长寿，还赠送了一些延年养生之药。

为贺黄宗羲八十寿辰，徐秉义撰有寿序。文中赞黄宗羲之学博而有本，于经学、史学、诸子、象纬、钟律、历法无所不通，无所不究，为当代通儒，又推其能绍继王守仁、刘宗周理学真传而无流弊："又能起而昌明之，以教于吴越之间。于是良知之传，乃切实而无弊。"②徐秉义追忆康熙十七年再次前往海昌听黄宗羲讲学，其后互相往还，受益匪浅："戊午之岁，先生讲学海宁，余得与末席，窃闻至论。自是十二年间，或入越造访，或来屋辱临，数得接见，悯然不敏，弘益良多。"③

黄宗羲八十岁，手订《南雷文定》。徐秉义为序其卷首，赞其学渊博如海，慎密切实，立身则高尚端方，称《南雷文定》为学士大夫不可不读之书："于古今载籍、宇内事理，四通六辟而无不该也……感发于忠孝气节，即顽儒有以廉且立。因以释'六经'之疑义，考前史之缺略，旁及天官历家，皆有所质正。"④

康熙三十年徐元文因病去世，黄宗羲有长诗哀悼，称徐元文乃千载难及之人，《哭相国徐立斋先生》云："何意徐夫子，求才及隐僻。天章照茅檐，耄倪皆惊赫。老病不就道，亦不蒙镌责。寄我诗三章，谬为天下惜。虞翻曾有言，茫茫问禹迹。知己有一人，此恨已可释……空怀磨镜心，松

---

① 徐乾学：《送黄主一归，为梨洲先生寿》，《憺园文集》卷九，清康熙刻乾隆递修本。
② 徐秉义：《黄梨洲先生寿序》，《培林堂文集》卷五。
③ 徐秉义：《黄梨洲先生寿序》，《培林堂文集》卷五。
④ 徐秉义：《南雷文定序》，《培林堂文集》卷三。

楸无泪渍。嗟呼徐孺子，千载不相及！"①于徐元文的去世，黄百家亦不胜伤感，赋《感遇诗》，回忆两次入京纂修《明史》时徐元文对他的礼遇："两番至皇都，俱为《明史》役。相国徐昆山，乃为谋野获。老父不可招，缪将小子续。访我于京邸，不啻三熏沐。归复使携书，在家撰编牍。哀哉哲人萎，临风辄痛腹。"②

康熙三十四年，黄宗羲逝世，徐秉义作文祭之："扁舟见过，执卷相商。先河《文海》，删订精详……承遣令子，送余河侧。临别寄语，百未一悉。握手犹期，奠楹胡亟……不谓此时，箕尾正升。余书见否，余意岂明？生死永别，令余何凭。呜呼！北阙刺仇，西山却聘。宋方嗣学，闵曾一行。"③追述与黄宗羲相处之点滴，如与逝者晤面而谈，从相识从游到切磋学问，从相聚到分别，读之令人恻然。黄宗羲死后，门人私谥"文孝"，而徐秉义以宋濂、方孝孺之文学，闵子骞、曾参之孝行评价黄宗羲，可谓深知其人。

二、黄宗羲与三徐的交往态度及相关活动

（一）黄百家、黄正谊的捐监

康熙十四年，清廷为镇压三藩之乱筹办军费，实行"捐监"政策，史称乙卯捐例。此年，徐秉义任浙江乡试正主考，得以结识黄宗羲，黄宗羲遂经徐秉义为其子黄百家、黄正谊"援闽例"而办理捐监。当时办理捐监需要同乡京官印结，方准"纳银上库"，三徐在京城官场人脉广泛，因此黄宗羲请徐秉义办理。而徐秉义典试完毕后，即旋以告归，捐监之事很可

---

① 黄宗羲：《黄宗羲全集》第21册，第925页。
② 《余姚竹桥黄氏宗谱》卷十四，清乾隆四十一年（1776）余姚惇伦堂木活字印本。
③ 徐秉义：《祭黄梨洲先生文》，《培林堂文集》卷五。

能上京后托其弟徐元文办理。徐元文任职国子祭酒近四年，此时已升任内阁学士兼礼部侍郎。正因事经多人，中间多有辗转，才有将黄宗羲二子名字误记之事。吕留良曾言及黄宗羲托人为二子取得国子监生身份之事："后托贵人为二子百家、百学援闽例，贵人偶误记，纳百家、正谊为二。今改百学名百家以应之，非昔之百家矣。"①黄宗羲有二子名百家（字正谊）、百学，京师贵人因不知悉黄宗羲家庭情况，误以为百家正谊为二人，而办理了百家、正谊二人之捐纳，黄宗羲只得将错就错，将百学改名为百家。当时黄百家业已投拜徐秉义为师，徐秉义对黄百家甚为熟悉，若经徐秉义直接办理，断无将此事弄错之理。此年，三徐赞助了归有光全集的刊刻，徐秉义遂以新刻《震川先生全集》赠送黄百家。黄宗羲令其子拜徐秉义为师，黄百家上书徐秉义愿执弟子礼："所以欲得当世宗工巨卿，以为依归，庶几点仙茅于铁错，加绳削于枉材，或稍有成就，此百学不自料度，愿执簋簠以备洒扫之末者也。"②

　　黄宗羲为其子捐监是黄宗羲对清廷态度转变的重要标志。康熙十四年正是三藩之乱爆发后清廷与吴三桂对抗最激烈的一年，黄宗羲预见到三藩必然败亡的结局，于是通过三徐为其子办理了捐监。黄宗羲的这种转变直接影响到了门人弟子：一方面黄门弟子积极参加了康熙十四年浙江乙卯科乡试，并多人中举；另一方面，他甚至影响到了弟子中如查慎行这样的"遗民二代"的人生抉择，四年后，查慎行入贵州巡抚杨雍建幕中，积极为平定三藩之乱出谋献策，并同样也办理了捐监。作为遗民群体的中坚，黄宗羲对自己的遗民立场是坚定的，但他对门人子弟中的"遗民二代"有着自己的看法：无论是出于生计的考虑还是家族的传承，遗民世袭并不现实，因此让其子拜翰林院编修徐秉义为师。

---

① 吕留良：《与魏方公书》，《吕晚村先生文集》卷二，清雍正三年（1725）吕氏天盖楼刻本。
② 黄百家：《上徐果亭先生书》，《学箕初稿》卷二，清康熙箭山铁镫轩刻本。

（二）撰写碑记与中介请托

康熙二十四年，黄宗羲致信向徐乾学请求帮助：一是其父黄尊素祠庙落成，向徐乾学请求撰写碑铭；二是希望徐乾学致书王掞，在孙儿黄蜀进学时能予以关照；三是希望徐乾学能帮忙募资修墓①。徐乾学收到黄宗羲来信不久，即清理思绪，精心构思，为撰《赠太仆寺卿黄忠端公祠堂记》。而黄宗羲之所以将孙儿进学之事嘱托徐乾学，乃因王掞为徐乾学同年，二人关系亲厚，当时王掞正任浙江学政，由徐乾学致一书札甚易办到。其实黄宗羲与王掞并非不相识，康熙二十三年王掞以左赞善外任浙江学政，黄宗羲重建黄尊素祠庙，就得到了王掞的支持："太仓王掞以左赞善督浙江学政，移檄即公故居黄竹浦重建祠宇。"②为何黄宗羲却要中介徐乾学而请托？盖古人最重颜面，委托办事多须通过中介，否则便有"自媒"之嫌，因此黄宗羲才请托于徐乾学。黄宗羲亦自言王掞对其颇为礼遇："颛老相待甚厚，舐犊之情，实为可愧。"③此年黄宗羲已为自己安排身后之事，托徐乾学筹措资金："弟刻下筑墓荒山，苦无其力，不知先生于诸门生处稍助一篑乎？"④何以黄宗羲向自己门生求助反而需要通过徐乾学？是因黄宗羲不少门人弟子拜在三徐门下，如陈紫芝、陈锡嘏等人已成进士，如万斯同、万言等人则在三徐幕府，因此黄宗羲请徐乾学为中介，于诸门生处为其募资修坟。此外，黄宗羲曾给《明史》馆上《移史馆先姊姚太夫人事略》，向时任《明史》监修的徐元文请托，希望能将其母姚氏列入《列女传》。徐元文满足了黄宗羲的请求，黄宗羲深怀感激："监修徐立斋先生为

---

① 黄宗羲：《与徐乾学书》，《黄宗羲全集》第21册，第667页。

② 徐乾学：《赠太仆寺卿黄忠端公祠堂记》，《憺园文集》卷二十五。

③ 黄宗羲：《与徐乾学书》，《黄宗羲全集》第21册，第669页。

④ 黄宗羲：《与徐乾学书》，《黄宗羲全集》第21册，第669页。

之特传于列女，是吾母屈于生，顾得伸于死，子孙当世世不忘也。"①

（三）襄助修书、刻书事业

康熙二十四年，黄宗羲为编纂《宋元集略》，登传是楼抄录宋元文集。康熙二十九年，为编纂《明文海》，黄宗羲再至传是楼抄录明集。徐乾学传是楼所藏明集在清初藏书家中首屈一指，徐乾学曾自信言道："有明一代古文，吾家独完。"②徐秉义《明文授读序》云："询谋于余兄弟伯氏，细检传是楼所藏明集，复得《文案》所未备者三百余家。先生惊喜过望，侵晨彻夜，拔粹撷尤。余亦手抄目勘，遥为勤理。于是增益《文案》而成《文海》。"③黄宗羲两登传是楼抄书对保留明代文献有重要意义，黄宗羲得以"尽见有明之诸集而收之择之"，纂成《明文海》一书，以"结果有明一代文章之局"④。徐秉义自康熙二十二年告归回籍后，一直家居未仕，因此与黄宗羲往来最多，黄宗羲数登传是楼，皆由其陪同，对黄宗羲修书帮助颇大。

徐秉义还帮黄宗羲重刻了黄尊素文集，撰《黄忠端公文集序》云："余姚黄忠端公以忤奄，罗织死诏狱，天下知与不知重其人，益爱其文。所著有奏疏、诗赋、杂文、纪事，凡六卷。旧有刻本，为海内所竞购，岁久漫漶，余重刻而行之。"⑤康熙三十八年，黄百家与黄宗羲门人张锡琨刊刻《明文授读》，徐秉义为作序。康熙四十一年，黄百家刻《黄氏撝残集》，徐秉义为序其卷首，称赞黄宗羲能"收残焰于冷灰，使得复现光于

---

① 黄宗羲:《移史馆先妣姚太夫人事略》,《黄宗羲全集》第 19 册,第 203 页。

② 韩菼:《资政大夫经筵讲官刑部尚书徐公乾学行状》,《有怀堂文稿》卷十八,清康熙四十二年(1703)刻本。

③《明文授读》卷首徐秉义序。

④《明文授读》卷首徐秉义序。

⑤ 徐秉义:《培林堂文集》卷三。

人眼"①。

　　康熙二十九年七月二十四日，余姚发大水，黄尊素祠堂被淹。三徐积极联系其他朝中大臣，捐资重建了黄尊素祠堂。黄宗羲《迁祠记》载："海内知之，司寇健庵、中允果亭、相国立斋、相国素存、学院蓉湖、京兆定庵诸先生，各出清俸，余鉴前弊，建于新城内南门之左。"②

（四）《明史》纂修中《理学传》的废立

　　我们从三徐给予黄宗羲日常生活和学术活动的诸多帮助，可以看出三徐对黄宗羲的礼敬和黄宗羲对三徐的感激，但黄宗羲并未因得到三徐帮助而丧失自我的主体意识，在遇到原则问题时，黄宗羲敢于发声，维护师门地位和自己的学术理念。在纂修《明史》过程中，徐氏兄弟提出了设立《理学传》的建议，并拟定了《修史条议》六十一条，其中有所谓"理学四款"，即主张将明代程朱一派的学者归入《理学传》，而将陈献章、湛若水及阳明后学归入《儒林传》，而王守仁、刘宗周则归入《名卿传》，并批评"浙东学派最多流弊"③。黄宗羲得闻此事，专门作《移史馆论不宜立理学传书》，逐款批驳，言语激烈，提出不必设立《理学传》，"一切总归儒林"④。黄宗羲著有《明儒学案》，可以说是清初明代儒学研究第一人，他对于理学四款的批驳，有理有据，从学术史角度看，黄宗羲的见解无疑更符合事实。但是《明史》纂修本身就是清廷组织的，必须贯彻清廷意志。三徐本身有着偏向朱子学的学术取向，对于明代儒学的安排评价，则一方面必须考虑康熙本人崇尚朱学的学术取向，另一方面也必须倾听清初表彰朱

---

　　①《黄氏擒残集》卷首徐秉义序。

　　② 黄宗羲：《黄宗羲全集》第19册，第118页。

　　③ 徐乾学：《憺园文集》卷十四。

　　④ 黄宗羲：《移史馆论不宜立理学传书》，《黄宗羲全集》第19册，第194页。

子学、凸显道统的学界呼声。所谓的"理学四款"，实是徐氏兄弟用心良苦的安排，因此设置《理学传》并非全然从学术史的角度出发。徐氏将王守仁、刘宗周列入《名卿传》，降低了阳明学在明代学术史上的影响力。黄宗羲是阳明后学刘宗周的弟子，而刘宗周对阳明学有不少的修正纠偏，黄宗羲对于师门道统看得极重，断然无法接受"理学四款"对阳明学的贬低打压。尽管黄宗羲对设立《理学传》反对激烈，三徐并未因此而有所见怪，照旧对黄宗羲礼敬有加。迫于黄宗羲等人的反对，徐氏兄弟放弃设立《理学传》。

三、从"遗民"到"逸民"倾向的细微变化

随着黄宗羲对清廷态度的转变，他与昆山三徐等朝廷新贵走得越来越近，以致与早年好友吕留良反目。盖黄、吕二人的思想在晚年分别发生转向，黄宗羲由反清逐渐承认清朝的统治，而吕留良则从参加清朝科举考试转向反清。

（一）黄宗羲自撰墓联的"逸民"倾向

晚年的黄宗羲到底是如何看待自己遗民身份的呢？黄宗羲临终之时，曾作《梨洲末命》，向黄百家交代身后之事。人们总是惊异于他不用棺椁、裸葬入土的惊世之举，却很少关注他交代的要求在圹前望柱上刻对联一事。此联乃黄宗羲亲撰："不事王侯，持子陵之风节；诏抄著述，同虞喜之传文。"[①]短短二十字正是他对自己一生的总结与评价，故郑而重之地交代黄百家刻于圹前望柱之上。通过这副对联，我们可以看出黄宗羲对自身遗民身份的认识及对清廷的态度，洞察其晚年内心深处的隐微矛盾之处。

---

① 黄炳垕:《黄梨洲先生年谱》卷下,清同治十二年(1873) 刻本。

　　黄宗羲将自己比作余姚的两位乡贤严光和虞喜，用意颇深。

　　上联他以不事王侯的隐士严光自比，看似没有问题，但纵观黄宗羲一生，却显得极不恰切。严光因拒绝汉光武帝征召而隐居于富春江，被后人视为高士，为逸民之典范。严光于汉哀帝、汉平帝之时，就已韬光隐居，其后他既不污于新莽，亦不臣于光武，可谓是真正的逸民而绝非忠于前朝的遗民，而黄宗羲明显是遗民而非逸民。归庄曾界定过逸民与遗民之区别："凡怀道抱德不用于世者，皆谓之逸民；而遗民则唯在废兴之际，以为此前朝之所遗也。"①严光不愿为官，乃是真正"不事王侯，高尚其事"，属于隐遁于世的逸民，而黄宗羲在明末积极参与政事，北都沦陷与弘光政权覆亡后，他又积极参与抗清活动，在鲁监国政权官至左副都御史，又谈何"不事王侯"？以己之遗民而比严光之逸民，岂非不当？

　　下联以东晋经学大师虞喜自比。虞喜精于天文历法，朝廷三次征召其出仕皆不就，晋成帝下诏褒奖其德行。晋穆帝永和初，有司因十月殷祭争论难决，朝廷遣使咨访虞喜。以黄宗羲之博雅，自比虞喜未尝不可，二人又皆征而不起，确有相似之处。联中"诏抄著述"，乃指徐元文举荐黄宗羲参与《明史》纂修，以备顾问，黄宗羲未赴，朝廷下诏抄录其著述而上呈史馆。从下联看，黄宗羲对于清廷咨访似是引以为荣的，这多少与他一生所坚守的遗民身份不符。

　　此墓联乃黄宗羲临终嘱咐黄百家刻于柱上，不可能是心血来潮，当是他深思熟虑的结果。而这看似有些不符合他身份的墓联，恰恰反映了他晚年逸民化的思想倾向。从与三徐的交往中，我们可以看出，他不愿与清廷做激烈的对抗，不出仕是他的底线，但愿意通过与三徐这样的朝臣的私人交往，间接地接受清廷的咨访。他接受许三礼等地方官的邀请，主持讲会，

---

① 归庄：《历代遗民录序》，《归庄集》卷三，上海古籍出版社，2010年，第170页。

结交朝士如昆山三徐、叶方蔼、汤斌等人，让其子黄百家拜徐秉义为师，入《明史》馆参与纂修工作。他甚至默许黄百家在自家灯笼上写上"内召翰林"字样。康熙三十年三月，黄宗羲同乡徐景范拜访陆陇其时，对陆讲述了黄氏父子所为已不满于乡人："灯笼上写内召翰林，至干渎府县，皆其子之作孽。"①黄百家成长于新朝，两次入馆修史。拜三徐为师后，甚至有结交权贵、干谒州府之举，故徐景范谓之"作孽"。黄百家干谒州府，恐多半是为了维护黄氏家族的地方利益，黄宗羲也是默许的。

（二）黄宗羲遗民身份在清初的忌讳

　　黄宗羲有过参加鲁王政权、抵抗清军的经历，这也成其死后无人撰写墓志碑铭的重要原因之一。黄宗羲死后，黄百家为其父所撰《先遗献文孝公梨洲府君行略》洋洋近万言，详述其学问渊源、讲学经历、思想著述，却对黄宗羲抗清经历讳莫如深，记述非常简略，且多用典故隐晦其辞："渑河之役，鼎革初逢，弹丸一隅，未测圣朝高厚，尚有乃孚于巳日，而用牛革之巩者。即府君亦尝□缅虞渊，竭同夸父，零丁有叹，不悔空坑。"②黄百家以《周易·革卦》典故，曲折道出黄宗羲知其不可为而为之的抗清行为，并以夸父、文天祥来比拟黄宗羲，用语隐晦，对黄宗羲组建"世忠营"、在鲁监国政权仕至左副都御史、著《监国鲁元年大统历》、至日本乞师等重大事迹皆一字不著，且以"未测圣朝高厚"反面论证清朝乃天命所归。全祖望读黄百家所撰《行略》，感慨："予读《行略》中固嗛嗛多未尽者，盖当时尚不免有所嫌讳也。"③可见当时忌讳甚深。

---

① 陆陇其:《三鱼堂日记》卷十,清同治九年（1870）浙江书局刻本。

② 黄百家:《先遗献文孝公梨洲府君行略》,《黄宗羲全集》第21册,第1007页。

③ 全祖望:《梨洲先生神道碑文》,《鲒埼亭集》卷十一。

黄百家曾有意请郑梁、朱彝尊为黄宗羲撰写墓铭，惜皆未果。当时为黄宗羲撰写墓铭似为棘手，以郑梁知黄宗羲之深，朱彝尊文名之大，皆不能下笔。其中有两难，一是抗清经历难以书写，此乃黄宗羲一生之关键点，若写则容易触犯时忌，若不写则无以表彰其功业气节。其次是黄宗羲晚年定位难，若把他定位为遗民，始终不认同清廷，明显与清廷官方意识形态相抵牾；若把他定位为认同清朝统治，亦未尽合。有此两难，则黄宗羲墓铭不如付之阙如。直到黄宗羲去世四十多年后的乾隆初年，遗民一代皆已物化，清廷对抗清的忌讳逐渐松弛，黄百家之子黄千人请全祖望为其祖父撰写神道碑，全祖望才把黄宗羲的抗清经历一一拈出："世之称之者，不过曰始为党锢，后为遗逸，而中间陵谷崎岖、起军、乞师、从亡诸大案，有为史氏所不详者。今已再易世，又幸逢圣天子荡然尽除文字之忌，使不亟为表章，且日就湮晦。"[1]

正如全祖望所指出的，在此之前，人们评价黄宗羲不出其所谓"始为党锢，后为遗逸"八字，我们从黄宗羲去世后，门人为其所拟私谥"文孝"二字亦可窥见端倪。黄宗羲去世后，黄门弟子二十七人聚于万言家中，为黄宗羲拟谥号，其中主要分成两种意见，以刘甲为代表的一方主张用"文孝"："先生袖锥北阙，以刺父仇。承欢箭山，以康耄母。文而加孝，斯为允宜。"[2]以仇兆鳌为代表的一方则主张"文节"："先生抗蹈海之踪，而高不事之守，直使商山可五，首阳可三。此字内正气之宗，有明三百年纲常所系也。谥以文节，乃不失先生之大全矣。"[3]双方对此展开了激烈辩论，却都难以说服对方。最后万言与大家折衷的意见还是倾向于"文孝"，因为"节"不能包含"孝"，而"孝"却能包含"节"。以为正因为孝，黄

① 全祖望:《梨洲先生神道碑文》,《鲒埼亭集》卷十一。
② 万言:《文孝梨洲先生私谥议》,《黄宗羲全集》第21册,第1002页。
③ 万言:《文孝梨洲先生私谥议》,《黄宗羲全集》第21册,第1002页。

宗羲才继承了其父黄尊素的遗志，无改于父之道，才有其后抗清不仕之节，"孝"比"节"更"曲而苦"。万言载："顾非先生之孝，无以启先生之节之奇，抑唯先生之节，愈以成先生之孝之大。盖言节而先生之制行固直而彰，言孝而先生之立心更曲而苦也。"①黄门弟子意识到若用"节"字，那么太"直而彰"了。言外之意，若用"节"则与清廷官方意识形态相对立的意思太明显了，为黄氏家族子孙计，尽量淡化黄宗羲与清廷的对抗是比较符合现实的。尽管许多弟子内心未必完全认同，但采取这样隐晦的方式表彰黄宗羲的气节不容易触犯时忌。大家基本达成一致，弟子们还是相商于黄宗羲画像之前掣签决定，让黄宗羲在天之灵自己抉择，果得"文孝"二字。

这是门人私下会议，尚敢公开谈论黄宗羲遗民之节。然至公开场合，正如全祖望所言，由于忌讳，大家多不敢公开称美。黄宗羲八十寿时，三徐撰有诗文寄贺，徐元文诗详述其隐逸之节、理学成就、史学成就，徐乾学述其家学高深、为父报仇之孝行，而皆不及抗清经历，独徐秉义寿序稍一及之，亦非常简略，仅点出其曾出仕于鲁监国政权："明末鼎沸，天步既改，先生一仕江东，已无所致用，隐居力学。"②黄宗羲去世后，门人弟子请祀于省郡乡贤祠，浙江学政张希良评价黄宗羲："孝友性生，忠贞世笃。髦龄伏阙，能讼化碧之冤；博浪囊椎，勇斥群奸之魄。天地为之震动，《春秋》大其复雠。若夫高隐而废《蓼莪》，凿垣而逃旌帛，等身著述，蔚为柱下之藏；栖迹烟霞，名动圣人之间。洵汉庭之鸿羽，而越国之绮园也。"③作为一省学政，张希良的评价不仅代表其个人，更具有官方性质的

---

① 万言：《文孝梨洲先生私谥议》，《黄宗羲全集》第21册，第1002页。

② 徐秉义：《黄梨洲先生寿序》，《培林堂文集》卷五。

③ 张希良：《黄忠端公暨征君遗献公父子两神位入省郡乡贤祠看语》，黄宗羲《南雷文定五集》卷四附录，清程志隆刻本。

认定意味。张希良不提黄宗羲抗清经历，而着重表彰他为父报仇雪耻之孝行和不应朝廷征召之高节，亦可见当时忌讳之深。

（三）黄宗羲逸民化思想倾向探析

为避免触犯忌讳，黄宗羲生前尽量淡化自己的遗民身份，宁愿以逸民示人。他临终曾留有二诗示黄百家，其二云："年来赖汝苦支撑，鸡骨支床得暂宁。若使松声翻恶浪，万端瓦裂丧平生。"[1]可见黄宗羲晚年心中并不安宁，他对同为遗民的徐凤垣感慨说，明末同社好友如何指点江山，意气风发，却因立身不谨而败亡，《寿徐掖青六十序》："同社之士，一时居盛名者何限？往往为天之所忌，人之所妒，立身一败，万事瓦裂。"[2]晚年沐浴在"盛世"之下的黄宗羲，最担心的还有自己的家族安全和身后评价。黄宗羲著述众多，有像《明夷待访录》这样干犯忌讳的著作，难保有一天就会被人抓住只言片语，从而掀起像"庄廷鑨明史案"那样的文字之狱。若真有一天翻起"恶浪"，自己一生的立身行事可能被毁谤加身。因此他对徐凤垣说："朱子言：'放翁能太高，迹太近，恐为有力者所牵挽。'处今之世，而得以浮沉陆海，不为人之所指名，宁讵非幸耶！"[3]可见当时黄宗羲惧怕被人所牵挽，宁愿隐逸其身，而不敢以遗民自高。

黄宗羲要让自己尽快融入新朝，在不违背本心的前提下结交三徐等朝中新贵，也是他的一种生存策略。因此他对清廷官员的结交是有意识而主动的。如康熙二十年，汤斌任浙江乡试考官，黄宗羲派遣黄百家赴杭州拜谒，并奉上黄尊素所著《忠端公集》，又请汤斌为《蕺山学案》作序，以

---

① 黄百家：《先遗献文孝公梨洲府君行略》，《黄宗羲全集》第21册，第1012页。

② 黄宗羲：《黄宗羲全集》第21册，第664页。

③ 黄宗羲：《寿徐掖青六十序》，《黄宗羲全集》第21册，第664页。

示结纳交好。清初的政治环境和陶渊明所处刘宋之时已大为不同，遗民处境比较艰难，黄宗羲自言："靖节所处之时，葛巾篮舆，无钳市之恐，较之今日，似为差易。"①像黄宗羲这样的著名遗民，若想保全晚节，必须得到朝中之臣的庇护。陶渊明所处刘宋之世尚无"钳市之恐"，比起清初酷烈的政治环境要好得多，我们从中可以看出黄宗羲对清初的政治和舆论氛围深感压抑、恐惧。康熙七年，顾炎武被黄培诗案株连，下狱济南，赖外甥三徐兄弟及众好友援救得免。若无官场中大有力者为其说项奔走，顾炎武很难避过此次牢狱之祸。这让黄宗羲更加明白结交朝中官员的重要性，若真有"松声翻恶浪"之时，尚有朝中官员为其护持。

与王夫之晚年老于石船山下、鲜少交游不同，黄宗羲交游广阔，门人众多，又生活在清廷文化监控严密的江浙地区，这些都注定了晚年的黄宗羲不可能对清廷采取对抗方式，也注定了他所撰墓联和王夫之自撰墓志铭"抱刘越石之孤愤而命无从致，希张横渠之正学而力不能企"是那么的不同。王夫之临终还以刘琨自拟，力图恢复而苦无力回天，以张载自期，埋首著述而自愧不能继承绝学。王夫之至死未认同清朝之正统，是彻底决绝的遗民，而黄宗羲晚年在与三徐等人的交往中，逐渐与清廷和解，他的墓联没有王夫之的激越，只有对自己身后评价的忧虑和对自己学问的自信。

黄宗羲与三徐之间，乃是一种互惠的关系，身为遗民的黄宗羲想要在清廷的统治下获得安康，需要三徐为代表的朝廷新贵的庇护周旋，保全遗民之身的同时，让黄氏家族融入当时的文化精英群体之中。事实上，在《明史》纂修中，正是因为与三徐相熟，他对《理学传》的批评才能被倾听。而三徐通过帮助黄宗羲为代表的遗民们，给予他们政治、生活、文化方面的帮助和庇护，也为三徐带来了极大声誉，扩大了他们在士大夫之中的影响力。如顾炎武没有在博学鸿儒之中被征召，得以保全遗民之身，就

---

① 黄宗羲:《余若水周唯一两先生墓志铭》,《黄宗羲全集》第20册,第322页。

要归功于三徐之干预，因为顾炎武已在徐乾学、熊赐履面前严正宣称，若被征修史，则自己只有像介之推、屈原一样一死而已。而孙枝蔚等无人为其周旋，不得不奉诏北行，以致其遗民身份至今饱受争议。

与三徐之交往是黄宗羲为自身生存和开展文化事业采取的重要手段，与新朝权贵交往，可免于清廷及其地方官的骚扰迫害，有困难时，亦可随时向其求助。而三徐与遗民的交往，可视作清廷对他们的怀柔，增加新政权的合法性。时间是最好的武器，随着三藩之乱的平定与台湾郑氏的归附，清廷统治不断巩固，许多遗民的反清立场逐渐弱化，并推荐其门人弟子参与科考或进入朝臣幕府，如徐乾学任《一统志》总裁，开局于洞庭东山，黄宗羲向徐乾学举荐门人裘琏参与《一统志》的撰修①。修《一统志》本身就寓意天下一统和清廷在文化上宣示统治的合法性，黄宗羲推荐弟子参与也代表了他对清廷统治合法性的认同。

黄宗羲有自己独特的遗民观，认为遗民的底线就是不出仕："故遗民者，天地之元气也。然士各有分，朝不坐，宴不与，士之分亦止于不仕而已。"②从这个角度说，黄宗羲守住了遗民的底线，他内心是认同自己遗民身份的。可是在忌讳甚深的清初，为了避祸，他尽量将自己定位为逸民。所谓遗民，不是一成不变的，遗民群体同样随着时势而动态变化，黄宗羲在顺治朝是坚决的遗民，但进入康熙朝之后，他的人格心态、价值取向，都发生了一些变化——从坚决抵抗，到默默观望，结交朝廷高官，承认清廷的统治。

在黄宗羲的国家观念中，核心问题是统治者是否能做到崇儒重道而能"保天下"。康熙帝的一些做法与"保天下"接近：平定三藩之乱后，社会

---

① 裘琏《横山文钞》卷首有徐乾学《序》："迄庚午，予给假南还，开书局洞庭，问东南佳士于梨洲黄先生，先生首屈指裘子。裘子至，则分纂《一统志》，志三楚人物，最工且速。"（清康熙雍正间刻本）

② 黄宗羲:《谢时符先生墓志铭》,《黄宗羲全集》第20册,第441页。

趋于安定；推行崇儒重道的文化政策，科举取士，吸纳重用江南士人；自己认真学习汉文化中的经史、诗赋、书法。黄宗羲对此是赞同的，从《重建先忠端公祠堂记》中称康熙为"今天子"，到《余姚县重修儒学记》称"圣天子崇儒尚文"，《周节妇传》称"圣天子无幽不烛"，这不仅仅是虚与委蛇，而是逐步认同清朝的统治了。

　　然而另一方面，我们必须看到，康熙朝首崇满洲的政策与乾纲独断的极权体制和黄宗羲《明夷待访录》强调"公议"的政治理念是格格不入的，康熙朝所谓的盛世不是黄宗羲理想中的盛世。晚年的黄宗羲对清初酷烈的思想钳制也备感压抑，然黄宗羲毕竟生活在现实之中，现实中他以"东南耆宿""当世老成"而备受三徐为代表的朝廷诸公的推崇和礼遇，天下业已太平，复明亦已无望，为黄氏后代子孙计，他必须思考黄氏家族如何在新的政治现实中确保其家族的文化精英身份。所谓"遗民不世袭"，他没有让儿子也背上遗民的包袱，无论是他托徐元文为自己的儿子黄正谊、黄百家捐监而取得了国子生的身份，并让儿子拜徐秉义为师，还是因孙子黄蜀的童子试而向徐乾学请托，这些都是他在现实中为家族利益和传承所做的努力。

　　黄宗羲目睹天下太平，然而却不是自己理想中的政体，身在草野，他无力改变朝局与政局的走向，只能致力于文化实践与文化传承，他努力保留有明一代之文献，纂修《明文海》，以备后来者评价。他临死之前用余姚的两位隐士先贤严光和虞喜自拟，虽然与自己的身份显得那么扞格不入，充满矛盾，但内心深处，他也许希望留给后人的形象就像严光与虞喜一样，是一个博雅清贞的逸民，而不是身处明清鼎革之际进退无处的遗民，毕竟他这辈子活得太过艰难，若能以"逸民"而了结此生，那身后被政治清算的风险也将大大降低。

　　总之，晚年的黄宗羲面对时局的变化，适当调整了自己的生存策略，与三徐等朝中大臣的交往更让他对新朝有了更多的了解，遗民思想亦随之发生了一些变化。他的遗民观不同于以往的伯夷、叔齐不食周粟，饿死首阳，他不再要求其子侄与门人世袭遗民身份，而是认同他们通过科举入仕新朝。黄宗羲遗民思想的这种变化，体现了清初遗民社会的整体发展倾向。自康熙十七年博学鸿儒之征，"一队夷齐下首阳"后，遗民群体在迅速分化消亡。黄宗羲、顾炎武、傅山等人为遗民群体中坚和大纛，支撑着遗民群体的存在。不过，顾、黄都发生了相应的变化，他们不排斥与新朝之臣的往来，甚至以此作为自身的护符。清初较为严酷的政治环境、个体艰难的生计和对家族生存发展的责任，使得黄宗羲逸民心态逐渐萌生，与其遗民心态互相交织。总体来说，黄宗羲终守了遗民之道，坚守了遗民气节，俨然明遗民的大纛，不过他晚年的逸民倾向亦值得我们深入研究。

（本文作者为浙江师范大学人文学院博士生）

王阳明《论语》诠释的心学特色①

唐明贵

提　要： 王阳明在《论语》诠释过程中，从时代诉求出发，对朱子《论语集注》中的某些解说提出了质疑。与此同时，他采取兼容的心态，对朱学中的合理内容诸如"体用一源""存理灭欲"等思想予以了借鉴和吸收。通过对《论语》的创造性诠释，他从中生发出了"心即理""良知说"和"知行合一"等心学思想，拓展了儒家的内圣学，建构了独具特色的心学体系。阳明《论语》学无论是在明代学术思想史还是在中国"论语学史"上都有其意义与贡献。

关键词： 王阳明　《论语》　诠释　心学

王阳明作为阳明心学的创始人，与阳明后学一道成为明代"浙学"的主流。虽然阳明"没有专门的《论语》诠释著作，但他在《传习录》及《文录》中对《论语》有许多阐释和发挥"②。这些阐释和发挥中体现了阳明学鲜明的学术特色。

---

① 本文为国家社科基金重点项目"明代《论语》学研究"（16AZX010）和国家社科基金重大项目"多卷本《宋明理学史新编》"（17ZDA013）阶段性成果之一。
② 孙宝山：《王阳明的〈论语〉诠释》，《孔子研究》2014年第1期。

一

出于科考的需要，王阳明曾"遍读考亭之书，循序格物"①，但受连续科考失利和"格竹"失败的影响，他对朱子之学产生了怀疑，《答罗整庵少宰书》："平生于朱子之说如神明蓍龟，一旦与之背驰，心诚有所未忍，故不得已而为此。'知我者，谓我心忧；不知我者，谓我何求'，盖不忍抵牾朱子者，其本心也；不得已而与之抵牾者，道固如是，不直则道不见也。"②他崇信朱学，从本心上不愿意与之相抵牾；但出于卫道的考虑，又不能不与之相左。这在《论语》诠释过程中也有体现。主要包括两个方面：

一是对《论语集注》中朱熹注释的批驳。如弟子陈桀（字国英）曾就《学而篇》"吾日三省吾身"向阳明提出了这样一个问题"曾子三省虽切，恐是未闻一贯时工夫"，他在回答时便对朱注提出了批评，指出："一贯是夫子见曾子未得用功之要，故告之，学者果能忠恕上用功，岂不是一贯！一如树之根本，贯如树之枝叶，未种根，何枝叶之可得？'体用一源'，体未立，用安从生？谓'曾子于其用处，盖已随事精察而力行之，但未知其体之一'，此恐未尽。"其中的"曾子于其用处，盖已随事精察而力行之，但未知其体之一"③，出自《论语集注·里仁篇》"参乎，吾道一以贯之"的注解，文字完全相同。在阳明看来，朱注之错就在于割裂了体和用的关系。又，《颜渊篇》"克己复礼为仁"章，朱熹注曰："仁者，本心之全德。克，胜也。己，谓身之私欲也。复，反也。礼者，天理之节文也。为仁者，所以全其心之德也。盖心之全德，莫非天理，而亦不能不坏于人欲。故为仁者必有以胜私欲而复于礼，则事皆天理，而本心之德复全于我

---

① 黄宗羲：《明儒学案》，中华书局，1985年，第181页。

② 王守仁撰，吴光等编校：《王阳明全集》，上海古籍出版社，1992年，第78页。

③ 朱熹：《四书章句集注》，中华书局，1983年，第72页。

矣。归，犹与也。又言一日克己复礼，则天下之人皆与其仁，极言其效之甚速而至大也。"①对于朱熹从"效验"角度来谈论"一日克己复礼，天下归仁"的说法，阳明也提出了自己的看法，他在回答弟子对这一问题的提问时指出："圣贤只是为己之学，重功夫不重效验。仁者以万物为体，不能一体，只是己私未忘。全得仁体，则天下皆归于吾仁，就是'八荒皆在我闼'意；天下皆与其仁，亦在其中。如在邦无怨，在家无怨，亦只是自家不怨，如'不怨天，不尤人'之意。然家邦无怨，于我亦在其中，但所重不在此。"②圣人处事之关键就在于"克己"，即克己之私欲与杂念，因此，克己就成了致良知的工夫。

二是对《论语集注》中朱熹引用他人注释的批驳。如《八佾篇》"子入太庙，每事问"下，朱注引尹焞曰："礼者，敬而已矣。虽知亦问，谨之至也，其为敬莫大于此。谓之不知礼者，岂足以知孔子哉？"③阳明认为尹氏之说有误，他说："圣人无所不知，只是知个天理；无所不能，只是能个天理。圣人本体明白，故事事知个天理所在，便去尽个天理。不是本体明后，却于天下事物都便知得，便做得来也。天下事物，如名物度数、草木鸟兽之类，不胜其烦。圣人须是本体明了，亦何缘能尽知得？但不必知的，圣人自不消求知；其所当知的，圣人自能问人。如'子入太庙，每事问'之类，先儒谓'虽知亦问，敬谨之至'，此说不可通。圣人于礼乐名物，不必尽知。然他知得一个天理，便自有许多节文度数出来。不知能问，亦即是天理节文所在。"④圣人掌握了天理，因此事事懂得天理所在，知道

---

① 朱熹:《四书章句集注》,第131—132页。
② 王守仁撰,吴光等编校:《王阳明全集》,第110页。
③ 朱熹:《四书章句集注》,第65页。
④ 王守仁撰,吴光等编校:《王阳明全集》,第97页。

按此行事。但天下事物繁多，并非知晓天理便诸事皆知，不知便问，恰恰反映了"天理节文"之所在；而非明知故问，以显得敬谨。又，对于《阳货篇》"颜渊问为邦"章，朱熹引程子解释中"孔子斟酌先王之礼，立万世常行之道"①句，阳明认为此解释没有把孔子之意解释清楚，指出："颜子具体圣人，其于为邦的大本大原都已完备。夫子平日知之已深，到此都不必言，只就制度文为上说。此等处亦不可忽略，须要是如此方尽善。又不可因自己本领是当了，便于防范上疏阔，须是要放郑声，远佞人。盖颜子是个克己向里、德上用心的人，孔子恐其外面末节或有疏略，故就他不足处帮补说。若在他人，须告以为政在人，取人以身，修身以道，修道以仁，达道九经及诚身许多工夫，方始做得，这个方是万世常行之道。不然，只去行了夏时，乘了殷辂，服了周冕，作了韶舞，天下便治得。后人但见颜子是孔门第一人，又问个'为邦'，便把做天下事看了。"②颜渊作为孔门高弟，对治国之道的大本早已洞悉，所以孔子只就典章制度作了强调，后人遂以此为治国之本；这是存在重大隐患的，换作他人，还必须在内圣外王上下功夫。

当然，有时以上两方面也出现在同一章的注释中，如《学而篇》"学而时习之"章，朱注解"学"曰："学之为言效也。人性皆善，而觉有先后，后觉者必效先觉之所为，乃可以明善而复其初也。"解"时习"时引谢氏曰："时习者，无时而不习。坐如尸，坐时习也；立如斋，立时习也。"③在阳明看来，这两个解释都是有问题的，其中"以'效'训'学'之说，凡字义之难通者，则以一字之相类而易晓者释之。若今学字之义，

---

① 朱熹：《四书章句集注》，第164页。

② 王守仁撰，吴光等编校：《王阳明全集》，第38页。

③ 朱熹：《四书章句集注》，第47页。

本自明白，不必训释"，"效字终不若学字之混成耳"①。进而还从存天理去
人欲的角度对"学"字进行了重新解读，指出："学是学去人欲，存天理。
从事于去人欲，存天理，则自正。诸先觉考诸古训，自下许多问辨思索存
省克治工夫，然不过欲去此心之人欲，存吾心之天理耳。若曰效先觉之所
为，则只说得学中一件事，亦似专求诸外了。"②学是学"存理去欲"之大
事，以"效"训"学"只是解释了学的一方面内容，且有务外舍内之嫌。
其中征引谢良佐"时习"之解也是不对的，阳明指出："'时习'者，坐
如尸，非专习坐也，坐时习此心也；'立如斋'，非专习立也，立时习此心
也。"③认为坐和立，都非单纯的动作，而是在修习本心，有工夫论的意味
在其中。

　　由上可见，王阳明对朱熹《论语集注》多有指摘，这些合乎时代特征
的诠释、疏解和阐发，既是时代的要求，也是学术发展的必然。《论语》
能够在不同的时代焕发生机与活力，能够生生不已，日新又新，就得益于
历代学者基于不同历史情境与治学进路的训释与解读。如果一味固守，而
不去求新求变，不仅《论语》不会在社会上发挥作用，自身的流传恐怕也
成问题。在此意义上，我们可以说，阳明对朱注的批驳是有价值的。

二

　　在阳明看来，自己的学说与程朱之学说既有联系又有区别："吾说与
晦庵时有不同者，为入门下手处有毫厘千里之分，不得不辩。然吾之心与

---

① 王守仁撰，吴光等编校：《王阳明全集》，第214页。

② 王守仁撰，吴光等编校：《王阳明全集》，第31—32页。

③ 王守仁撰，吴光等编校：《王阳明全集》，第32页。

晦庵之心未尝异也。"① 为此，他虽对朱注有所訾议，但实际上在许多方面仍继承与发展了程朱理学的观点。

一是阳明吸收了程朱"体用一源"的思想。程颐较早地从体用一源的视角探讨了理和象之间的关系，指出："至微者理也，至著者象也。体用一源，显微无间。"② 朱熹继承并发挥了这一思想，指出："'体用一源'者，自理而观，则理为体、象为用，而理中有象，是一源也；'显微无间'者，自象而观，则象为显、理为微，而象中有理，是无间也。"③ 理中有象，象中有理，进一步明确了体用相涵的统一关系。

王阳明在承袭程朱思想的基础上，进一步明确指出："即体而言用在体，即用而言体在用，是谓体用一源。"④ 他用这一思想解释了《子罕篇》中的"博我以文，约之以礼"句，提出了礼体文用的思想。在他看来，于礼与理而言，理为体，礼为用："夫礼也者，天理也。天命之性具于吾心，其浑然全体之中，而条理节目森然毕具，是故谓之天理。天理之条理谓之礼。"⑤ 天理为心之条理，礼是天理的具体显现。于文与礼而言，礼为体，文为用："是礼也，其发见于外，则有五常百行，酬酢变化，语默动静，升降周旋，隆杀厚薄之属；宣之于言而成章，措之于为而成行，书之于册而成训；炳然蔚然，其条理节目之繁，至于不可穷诘，是皆所谓文也。是文也者，礼之见于外者也；礼也者，文之存于中者也。文，显而可见之礼也；礼，微而难见之文也。是所谓体用一源，而显微无间者也。"⑥ 礼之发见于外且可言说者谓之文，其蕴含于内而不可言说者谓之礼，二者都是天

---

① 王守仁撰，吴光等编校：《王阳明全集》，第27页。

② 程颢、程颐：《二程集》，中华书局，1981年，第689页。

③ 朱熹撰，朱杰人等编：《朱子全书》第22册，上海古籍出版社、安徽教育出版社，2002年，第1841页。

④ 王守仁撰，吴光等编校：《王阳明全集》，第31页。

⑤ 王守仁撰，吴光等编校：《王阳明全集》，第266页。

⑥ 王守仁撰，吴光等编校：《王阳明全集》，第266页。

以条理节文而显现的妙用。在此基础上，阳明从求学的角度，剖析了博文和约礼的关系，指出约礼的功夫在于博文，而博文的目的在于约礼，约礼就是致良知。他说："是故君子之学也，于酬酢变化、语默动静之间而求尽其条理节目焉，非他也，求尽吾心之天理焉耳矣；于升降周旋、隆杀厚薄之属而求尽其条理节目焉，非他也，求尽吾心之天理焉耳矣。求尽其条理节目焉者，博文也；求尽吾心之天理焉者，约礼也。文散于事而万殊者也，故曰博；礼根于心而一本者也，故曰约。博文而非约之以礼，则其文为虚文，而后世功利辞章之学矣；约礼而非博学于文，则其礼为虚礼，而佛老空寂之学矣。是故约礼必在于博文，而博文乃所以约礼。二之而分先后焉者，是圣学之不明，而功利异端之说乱之也。"①圣学不明的原因就在于将博文与约礼"二之"，且在时间上分先后。实际上，如果博文而不约之以礼，则其文为虚文，如后世功利辞章之学；如果约礼而不博学于文，则其礼为虚礼，如佛老空寂之学。因此，二者是不可割裂的，是一体的，皆源于"吾心之天理"。如此一来，博文约礼就成了体用一源思想的具体展开。

二是承袭并发展了程朱的存理灭欲思想。程朱理学较关注理欲之说，尤其是朱熹，在他看来，天理人欲都是天赋的，二者是对立的，"人之一心，天理存则人欲亡，人欲胜则天理灭"，因此学者如能"革尽人欲，复尽天理"，便能超凡成圣②。王阳明承接了"存理灭欲"的思想，据《年谱》记载，"南畿论学，只教学者存天理，去人欲，为省察克治实功"③；"先生自南都以来，凡示学者，皆令存天理、去人欲以为本"④。因此，在他看来，学者主要是学"去人欲，存天理"。在诠释《学而篇》"学而时习之"章

---

① 王守仁撰，吴光等编校：《王阳明全集》，第266–267页。

② 黎靖德编，王星贤点校：《朱子语类》，中华书局，1986年，第225页。

③ 王守仁撰，吴光等编校：《王阳明全集》，第1237页。

④ 王守仁撰，吴光等编校：《王阳明全集》，第1279页。

时，阳明指出："学是学去人欲，存天理；从事于去人欲，存天理，则自正……自下许多问辨思索存省克治工夫；然不过欲去此心之人欲，存吾心之天理耳……人心本自说理义，如目本说色，耳本说声，唯为人欲所蔽所累，始有不说。今人欲日去，则理义日洽浃，安得不说？"①这就是说，学习的目的就是存理去欲，学习之乐就在于除去被人欲所蔽累的天理。不过，阳明所讲的天理与朱学是有所区别的，他所谓的"天理"指的是"良知"。在解读《卫灵公篇》"人无远虑"时，阳明指出："远虑不是茫茫荡荡去思虑，只是要存这天理。天理在人心，亘古亘今，无有终始。天理即是良知，千思万虑，只是要致良知。良知愈思愈精明，若不精思，漫然随事应去，良知便粗了。"②天理就是良知，思天理就是致良知，如此一来，便凸显了阳明学自身的特色。

在如何存天理的问题上，王阳明重点强调了"克己"。在他看来，"君子之学，为己之学也。为己故必克己，克己则无己。无己者，无我也"③。"克己须要扫除廓清，一毫不存方是。有一毫在，则众恶相引而来。"④在"克己"的内涵上，阳明也吸收了朱熹"克，胜也。己，谓身之私欲也"的解释，指出："人若真实切己用功不已，则于此心天理之精微日见一日，私欲之细微亦日见一日。若不用克己工夫，终日只是说话而已，天理终不自见，私欲亦终不自见。如人走路一般，走得一段，方认得一段；走到歧路处，有疑便问，问了又走，方渐能到得欲到之处。今人于已知之天理不肯存，已知之人欲不肯去，且只管愁不能尽知，只管闲讲，何益之有？且待克得自己无私可克，方愁不能尽知，亦未迟耳。"⑤天理和人欲不会自我显

---

① 王守仁撰，吴光等编校：《王阳明全集》，第31–32页。

② 王守仁撰，吴光等编校：《王阳明全集》，第110页。

③ 王守仁撰，吴光等编校：《王阳明全集》，第272页。

④ 王守仁撰，吴光等编校：《王阳明全集》，第20页。

⑤ 王守仁撰，吴光等编校：《王阳明全集》，第20页。

现和消失，因此不能空说，必须先克已知之私、存已知之天理，循序渐进，方得圆满。

由上可见，阳明学虽自立成派，但由于朱子四书学的官学地位和学术权威，他在借助孔子和儒家经典建构自己的思想体系时，不可避免地涉及程朱之学。在某种程度上可以说，正是在对以《四书章句集注》为核心的程朱理学的反思和借鉴，阳明"心学"才得以建立。无怪乎唐君毅曾明言"阳明之学，归宗近陆象山，然实由朱子之学发展而出"①。

三

阳明以为世人常说的孔孟"圣人之学"即为"心学"。他说："圣人之学，心学也。尧、舜、禹之相授受曰：'人心唯危，道心唯微，唯精唯一，允执厥中。'此心学之源也。中也者，道心之谓也；道心精一之谓仁，所谓中也。孔孟之学，唯务求仁，盖精一之传也。"②谓"人心唯危，道心唯微，唯精唯一，允执厥中"十六字是"心学之源"，孔孟之学承袭了尧、舜、禹的"精一之传"，其所传之学自然亦是心学。阳明进而讨论了"道心"和"人心"的问题，指出："道心者，率性之谓，而未杂于人。无声无臭，至微而显，诚之源也。人心，则杂于人而危矣，伪之端矣。见孺子之入井而恻隐，率性之道也；从而内交于其父母焉，要誉于乡党焉，则人心矣。饥而食，渴而饮，率性之道也；从而极滋味之美焉，恣口腹之饕焉，则人心矣。唯一者，一于道心也。唯精者，虑道心之不一，而或二之以人心也。道无不中，一于道心而不息，是谓'允执厥中'矣。一于道心，则存之无不中，而发之无不和。是故率是道心而发之于父子也无不亲；发之于君臣

---

① 唐君毅：《阳明学与朱子学》，《阳明学论文集》，台北华冈出版公司，1977年，第47页。

② 王守仁撰，吴光等编校：《王阳明全集》，第245页。

也无不义；发之于夫妇、长幼、朋友也无不别、无不序、无不信；是谓中节之和，天下之达道也。放四海而皆准，亘古今而不穷；天下之人同此心，同此性，同此达道也。"①由于"道心"在维护传统社会和谐稳定方面发挥着重要的作用，所以"舜使契为司徒而教以人伦，教之以此达道也。当是之时，人皆君子而比屋可封，盖教者唯以是教，而学者唯以是为学也"②。此学的最大特点就是注重德行修养："圣贤之学，心学也。道德以为之地，忠信以为之基，仁以为宅，义以为路，礼以为门，廉耻以为垣墙，'六经'以为户牖，'四子'以为阶梯。求之于心而无假于雕饰也，其功不亦简乎？措之于行而无所不该也，其用不亦大乎？三代之学皆此矣。"③在这里，不仅揭示了心学的入门之径，而且将"四书"和"六经"也视为了心学的载体。于是乎在《论语》诠释中，王阳明积极倡言"心学"。

一是倡言"心即理"。"心即理"是阳明学说的核心，这在其《论语》诠释中多有呈现。在解读《述而篇》"我非生而知之者，好古，敏以求之者也"时，阳明明确指出："'好古敏求'者，好古人之学而敏求此心之理耳。心即理也。学者，学此心也；求者，求此心也。孟子云：'学问之道无他，求其放心而已矣。'非若后世广记博诵古人之言词，以为好古，而汲汲然唯以求功名利达之具于其外者也。'博学审问'，前言已尽。'温故知新'，朱子亦以温故属之尊德性矣。德性岂可以外求哉？"④一方面，心就是理，学者所学、所求均是求此心、求此理。"理，一而已矣；心，一而已矣。故圣人无二教，而学者无二学。"⑤"'时习'者，坐如尸，非专习坐

---

① 王守仁撰，吴光等编校：《王阳明全集》，第256–257页。

② 王守仁撰，吴光等编校：《王阳明全集》，第257页。

③ 王守仁撰，吴光等编校：《王阳明全集》，第900页。

④ 王守仁撰，吴光等编校：《王阳明全集》，第51页。

⑤ 王守仁撰，吴光等编校：《王阳明全集》，第266页。

也，坐时习此心也；'立如斋'，非专习立也，立时习此心也。"①另一方面，德行内聚于心，不可外求。心外无理，心外无物："身之主宰便是心，心之所发便是意，意之本体便是知，意之所在便是物。如意在于事亲，即事亲便是一物；意在于事君，即事君便是一物。意在于仁民爱物，即仁民爱物便是一物；意在于视听言动，即视听言动便是一物。所以某说无心外之理，无心外之物。"②"心之体，性也，性即理也。故有孝亲之心，即有孝之理；无孝亲之心，即无孝之理矣。有忠君之心，即有忠之理；无忠君之心，即无忠之理矣。理岂外于吾心邪？"③这就是说，心是宇宙万物存在的根据，无论是孝亲、忠君，还是仁民爱物、视听言动，都源于心，都是心的外在表现形式。因此，王阳明认为，要想恢复本心之纯，就必须时时刻刻在天理上用功，使自己的行为符合礼的规范和要求。他在为弟子徐爱解释"以博文为约礼功夫"时，指出："礼字即是理字。理之发见，可见者谓之文；文之隐微，不可见者谓之理，只是一物。约礼只是要此心纯是一个天理。要此心纯是天理，须就理之发见处用功。如发见于事亲时，就在事亲上学存此天理；发见于事君时，就在事君上学存此天理；发见于处富贵贫贱时，就在处富贵贫贱上学存此天理；发见于处患难夷狄时，就在处患难夷狄上学存此天理；至于作止语默，无处不然，随他发见处，即就那上面学个存天理。这便是博学之于文，便是约礼的功夫。'博文'即是'唯精'，'约礼'即是'唯一'。"④这样一来，他便把"心""理""礼"搭挂了起来，不但在事亲、事君、处富贵贫贱、处患难夷狄、作止语默时要"学存此天理"，甚至"无处不然"，俾使己之行为合乎礼之要求，才能体认心体。

---

① 王守仁撰，吴光等编校：《王阳明全集》，第32页。

② 王守仁撰，吴光等编校：《王阳明全集》，第6页。

③ 王守仁撰，吴光等编校：《王阳明全集》，第42页。

④ 王守仁撰，吴光等编校：《王阳明全集》，第6页。

二是提倡良知说。"良知"之说源自《孟子·尽心上》"人之所不学而能者,其良能也;所不虑而知者,其良知也",主要指的是先验的是非标准和道德规范,经过王阳明的创造性改造,逐渐演变为"融本体论""工夫论""道德论"为一体的最高的哲学范畴①。

首先,"良知"是心之本体,是天理、天道。在王阳明看来,天理、心之本体、良知是等同的,他说:"夫心之本体,即天理也。天理之昭明灵觉,所谓良知也。"②"天理即是良知。"③直接把"良知"提到了本体的高度。他将"良知"视为唯一,认为"良知"之外,别无知:"良知不由见闻而有,而见闻莫非良知之用,故良知不滞于见闻,而亦不离于见闻。孔子云:'吾有知乎哉?无知也。'良知之外,别无知矣。故'致良知'是学问大头脑,是圣人教人第一义。今云专求之见闻之末,则是失却头脑,而已落在第二义矣。"④人们无须向外求知,只需向内反求诸心,向外扩充自己的良知即可,否定了求知的意义。同时,良知亦是天道,它生生日新,无一息之停:"天道之运,无一息之或停;吾心良知之运,亦无一息之或停。良知即天道,谓之'亦',则犹二之矣。知良知之运无一息之或停者,则知惜阴矣;知惜阴者,则知致其良知矣。'子在川上曰:逝者如斯夫!不舍昼夜。'此其所以学如不及,至于发愤忘食也。尧舜兢兢业业,成汤日新又新,文王纯亦不已,周公坐以待旦,惜阴之功,宁独大禹为然?"⑤强调了良知之运无一息之停。

其次,"致良知"是工夫。阳明学的"工夫论",以"致良知"为核心。在他看来,"致良知"的工夫不可间断。在回答弟子"'逝者如斯',是说

---

① 邱双成、巩万成:《王阳明"良知"思想探论》,《河北青年干部管理学院学报》2008年第1期。

② 王守仁撰,吴光等编校:《王阳明全集》,第190页。

③ 王守仁撰,吴光等编校:《王阳明全集》,第110页。

④ 王守仁撰,吴光等编校:《王阳明全集》,第71页。

⑤ 王守仁撰,吴光等编校:《王阳明全集》,第267–268页。

自家心性活泼泼地否"这一问题时，阳明指出："然。须要时时用致良知的功夫，方才活泼泼地，方才与他川水一般。若须臾间断，便与天地不相似。此是学问极至处，圣人也只如此。"①这是说，良知原本在"我"，但如果不去时时坚守，也会离"我"而去。所以要"致良知"，就必须"时时"坚持。究其原因，就在于"大抵学问工夫只要主意头脑是当，若主意头脑专以致良知为事，则凡多闻多见，莫非致良知之功。盖日用之间，见闻酬酢，虽千头万绪，莫非良知之发用流行，除却见闻酬酢，亦无良知可致矣。故只是一事"②。在致良知的途径问题上，王阳明指出，"戒慎恐惧"就是其中之一。他说："君子之戒慎恐惧，唯恐其昭明灵觉者或有所昏昧放逸，流于非僻邪妄而失其本体之正耳。戒慎恐惧之功无时或间，则天理常存，而其昭明灵觉之本体，无所亏蔽，无所牵扰，无所恐惧忧患，无所好乐忿懥，无所意必固我，无所歉馁愧怍。和融莹彻，充塞流行，动容周旋而中礼，从心所欲而不逾，斯乃所谓真洒落矣。"③常怀"戒慎恐惧"之心，则良知不会被遮蔽，人所作所为就会合乎礼的要求，从而达到"真洒落"的境界。

最后，良知是道德。在王阳明看来，良知是道德本体，这方面的论述较多，但涉及《论语》内容的较少。其中较有代表性的是关于"良知是义"的论述。在回答弟子黄勉之"'无适也，无莫也，义之与比'，事事要如此否"这一问题时，他指出："固是事事要如此，须是识得个头脑乃可。义即是良知，晓得良知是个头脑，方无执着。且如受人馈送，也有今日当受的，他日不当受的；也有今日不当受的，他日当受的。你若执着了今日当受的，便一切受去；执着了今日不当受的，便一切不受去，便是'适''莫'，便

---

① 王守仁撰，吴光等编校：《王阳明全集》，第103页。

② 王守仁撰，吴光等编校：《王阳明全集》，第71页。

③ 王守仁撰，吴光等编校：《王阳明全集》，第190页。

不是良知的本体，如何唤得做义？"① 视良知为义，为做事的依据，孔子所说的"无适也，无莫也"就是以此来衡量的。

三是提倡"知行合一"。"知行合一"是王学的核心理论要素，在《论语》诠释中也多次提及。在王阳明看来，知行是分不开的，是合二为一的。他说："知者行之始，行者知之成：圣学只一个工夫，知行不可分作两事。"②"知之真切笃实处，即是行；行之明觉精察处，即是知，知行工夫本不可离。"③ 他还结合《为政篇》中的"学而不思则罔，思而不学则殆"章，详细论述了知行合一的工夫，指出："凡谓之行者，只是着实去做这件事。若着实做学问思辩的工夫，则学问思辩亦便是行矣。学是学做这件事，问是问做这件事，思辩是思辩做这件事，则行亦便是学问思辩矣。若谓学问思辩之，然后去行，却如何悬空先去学问思辩得？行时又如何去得做学问思辩的事？行之明觉精察处，便是知；知之真切笃实处，便是行。若行而不能精察明觉，便是冥行，便是'学而不思则罔'，所以必须说个知。知而不能真切笃实，便是妄想，便是'思而不学则殆'，所以必须说个行。元来只是一个工夫。凡古人说知行，皆是就一个工夫上补偏救弊说，不似今人截然分作两件事做。"④ 这就是说，学、思原本皆是知行合一的，无论是"学而不思"，还是"思而不学"，都存在一定问题，前者需要知的指导，后者需要行的实践。之所以知行分言，究其原因就在于就一个工夫上补偏救弊。在阳明看来，知行分离主要是受私欲之影响。在回答"孔子言'知及之，仁不能守之'，知行却是两个了"这一问题时，他说："说及之已是行了，但不能常常行，已为私欲间断，便是仁不能守。"⑤ 要想知行合

---

① 王守仁撰，吴光等编校：《王阳明全集》，第102页。

② 王守仁撰，吴光等编校：《王阳明全集》，第13页。

③ 王守仁撰，吴光等编校：《王阳明全集》，第42页。

④ 王守仁撰，吴光等编校：《王阳明全集》，第208页。

⑤ 王守仁撰，吴光等编校：《王阳明全集》，第121页。

一，必须无私欲间断之心。

通过对《论语》的创造性解读，王阳明为《论语》学的发展注入了新鲜的血液，使其释放出了"心即理""良知说"和"知行合一"等新理念，进一步丰富了《论语》学的内容。

结语

王阳明在诠释《论语》过程中，从时代诉求出发，对朱子《论语集注》中的某些解说提出了质疑，其对朱注"有力的批评，为学者所认同，逐渐引起学者对经典理解的自主意识与自信，朱注逐渐失去学术上的权威优势"[①]。与此同时，他抱着兼容的心态，对朱学中的合理内容予以借鉴和吸收，并在此基础上，从《论语》中申发出了"心即理""良知说"和"知行合一"等心学思想，拓展了儒家的内圣学，建构了独具特色的心学体系。受此影响，"阳明的学说论述成为许多晚明四书学者讲论的依据与推崇、引述的哲理典范"[②]。阳明《论语》学"所带动的晚明学术的开放与创新，对活化儒家经典与儒学生命，实具有正面的意义与贡献"[③]。

（本文作者为聊城大学文学院教授）

[①] 吴伯曜:《王阳明四书学研究》,高雄师范大学博士论文,2007年,第205页。

[②] 吴伯曜:《阳明心学对晚明四书学的影响》,《湖南大学学报》2006年第2期。

[③] 吴伯曜:《王阳明四书学研究》,高雄师范大学博士论文,2007年,第205页。

清代浙人词话叙录

孙克强

提　要： 清代词学中兴，词学批评理论亦是鼎盛时期。词话乃词学批评理论的典型文体形式。清代词话创作十分繁盛，其中尤以浙人之作最夥。本文汇辑浙人词话叙录，以展示其面貌和实绩。本文所言"词话"，依据清人及词学大师唐圭璋所确立的词话文体标准，大致分为三种类型：原本独立成书的词话著作；原非专书，而由后人从各种文献中辑出的专书；散见于词选等书中的评点批语，被后人辑出成书。需要说明的是：一些词话虽然已经被证明为伪书，但从文献考辨的角度考虑，亦加以叙录；一些按照当今的学术体例不能认定为词话，但在词学史上曾被视为词话，本文亦为之叙录。

关键词： 清代　浙人　词话　叙录

窥词管见

李渔（1611—1680），初名仙侣，后改名渔，字谪凡，号笠翁，浙江金华人，生于江苏如皋。明崇祯间为金华府庠学生。入清后，无意仕进，居于金陵（今江苏南京）、杭州等地，从事著述和戏剧演出。有《闲情偶寄》《笠翁十种曲》等。

《续修四库全书总目提要·窥词管见一卷》记云：

> 《词话丛编》本，清李渔撰。渔字笠翁，精曲谱，时称李十郎，钱塘人。康熙时，流寓金陵。此为其论词之作，仅二十二则。其第八、第九、第十一、第十三至第十七诸节，皆精实不磨。论韵律之处，似通于词曲二者。然自词谱亡佚，但以守定唐宋所作矩矱，以平仄韵叶句读为主，似不必故作神奇也。第四则谓唐人〔菩萨蛮〕（牡丹滴露真珠颗）一阕，乃戏场花面之态，非绣阁丽人之容。李后主〔一斛珠〕结句"绣床斜凭娇无那。烂嚼红绒，笑向檀郎唾"，乃娼妇倚门腔，梨园献丑态也。须知唐余艳语，敢于直言，其力重大，不得妄讥其轻薄也。第七则论"红杏枝头春意闹"之"闹"字费解，言之甚辨。谓宋词雕琢不及唐五代之大则可，若谓"闹"字无意境，则未免唐突古人矣。

《窥词管见》凡二十二则，其核心观点是诗词曲文体之辨。《窥词管见》第一则即云："作词之难，难于上不似诗，下不类曲，不淄不磷，立于二者之中。"第二则亦云："诗有诗之腔调，曲有曲之腔调，诗之腔调宜古雅，曲之腔调宜近俗，词之腔调，则在雅俗相和之间。"可见其对词体特点的认识。第七则就北宋宋祁"红杏枝头春意闹"加以批评："宋子京当日以此噪名，人不呼其姓氏，意以此作尚书美号，岂由尚书二字起见耶？予谓'闹'字极粗极俗，且听不入耳，非但不可加于此句，并不当见之诗词。近日词中，争尚此字者，子京一人之流毒也。"由此论可见，李渔论词更偏重语言的雅俗感觉。

《窥词管见》最早收录于康熙初李渔自编集《一家言》。唐圭璋《词话丛编》辑入。《续修四库全书总目提要》据《词话丛编》民国刻本予以著录。《清代词话全编》（凤凰出版社，2019年版）据《笠翁一家言全集》本校录。

填词名解

毛先舒（1620—1688），字稚黄，仁和（今浙江杭州）人。西泠十子之一，诗文与毛奇龄、毛际可齐名，时人称"浙中三毛，文中三豪"。词名颇盛，因其词中有"不信我真如影瘦"（〔玉楼春〕）、"书来墨淡知伊瘦"（〔踏莎行〕）、"鹤背山腰同一瘦"（〔临江仙〕）三句，而雅号"毛三瘦"。词集有《鸳情集选》三卷。著有《填词名解》《填词图谱》等。

《四库全书总目提要·填词名解四卷》记云：

> 浙江汪启淑家藏本。国朝毛先舒撰。先舒有《声韵丛说》，已著录。掇拾古语，以牵合词调名义，始于杨慎《丹铅录》。先舒又从而衍之，附会支离，多不足据。末附先舒自度十五曲，尤为杜撰。古乐府在声不在词。唐人不得其声，故所拟古乐府，且借题抒意，不能自制调也。所作新乐府，但为五七言古诗，亦不能自制调也。其时采诗入乐者，仅五七言绝句，或律诗割取其四句。倚声制词者，初体如〔竹枝〕、〔柳枝〕之类，犹为绝句。继而〔望江南〕、〔菩萨蛮〕等曲作焉，解其声，故能制其调也。至宋而传其歌词之法，不传其歌诗之法，故〔阳关曲〕借〔小秦王〕之声歌之，〔渔父词〕借〔鹧鸪天〕之声歌之。苏轼、黄庭坚二集可覆案也。唯词为当时所盛行，故作者每自度曲，亦解其声，故能制其调耳。金元以来，南北曲行，而词律亡。作是体者，不过考证旧词，知其句法平仄，参证同调之词，知某句可长可短，某字可平可仄而已。当时宫调，已茫然不省，而乃虚凭臆见，自制新腔。无论其分析精微，断不能识。即人人习见之《白石词》，其所云〔念奴娇〕鬲指声者，今能解为何语乎？英雄欺人，此之谓也。

《填词名解》凡四卷：卷一小令，卷二中调，卷三长调，卷四补遗。

书前有《略例八则》，其一云："填词虽属小道，然宋世明堂、封禅、虞主、祔庙之文，皆用之；比于周汉雅颂、乐府，亦各一代之制也。既巨典攸存，故毋宜轻置矣。"其二云："填词缘起于六朝，显于唐，盛于宋，微于金元。自后，南曲大兴，而其调多与填词合，乃知斯道与气运相为盛衰。余之摘次是编，无但掌故攸详，抑亦可以论世。"其三云："词名从创作者，时代夐远，考悉良难。是编，广搜群籍，参伍钩稽，颇积时月，始获端绪；其无可稽者，则仍置阙如，无敢凭陵臆断，诖误观听，知者鉴之。"其四云："词有一调而数名者；亦有一名数调者；又有首调一名，余调间出他新名者；又有同此调者，差一二衬字，句法遂别创名者。凡此间有备书，颇多从略。"从中可以了解该书的宗旨和内容。《填词名解》考辨词调、词牌名称缘由和变化。卷四后附"新填词名解附"，凡十五调，如〔二十字令〕〔二十五字令〕等，皆毛先舒自度曲。

《填词名解》，《四库全书总目提要·词话存目提要》予以著录，有《词学全书》本，张璋《历代词话》（大象出版社，2002 年版）整理辑入。《清代词话全编》据《词学全书》本校录。

词辨坻

毛先舒生平见前。毛氏为清初著名的词学家，继云间派陈子龙之后提出了一系列词学主张，涉及尊体、诗词之辨、词体风格、词艺辩证法等，多有精辟之论。如其析论诗歌歌行与慢词长调的区别云："填词长调难作，不下于诗之歌行长篇。然歌行犹可使气，长调使气便非本色，高手当纯以情致见佳耳。余谓歌行如骏马蓦坡，可以一往称快，词长调如娇女步春，旁去扶持，独行芳径，徒倚而前，一步一态，一态一度。虽有强力健足，无所用之。"比喻生动且深刻。毛先舒又云："词句参差，本便旖旎，然雄放磊落，亦属伟观。成都、太仓稍胪上次，而足下持厥成言，又益增峻，遂使大江东去，竟为逋客，三迳初成，没齿长軍，揆之通方，酷未昭晰。借云词本卑格，调宜冶唱，则等是以降，更有时曲，今南北之九宫，犹多聱铎之音。况古创兹体，原无定画。何必抑彼南辕，同还北辙，抽儿女之狃衷，顿壮士之愤薄哉！"认为婉约、豪放风格皆有价值，为"雄放磊落"的豪放词作了有力的辩护。

清初各种词话、词选引述的毛先舒词话有多种，但这些词话既未见有单本传世，亦未见有书目著录。有可能这些词话作为单册并不存在，引述者将毛先舒论词之语汇集后，随机冠以词话之名。各种词籍所引述的毛先舒词话多有重复。孙克强从散见于各种词籍如《鸾情词话》《词辨坻》，又见王又华《古今词论》引、《百名家词钞》引评王晫《峡流词》和《烟柳词评》《菊庄词话》等毛先舒论词语录，汇集为一编，统名之曰《词辨坻》，以《毛先舒〈词辨坻〉汇辑》之题名发表于《词学》第十七辑。《清代词话全编》亦予收录。

填词杂说

沈谦（1620—1670），字去矜，号东江，浙江余杭（今杭州）人。西泠十子之一，著有《东江集》，诗、赋、文、词学共四十三卷。其《东江词韵》影响较大。

《续修四库全书总目提要·填词杂说一卷》记云：

《词话丛编》本。明沈谦撰。谦有《东江集钞》，前目存之。是编为论词之作，即自《东江集钞》录出者。虽仅三十一节，而颇有精诣。其言曰："词不在大小浅深，贵于移情。""白描不可近俗，修饰不得太文。""僻词作者少，宜浑脱，乃近自然。常调作者多，宜生新，斯能振动。""词要不亢不卑，不触不悖，蓦然而来，悠然而逝。立意贵新，设色贵雅，构局贵变，言情贵含蓄，如骄马弄衔而欲行，粲女窥帘而未出。""学周、柳，不得见其用情处。学苏、辛，不得见其用气处。当以离处为合。"皆填词者所当知也。评判宋贤，公允精实，论清真词，颇有独到之处。谓"秦淮海'天外一钩残月照三星'，只作晓景佳。若指为心儿谜语，不与'女边子，门里挑心'，同堕恶道乎"，不为宋人传说所惑，尤见其有识也。

《填词杂说》凡三十二则，收于《东江草堂集》中。沈谦论词注重词体内部体制的分析，析论小令、中调、长调的体制风格特点云："小令要言短意长，忌尖弱。中调要骨肉停匀，忌平板。长调要操纵自如，忌粗率。能于豪爽中着一二精致语，绵婉中着一二激厉语，尤见错综。"又评二李词云："男中李后主，女中李易安，极是当行本色。"提出了"当行本色"的新典范。唐圭璋《词话丛编》据民国刻本予以著录。《清代词话全编》据《东江草堂集》本校录。

西河词话

毛奇龄（1623—1716），原名甡，又名初晴，字大可，号秋晴，浙江萧山（今杭州）人。以郡望西河，学者称"西河先生"。明末诸生，清康熙时荐举博学鸿词科，授检讨，充明史馆纂修官。著有《西河合集》四百余卷。与毛先舒、毛际可齐名，时称"浙中三毛，文中三豪"。

《四库全书总目提要·词话二卷》记云：

浙江巡抚采进本。国朝毛奇龄撰。奇龄有《仲氏易》，已著录。据《西河合集序目》称，此书本四卷，佚其二卷，不敢赝补，故仅以半刊行。王晫《今世说》称，奇龄善诗歌、乐府、填词，所为大率托之美人香草，缠绵绮丽，按节而歌，使人凄怆，又能吹箫度曲。是奇龄填词之功，较深于诗。且本为小技，萌于唐而成于宋，亦不待援引古书，别为高论，故所说转不支离。其论沈去矜《词韵》一条，尤为精核。论辛弃疾、蒋捷为别调，亦深明源委。唯其远溯六朝，以鲍照《梅花落》亦可称词，则汉代铙歌何尝不句有长短，亦以为词之始乎？又《西厢记》相女配夫本为相度之相，今尚有此方言，而引孙复"相女不以嫁公侯，乃以嫁山谷衰老"语，以为宰相之相，则牵引附会，仍蹈结习。至所述词曲变为演剧，缕陈始末，亦极赅悉。而云宋末安定郡王赵令畤始作商调鼓子词，谱西厢传奇。考令畤即《苏轼集》所称赵德麟，实非宋末之人，亦未免少疏。然自宋以来，撰诗话者多，撰词话者较少。奇龄是编，虽不及徐釚《词苑丛谈》之采摭繁富，门目详明，然所叙论，亦足备谈资。故削其诗话，而录存是编焉。

《西河词话》收于《西河合集》，凡二卷，三十八则。《西河词话》关注当时词坛文献，载录当时词人词作的本事。又对词韵多有探讨，对清初词韵学名家沈谦、毛先舒之说提出不同意见，如云："词本无韵，故宋人不制韵，任意取押，虽与诗韵相通不远，然要是无限度者。予友沈子去矜，创为词韵，而家稚黄取刻之，虽有功于词甚明，然反失古意。假如三十韵中，唯尤是独用，若东冬、江阳、鱼虞、皆灰、支微齐、寒删先、萧肴豪、覃盐咸，则皆是通用，此虽不知词者亦晓之，何也？独用之外无嫌韵，通韵之外更无犯韵，则虽不分为独为通，而其为独为通者自了也。"《四库全书总目提要》以"《词话》"之名予以著录，唐圭璋《词话丛编》据以辑入。《清代词话全编》据《西河合集》本校录。

隐居放言词话

夏基（1623—1672），字乐只，号泊庵磊人，又号冰庵磊人，徽州人，寓居杭州。终身未仕。著有《隐居放言》《西湖览胜》等。《隐居放言》十卷，其中卷八为词话。前有《小序》云：

　　客问夏生曰："君既成诗话矣，词独无话乎？"余曰："诗话本自闻人，撰以余见，故或感时而吟，或愤时而作，或因侠妇而表其御变之能，或惩贪夫而悟以祸殃之目，或怜高才而快其投合之欢，或因高蹈而羡其歌咏之乐，或述予怀而抒其抑郁无聊之思，或雪时忿而创为诽恻讥谑之论。总之，所以警世道、觉人心也。故因其事，录其诗，因其诗，传其事，而诗话作焉。若词，则非所论矣。当今词人虽多，词话难载。非为闺闱而绘其燕私，即为闲情而寄之乐府。其意盖欲为梨园作演本，而非为大雅振衰音也。诗变为词，文愈浓，质愈薄，曲弥高，风弥下矣。余非浪史，焉录艳事？余岂乐工妄谱艳曲乎？然余所以为此者，亦唯发自己之牢骚，记生平之感遇而已。"客曰："词终不得一话乎？"余曰："词有调名，话为演本，稍增蛇足，则误矣。必若所云，是犹用生旦丑净，说白打诨，谱而为梨园杂剧。非所以振衰者，适以之资演本也。岂余之志也夫。虽然，有说焉。人之词，不可以有话；吾之词，又不可以无话。人之词，度曲取声华夺目；吾之词，按调则山水清音而已。即增之以为话也亦宜。"客曰："词话何独载西湖？"余曰："救时者，车辙在天下，今非其时也。作史者，足迹遍山川，吾非其人也。余隐人耳，幸居西湖，一丘一壑，自谓遇之，敢有他及乎？忆余在湖上，资陶泓君，耕不律田。终岁一楼，长年不出。有访余者，遇山人野衲，为方外交，作方外词，叙方外话；遇渔夫樵叟，为山水交，作山水词，叙山水话；遇骚人韵士，为唱和交，作唱和词，叙唱和话；遇明贤时贵，为邂逅交，作邂逅词，叙邂逅话；或遇才子佳人、名园古刹、画船箫鼓、刻羽引商、怪石奇泉、赋诗饮酒，则为赏心行乐交，作赏心行乐词，叙赏心行乐话，如是而已。如云悬之国门，藏之名山，余敬谢矣。"客唯唯退，辗然笑曰："又添西湖一部佳话。"

《隐居放言词话》凡四十一则，载录五十四首词的四十一则本事，如"泡影僧留宿山房书谢〔渔家傲〕""清溪徐方虎邀游苏堤遇雨饮酒家即事〔虞美人〕〔系裙腰〕"等。小题乃原书所有，唯第十七则小题缺失，辑者据词话内容增补为"答友人长聋子〔风中柳〕"。王兆鹏曾将《隐居放言》之词话整理为《稀见清人夏基〈词话〉辑录》发表于《词学》第十八辑（2007年版）。《清代词话全编》据《清词珍本丛刊》本《隐居放言》校录。

浮玉词初集辑评

叶光耀，字斗文，号在园，浙江新城（今杭州）人。生活于清顺治、康熙年间，邵远平评叶光耀〔一剪梅〕《灯夜》词称其"年未龆龀，早有潘江陆海之誉，间为长短句，藻思绮语，珠玑错落"。举明经，年三十九选为博士，授吴兴训导。李渔赠其联语《叶斗文广文》云："年十五而为人师，当时仅见文中子；岁三九而选博士，今朝复睹汉终军。"《浮玉词初集》是叶氏在吴兴任上所著。除此书外，叶氏还曾为张以恒《客越近咏》题辞。

《浮玉词初集》共三卷，上卷为小令，中卷为中调，下卷为长调。该集的编纂经过六位著名词人之手，共收词一百六十二首，每首后都加以评点，且评点者多达一百五十七人。这些评点者大多是引领清初词坛的著名词家，如徐士俊、顾贞观、王迈人、丁澎、毛先舒等，还有不少文学和学术名家，如仇兆鳌、洪昇等。例如〔江南春〕《波中月》（云破影）附"毛驰黄前辈（先舒）曰：一片空明，有画火描风笔力"。〔忆秦娥〕《闺怨》（西风冽）附"顾梁汾先生（贞观）曰：此时此夜难为情"。

胡可先据浙江图书馆藏《浮玉词初集》加以辑录，该集前原有李天馥、丁澎、冯遵祖、徐士俊、丁漇、吴启思六人所作《浮玉词初集序》附录于辑评之后。《清代词话全编》据以收录。

古今词论

王又华，字静斋，号逸庵，钱塘（今浙江杭州）人。所著《古今词论》为辑录类词话，《四库全书总目提要·古今词论一卷》记云：

> 浙江汪启淑家藏本。国朝王又华撰。又华字静斋，钱塘人。是编杂录论词之语，虽以古今词论为名，而古人仅十之一，近人乃十之九。

《古今词话》收录了宋至清二十六人的词论。分别为：宋人杨守斋、张玉田；明人王元美、杨升庵、徐天池、陈眉公、张世文、徐伯鲁、沈天羽、俞仲茅；明末清初人刘公㦰、贺黄公、卓珂月、顾宋梅、彭骏孙、董文友、邹程村、王阮亭、沈去矜、张祖望、李东琪、张砥中、李笠翁、毛稚黄、仲雪亭、查香山。大部分内容见于传世词话，如张炎《词源》、杨慎《词品》、王士禛《花草蒙拾》等。一些内容赖此书得以保存，如张祖望、李东琪、仲雪亭、查香山等人的词话。如"李东琪曰：小令叙事须简净，再着一二景物语，便觉笔有余闲。中调须骨肉停匀，语有尽而意无穷。长调切忌过于铺叙，其对仗处，须十分警策，方能动人。设色既穷，忽转出别境，方不窘于边幅。诗庄词媚，其体元别。然不得因媚辄写入淫亵一路。媚中仍存庄意，风雅庶几不坠"，"诗庄词媚"被后世广泛引用。

《古今词论》有《词学全书》本，唐圭璋《词话丛编》辑入。《清代词话全编》据《词学全书》本校录。

金粟词话

彭孙遹（1631—1700），字骏孙，号羡门，又号金粟山人，浙江海盐人。清顺治十六年进士，康熙十八年举博学鸿词科第一，授编修。与王士祯齐名，时号"彭王"。著有《南往集》《延露词》。

《续修四库全书总目提要·金粟词话一卷》记云：

> 《赐砚堂丛书》本。清彭孙遹撰。孙遹所著《词统源流》及《词藻》，皆辑录前人或友朋论词之作。此全以己见裁断者，章节不多，颇为平允。谓"词以自然为宗，但自然不从追琢中来，便率易无味"，又谓"词虽小道，然非多读书则不能工"，并不得以为常言而少之也。屯田大而清真深，孙遹虽未能知，然其尊重柳、周之词，颇有见地。唯"词家每以秦七、黄九并称"一节，《词藻》引为徐电发之言，此处复出，未著为徐氏之说，盖偶未检点也。

《金粟词话》凡十八则。论词颇有新见，如论南宋词的价值："南宋词人，如白石、梅溪、竹屋、梦窗、竹山诸家之中，当以史邦卿为第一。昔人称其分镳清真，平睨方回，纷纷三变行辈，不足比数，非虚言也。"论长调的特点："长调之难于小调者，难于语气贯串，不冗不复，徘徊宛转，自然成文。今人作词，中小调独多，长调寥寥不概见，当由兴寄所成，非专诣耳。唯龚中丞芊绵温丽，无美不臻，直夺宋人之席。熊侍郎之清绮，吴祭酒之高旷，曹学士之恬雅，皆卓然名家，照耀一代，长调之妙，斯叹观止矣。"明至清初云间词派黜斥南宋，偏好小令，《金粟词话》此论颇有开拓价值。

况周颐、王文濡《词话丛钞》收录，唐圭璋《词话丛编》由《别下斋丛书》转录。《清代词话全编》据别下斋校本校录。

浣雪词话

吴陈琰，字宝崖，一字芊町，浙江杭州人。著有《春秋三传同异考》

等。毛际可（1633—1708），字会侯，号鹤舫，浙江遂安人。著有《会侯文钞》《春秋三传考异》《松皋文集》《松皋诗选》等。尝充《浙江通志》总裁。有《浣雪词钞》二卷。《浣雪词话》乃吴陈琰专论毛际可《浣雪词话》之词话辑录，凡八则。附于毛际可《浣雪词钞》卷首，国家图书馆藏。吴陈琰对毛际可的词总体评价云："今人作词有二病：言情之作，徒学涪翁、屯田之俚鄙，去清真、淮海之蕴藉远矣；感兴之作，徒学改之、竹山之顽艳，去稼轩、放翁之沈雄跌宕远矣。《浣雪词》独免此两失，撮有众长。"又云："先生长调当是稼轩一流，虽不复作诗，而名自不减。"《清代词话全编》据以校录。

兰思词评

王晫（1636—1698后），原名棐，字丹麓，一字木庵，号松溪子，自称松溪主人，仁和（今浙江杭州）人。著有《霞举堂集》《今世说》《遂生集》《杂著十种》等，词有《峡流词》（一名《墙东草堂词》）三卷。沈丰垣，生卒年不详，字通声，一作骏声，号柳亭，浙江钱塘（今杭州）人。诸生。有《兰思词》二卷。

《兰思词评》乃王晫专评沈丰垣《兰思词》之词话，共三则。如肯定《兰思词》"爽直至真，亦是一派""柳亭善作昵语，以质见佳"。《清代词话全编》据《霞举堂集》卷十校录。

吴山草堂词话

王晫生平见前。吴仪一（1647—?），字璷符，又字舒凫，号吴山，钱塘（今浙江杭州）人。有《吴山草堂词》十七卷。

《吴山草堂词话》乃王晫专评吴仪一《吴山草堂词》之词话，共六则，称赞《吴山草堂词》"填词家浅者既伤径尽，深者又苦暗涩。读吴山词，如泛溪窈窕，陟岭萦纡，于莽苍杳折间，时露云霞异采，迥非凡境。"也透露出陈维崧夸赞吴词之轶事："陈检讨迦陵，剧爱吴山词，称为天下第一手。舒凫尝集数十阕，伪题李小山词，令他客邮示迦陵。迦陵评云：'感激沉雄，飞扬跋扈，非宗周亡国之大夫，则秦川无家之公子也。'我心知捉刀人矣。天壤间岂真有所谓李氏子者某耶？舒凫诳我。遂往寻舒凫，值长安市上，径入酒家，命吴满斟大白，陈自取洞箫吹之，教小奚奴歌渭水无声流月去，照见汉家陵树之词。其相欢狎如此。"《清代词话全编》据《霞举堂集》卷十校录。

东白堂词论

张星耀，生卒年不详，原名台柱，更名星耀，字砥中，钱塘（今浙江杭州）人。著有《洗铅词》三卷。

《东白堂词论》亦称《词论》，共十三则。论词体"体裁""论句""下字""对起""押韵""前后两结""重句"等；论词体风格云："词有四种：曰风流蕴藉，曰绵婉真致，曰高凉雄爽，曰自然流畅。"并评点当代词坛名家云："昭代词人之盛，不特凌铄元、明，直可并肩唐、宋。如香严之雄赡，棠村之韶令，容斋之新秀，衍波之大雅，延露之俊逸，丽农之宏富，东江之绵缈，弹指之幽艳，乌丝之悲壮，艺香之秾鲜，玉凫之清润，兰思之直致，玉雉之周密。余如秋岳、锡鬯、容若、云士、舒凫、夏珠、昉思诸公，未窥全豹，微露一斑。而《二乡》《远山》《云涌》《扶荔》《鸾情》《南溪》《炊闻》《百末》《含影》《支机》《蓉渡》《锦瑟》《柳村》《遏云》《当楼》《青城》《蝶庵》《秋水》《峡流》《吹香》《椒峰》《萝梦村》《菊庄》《移春》《山晓》《梨庄》《红蕉》《柯亭》诸集，可谓家操和璧，人握隋珠，一时群聚噫盛矣！"

《东白堂词论》原附于《东白堂词选初集》。《东白堂词选初集》有清康熙十七年刻本，张璋编《历代词话》（大象出版社，2002年版）收录，《清代词话全编》据《四库全书存目丛书》影印本校录。

兰皋明词汇选汇评

顾景芳，字宋梅，号铁崖。李葵生，字西雯，号达庵。胡应宸，字殿陈。三人并称为"兰皋主人"，俱为浙江嘉兴人，生平事迹及生卒年均不详。

《兰皋明词汇选》八卷由顾景芳、李葵生、胡应宸评选，乃明词选专集，成书于康熙元年（1662）壬寅。书前有顾景芳、李葵生、胡应宸三序和许隐序，及《例言十三则》，附有顾、李、胡三人的评语。《例言》先言明编纂宗旨："是集专揽一朝，必其人之生平履历确系明人，始登是选。凡卒于明而勋业炳在前编，或产于明而功名犹俟异日者，概不敢入。匪曰拘隅，亦以别代云尔。"后论及校订原则："词以谐声为尚，徽音悦耳，雅俗所同。苟其清浊之弗调，无宁鲁鱼之莫辨，兹集并为刊误，良有苦心。若夫字句之有衬入，宫调之有异同，体制之有分殊，调名之有缘起，昔人论之已详，兹不复赘。"又论评词原则："先辈评词自升庵而下，佳者固多，第户自为言，人自为律，以兹例彼，岂曰从同，矧数见不鲜，未免说铃之诮。兹集不敢备登，聊抒管见，盖不憾古人不见我，但不欲以我溷古人，若谓成一家书，则我辈夫何敢。"《兰皋明词汇选》卷一至卷三为小令，卷四、卷五为中调，卷六至卷八为长调。

《清代词话全编》辑录为《兰皋明词汇选汇评》。《清代词话全编》据王兆鹏校点《兰皋明词汇选》（辽宁教育出版社，1998年版）本校录。

兰思词评

洪昇（1664—1704），字昉思，号稗畦，又作稗村，别署南屏樵者，钱塘（今浙江杭州）人。作传奇《长生殿》。有《昉思词》，不传。沈丰垣生平见前。

《兰思词评》乃洪昇专评沈丰垣《兰思词》，共七则，称赞沈词"天然情语，不假雕镂"，"语浅而意深，词淡而味永"，尤其对"警策"之句赞赏有加：“尝举沈遹声词‘一床夜月吹羌笛’，‘草白烟青何处，画楼吹笛’，‘闭着窗儿灯自剔，不怕高楼吹笛’，谓可称‘沈三笛’。”

《兰思词评》载于《洪昇集·集外集》。《清代词话全编》据《洪昇集》（浙江古籍出版社，1992年版）校录。

屏山词话

许田（1653—？），字莘野，一字仲佃，号晶父，钱塘（今浙江杭州）人。清康熙四十二年进士。著有《水痕词》《屏山春梦词》。

《屏山词话》附于《屏山春梦词》卷首，凡九则。以论析唐宋词人为主，涉及柳永、秦观、黄庭坚、周邦彦及南宋诸家，如云：“秦七黄九，词家并称。淮海奇丽婉约，与耆卿争轨。若山谷率皆俚语，全无意味，岂当日重名之下，无人敢纠谬耶？如云别有所取，则吾不敢知。”亦论及清人词：“陈其年集，人徒称其骈体最工，余谓当以迦陵词为第一。具有苏、辛、周、柳胜场，是渠一生精神所贯注，非泛泛裁红剪翠伎俩，当与《香严词》并传。适同司马靳雁堂论近词及此，颇以余言为允。”

《屏山春梦词》二卷，清刻本，原为上湖草堂藏，今藏于浙江图书馆。《清代词话全编》据以校录。

百名家词钞

聂先，生卒年不详，字晋人，四川泸州人。曾王孙（1624—1699），字道扶，浙江嘉兴人；此二人生平不详。《百名家词钞》又名《名家词钞》《国朝名家词钞》。是书乃清初词总集，聂先、曾王孙编选，采录清顺治、康熙二朝词人别集一百七家，如吴伟业、龚鼎孳、曹溶、梁清标等，皆为清初名家。评词者中亦颇有名家，如王士禛、邹祗谟、吴绮、尤侗等，其中聂先评语最多。《名家词钞》所收评语颇有极具文献价值者，如陈素庵（之遴）评曹溶词云："秋岳才大如斗，体苞众妙，当世罕俦。独于诗余，间或商之于余。余应之曰：选义按部，考词就班，此际填词之金科玉律也。公乃日夕揣摩，不屑屑于南唐北宋，而自出机杼，独立营垒，建大将旗鼓，而出井陉，望之者皆旗靡辙乱。余亦将退避三舍，愿奉盘匜以从事矣。词名《寓言》，其亦窃庄生之十九乎？"曹溶开浙西词派先河，对朱彝尊影响颇深。浙西派以推崇南宋词为旗帜，朱彝尊倡导最力。陈之遴此语表明曹溶已有开拓之思。《名家词钞》有清康熙二十三年绿荫堂刻本。《百名家词话》由《百名家词钞》中所附词人评语辑录出，题名乃辑者所定。《清代词话全编》据《百名家词钞》初集、甲集本校录。

词综偶评

许昂霄，字诵蔚，号嵩庐，海宁（今浙江嘉兴）人。清雍正、乾隆年间在世。著有《晴雪雅词》《词综偶评》《词韵考略》等。《晴雪雅词》无名氏题词称许昂霄"乾隆五十年岁贡生"，疑有误。

许昂霄曾点评朱彝尊《词综》，许之门人张载华辑录为《词综偶评》。《续修四库全书总目提要·词综偶评一卷》记云：

> 《词话丛编》本。清许昂霄撰。昂霄有《晴雪雅词》，已著录。是编乃昂霄评阅《词综》，而为门人张载华所辑出者。其实各首评注，亦见《晴雪雅词》，不过此编仅列调题，《雅词》则录全词。又《雅词》流行不广，此则易见耳。自来注诗者多，注词者少。昂霄评语，虽无独到之处，而喜分段落，令人易于启发。又时注典故，亦大有裨益于初学也。

《词综偶评》分为唐词、五代十国词、金词、元词。后又有补遗、补录、补人、补词等内容，可见全书有不断增补的过程。

《词综偶评》附于《查初白庵诗评》后刊行，唐圭璋据以收入《词话丛编》。《续修四库全书总目提要》据《词话丛编》民国刻本予以著录。《清代词话全编》亦据以校录。

晴雪雅词偶评

许昂霄，生平见前。《晴雪雅词偶评》，许昂霄评，许氏弟子张宗橚附有按语。前有张柯《序》云："花溪许蒿庐先生馆涉园者十余年，先兄思岩受业焉，诗古文外兼及填词。先生乃就插架所有者，分类标举，荟萃成帙，自唐宋迄金元，选词若干首，名《晴雪雅词》。意不过为初学津逮，然评骘精当，选择简严。思岩兄间附按语，诠次而甄录之，所谓珙璧夜光，洵可宝也。窃唯文章著述，非雅弗尚。史迁以为'文不雅驯，荐绅先生难言'。又曰：'择其言尤雅者。'是知兰苕翡翠，碧海鲸鱼，体制各殊，一归于雅，而《乐府指迷》为尤要。昌黎诗云：'绮语洗晴雪。'盖言情之作，每涉于纤，则易流于秽。亵语嫚词，法秀道人所指为'堕犁舌地狱'者，概无取焉。然则以隽永之思，发缠绵之致，巧不伤纤，艳不失秽，洗尽俗谛，赓同白雪，无蹈绮语之戒，此则倚声家所宜奉为圭臬者矣。从孙嘉谷刊《词林纪事》竣，复有是刻，于以鼓吟风雅。庶几词旨源流，瓣香有自；而师傅家学，亦并不致泯灭也。余故乐为之序。乾隆四十六年上巳日，东谷张柯书于涉园之玉玲珑馆。"及无名氏《题记》："许昂霄，字诵蔚，号蒿庐。乾隆五十年岁贡生。自幼颖悟，博览群书，同里马寒中器重之。海盐张氏慕其名，延之涉园，训其二子宗橚、载华。涉园故多藏书，昂霄手批其传讹，校正其陶阴。架有查初白批本，昂霄释疑补阙，多有初白所未及，人益服其淹贯。所笺注李长吉、义山两家诗，手评《词综》、陈检讨四六。凡张氏所藏，一经丹黄，读者如披云雾，得未品有如张氏《带经堂诗话》，皆其所编辑也。高才不遇，没后其名益著，学者称蒿庐先生。"《晴雪雅词》与《词综偶评》大同小异，《续修四库全书总目提要》指出："其实各首评注，亦见《晴雪雅词》，不过此编仅列调题，《雅词》则录全词。"刘尚荣云："可以补正《词综偶评》的某些疏漏与讹误，实有独立保存之价值。"

　　《晴雪雅词》四卷，原分赋志、赋情、赋物、杂体四类，共收词二百三十九调，凡四百六十阕。由许昂霄选批，张宗橚校录。《晴雪雅词》中之评语由李保阳、刘尚荣辑录。收入葛渭君《词话丛编补编》（中华书局2013年版）。《清代词话全编》据以收录。

山中白云词偶评

　　许昂霄生平见前。《山中白云词偶评》，许昂霄手评，是对南宋末年词人张炎词集《山中白云词》的点评。评语颇有精到者，如评〔南浦〕（波暖绿粼粼）云："亦空阔，亦微妙，非玉田先生不能。"评〔高阳台〕（接叶巢莺）"淡淡写来，泠泠自转，此境不大易到。"《山中白云词偶评》收入葛渭君《词话丛编补编》。《清代词话全编》据以收录。

樊榭山房集词话

　　厉鹗（1692—1752），字太鸿，号樊榭，钱塘（今浙江杭州）人。清康熙五十九年举人。著有《樊榭山房集》等。

　　厉鹗为清代中期浙西词派的领袖。然厉鹗没有词话专著，其词学批评主要表现在他的《论词绝句十二首》和词集序跋。厉鹗的《论词绝句十二首》明确了继承朱彝尊开创的浙派的思想，其云："寂寞湖山尔许时，近来传唱六家词。偶然燕语人无语，心折小长芦钓师。"还表达了重视词律的思想："去上双声子细论，荆溪万树得专门。欲呼南渡诸公起，韵本重雕菉斐轩。"厉鹗的词集序跋乃其词学思想的重要组成部分，如《张今涪红螺词序》以绘画之南北宗与词之南北宗相比较："尝以词譬之画：画家以南宗胜北宗。稼轩、后村诸人，词之北宗也；清真白石诸人，词之南宗也。"推崇格律清雅词派的主张十分鲜明。厉鹗对浙派的词学主张有所扬弃，《半缘词跋》云："长短句权舆于唐，盛于北宋，至南渡而极工。当日江湖诸人，自刘后村梅花公案后，改业为之，盖并五七言之精力，专攻于此，宜其空前绝后，为不可及也。向来作者以秦、黄为法，自竹垞翁标举南渡，为此中别开户牖，或剽拟太过，尚雕缋而乏自然，遂成涩体。东海查君七伦《半缘词》，以澹雅为宗，稍加粉泽，弥觉韵格之胜，可谓善学南渡者。使竹垞翁复起，必曰浙西六家一派，近又在横涨桥边矣。"对浙派的追随者"剽拟太过，尚雕缋而乏自然，遂成涩体"的弊端提出了批评。

《清代词话全编》对厉鹗的词论加以辑录，题为《樊榭山房集词话》，以补缺失。

榕巢词话

查礼（1715—1783），原名为礼，一作学礼，字鲁存，又字恂叔，号俭堂，浙江海宁人，寄籍顺天宛平（今北京）。著有《铜鼓书堂词话》《榕巢词话》。《榕巢词话》为抄本，收于查礼《查恂叔集》（共七册）之第五册，国家图书馆藏。《榕巢词话》凡三卷，卷一为十四则，论析词体体裁风格特点。如论词体体裁云："南渡之后，则由康伯可、李汉老、张安国、陆务观、辛幼安、姜尧章、史邦卿、卢申之、张宗瑞、周公谨、方千里、吴君特、张叔夏、洪叔玙、黄叔旸，咸精于审音，工于按律，因旧曲造新声，于是乐章大备，四声二十八调多至千余曲，有引，有令，有歌，有曲，有辞，有谣，有行，有吟，有乐，有调，有序，有操，有遍，有犯，有近，有慢，有减字，有偷声，有摊破，有摘遍，有捉拍，有近拍，有四犯，有八犯，有中腔，有八声，有叠韵，有转韵，有歌头。"又如论词体风格云："词贵雅丽恶绮靡，贵艳冶恶秽亵，贵高迈恶俚鄙，贵悲壮恶粗豪，贵委婉恶隐晦，贵醒快恶显露，贵幽峭恶纤巧，贵清新恶生硬。"卷二为五十则，卷三为十一则，多记述清代名家词本事，如龚鼎孳、吴伟业、秦松龄、王士禛、彭孙遹、沈进、曹溶等。如记载浙西六家之一的李良年〔贺新郎〕词本事："李武曾（良年）诗最清峭，词尤秀洁，久客黄竹，竹垞作〔贺新郎〕寄之，李依韵答之云：'尚忆青门醉。正秋千、翠裙入望，帝城桃李。君向扬州吾湘汉，身与沙鸥无际。感此日、琼枝先寄。别后眠餐应似昔，奈浮云、聚散伤同辈。缄未坼，杂悲喜。　　频年泪滴芳兰悴。况天涯、岁华易改，锦韡俱敝。退谷僧坊留题处，旧事凄凉何已。若天意、定怜才子。潘耒查容无恙在，伴竹垞、老去同烟水。楚江柳，又青矣。'情词婉丽，可谓去尘眼中者矣。"有述有评。

孙克强曾将整理点校之《榕巢词话》刊载于《中国诗学》第21辑（人民文学出版社，2016年版）。《清代词话全编》据以收录。

铜鼓书堂词话

查礼生平见前。《续修四库全书总目提要·铜鼓书堂词话一卷》记云：

《屏庐丛刻》本。清查礼撰。礼有《画梅题记》，已著录。此书仅十余节，多考论南宋之词，间亦及于本朝，盖礼宗姜、张、周、王之词者，故颇留意于南宋词人也。考西泠之盛，与当时词人所言正合。又详述楼叔茂、孙花翁、施梅川、萧则阳诸人之词及事迹，并足以资考证。其论文丞相〔沁园春〕词云："虽辞藻未免粗豪，然忠臣孝子之作，只可以气概论，未可以字句求。"亦明确之论也。（孙人和）

《铜鼓书堂词话》凡十五则，以析论宋代词人词作为主，如吴梦窗〔高阳台〕、周弁阳〔曲游春〕、萧泰来〔霜天晓角〕（咏梅）、文天祥〔沁园春〕。《铜鼓书堂词话》论诗词之辨颇有心得，其云："情有文不能达，诗不能道者，而独于长短句中，可以委宛形容之。"又云："词不同乎诗而后佳，然词不离乎诗方能雅。"

《铜鼓书堂词话》收于《铜鼓书屋遗稿》（三十卷）中，有乾隆间查淳刻本，又收入《屏庐丛刻》。《续修四库全书总目提要》据《屏庐丛刻》本予以著录。唐圭璋《词话丛编》据《铜鼓书屋遗稿》收录。《清代词话全编》据以校录。

词林纪事

张宗橚（1705—1775），字泳川，号思岩，又号藕村，浙江海盐人。从许昂霄习词学。著有《藕村词存》《词林纪事》。

《词林纪事》二十二卷，辑录唐、宋、金、元纪事词话，书中多引其师许昂霄之论，间附编者张宗橚的按语。如晏殊〔浣溪沙〕（一曲新词酒一杯）后附：

> 橚按：元献尚有《示张寺丞王校勘》七律一首，"上巳清明假未开，小院幽径独徘徊。春寒不定斑斑雨，宿醉难禁滟滟杯。无可奈何花落去，似曾相识燕归来。游梁赋客多风味，莫惜青钱万选才"。中三句与此词同，只易一字。细玩"无可奈何"一联，情致缠绵，音调谐婉，的是倚声家语。若作七律，未免软弱矣。并录于此，以谂知言之君子。

其中涉及诗词之辨，颇为精辟。

《词林纪事》有清乾隆刻本、道光十五年重刻本。1957年古典文学出版社用涉园张氏刻本校订重印。1982年成都古籍书店复印。《清代词话全编》据以校录。

莲子居词话

吴衡照（1771—1831），字夏治，号子律，浙江海宁人，仁和籍。清嘉庆十六年进士。著有《辛卯生诗》四卷。

《莲子居词话》四卷，有清嘉庆刻本、《古今说部丛书》本。前有许宗彦《序》云："文章体制，唯词溯至李唐而止，似为不古。然自周乐亡，一易而为汉之乐章，再易而为魏晋之歌行，三易而为唐之长短句。要皆随音律递变，而作者本旨，无不滥觞楚骚，导源风雅，其趣一也。故览一篇之词，而品之纯驳，学之浅深，如或贡之。命意幽远，用情温厚，上也。辞旨儇薄，冶荡而忘反，醨其性命之理，则大雅君子弗为也。王少寇述庵先生尝言：北宋多北风雨雪之感，南宋多黍离麦秀之悲，所以为高。亡友阳湖张编修皋文为《词选》，亦深明此意。海昌吴君子律以名进士里居著述，辑《莲子居词话》四卷，于前哲及近人论次略备，持论尤雅。间有考订古韵，辨证轶事，无不精审详当。学者之津梁，谭者之园囿也。少寇昔撰续《词综》，于海内词家，收采靡遗。吾郡陈君銮《本事词》，道古宏富。子律此书，则兼而有之矣。余素稔子律博雅名，今观其书益信。嘉庆二十三年春正月德清许宗彦序。"屠倬《序》云："诗莫盛于唐，唐人不作诗话。词莫盛于宋，宋人不作词话。其有论词者，类皆附见诗话中，不别自为书，唯周草窗《浩然斋雅谈》末有词话一卷。国朝毛西河、徐虹亭外，传者亦复寥寥。自李唐迄今，以词名世，不下数百家，而词话独少，非艺林之缺事欤？吾友吴君子律深于词，撰《词话》四卷，其中有校正《词律》讹缺之处，有考订词韵分并之处，有评定词家优劣之处，有折衷古今论词异同之处。至于博征明辨，搜罗散佚，信足为词苑有功之书。间有遗闻轶事，偶记一二，不必尽有关乎词，要其所列皆词人也。此亦《温公诗话》载梅尧臣一条之例。读既竟，知子律于此事用力勤矣。吾浙之妙解音律者，向推君家西林先生。闻其手制数十埙吹之，皆不得声，末取吴山顶上土为之，乃始合律。其专且精如是。今子律分刌节度，咀嚼宫商，知其渊源不为无所自也。嘉庆二十三年戊寅秋钱唐屠倬序。"

《续修四库全书总目提要·莲子居词话四卷》记云：

> 道光壬辰汪氏振绮堂刊本。清吴衡照撰。衡照字夏治，号子律，海宁人。嘉庆进士，官金华教授。是编为论词之作，或评词家之得失，或详版本之源流，或考词人之事实，或论词律之精粗，或论词中之方言，或摘词中之美句。体例丛杂，不滞一端。虽无精深之处，然大体允当。唯既以太白之词为可疑，又谓太白之词如汉魏之诗，是矛盾之说也。万氏《词律》，不取明清之词。盖词谱亡佚，明清词人师心自用，不足以为轨范。此正万氏精审之处，而衡照反讥之，是未知词律之源流也。衡照又谓"苏之大，张之秀，柳之艳，秦之韵，周之圆融，南宋诸老，何以尚兹"云云。尊柳是其特识，而以"艳"字称之，尚未能谓为真知柳也。苏大、张秀、秦韵及周之圆融，亦皆不确。盖是书立论不偏，搜材尚博，是其所长。而识力有限，议论时乖，是其所短。然终胜于王士禛、贺裳诸人之书也。

《莲子居词话》，唐圭璋《词话丛编》曾收入。《清代词话全编》据以校录。

国朝词综偶评

汪世隽（1754—？），字秋坪，号秉庵，钱塘（今浙江杭州）人。著有《咏秋分类诗》《西湖棹歌》《凭隐诗余》《国朝词综偶评》等。

《国朝词综偶评》三卷，选评词作一百八十二首。其选源为王昶《国朝词综》和《国朝词综二集》，评点形式仿效许昂霄《词综偶评》。前有小序云："词本古音，原于乐府。齐梁以上，久著《白鸠》《黄督》之篇；汉魏而还，盛称《子夜》《莫愁》之曲。艳体传于北里，周、秦唯绮丽为工；雅调昉于南朝，姜、史以清超擅胜。人能习诵，家有其书。王少司寇述庵甫，两朝宗哲，三柳名家。素耽卷轴之奇，来主湖山之教。谐声协律，搜罗而人各数篇；刻羽引商，汇萃而书成千帙。黄扉上相，金马时贤。骚人逸客之俦，思妇劳臣之什。可谓侈宏收于珊网，允推藏积富于瑶编者矣。然而选者辄虞其隘，读之恒苦其繁。湘轴虚悬，牙签未触。又况搓酥滴粉，幽情偏泥于香奁；怨鸟吟花，逸思空劳于时序。恐关河之难越，每怅望于邮亭；乐衡泌之栖迟，独凝思于曲浦。拈来犀管，孰诩知音。劈得蛮笺，畴称博揽。某素学乌丝之格，爱题黄绢之辞。捧读斯编，谬加指阅。择言尤雅，效济南摘句以成图；取义无多，仿查氏偶评而点墨。集则厘为两卷，数不溢于百家。方之枫落吴江之词组堪传，拟以雪浮终南之两联足诵。倘唱阳关三叠，不妨减韵于临风；或歌河满一声，亦可移情于抚卷。从此悬之市上，不敢薄旗亭画壁之声；若教完向集中，仍可窥玉笈芸编之秘。钱塘汪世隽秋坪氏。"

张海涛以清道光元年刻《丙庵诗词四种合编》本《国朝词综偶评》为底本，参校以《国朝词综》《国朝词综二集》汇编评语而成。另对选评诸词在上述二书中的卷数予以注明，以备读者核查。《清代词话全编》据以收录。

柳烟词评

郑景会，字慕韩，浙江慈溪人，客居钱塘（今浙江杭州）。康熙间诸生，工诗词，有《柳烟词》四卷传世，计二百四首，集后附刊《词评》一卷。其妻俞浚，字安平，仁和临平（今浙江杭州）人，亦工小词，夫妻唱和甚得。

《柳烟词评》乃汇录诸家论郑景会《柳烟词》的词话，凡五十三则，评论者有：徐野君、王丹麓、丁勖按、陆荩思、吴庆百、丁素涵、毛稚

黄、徐武令、王尊行、徐大文、张景龙、潘夏珠、沈弘宣、祝南誉、唐子
翼、钱右玉、徐紫凝、沈方舟、蒋波澄、丁弋云、蒋大鸿、卓有枚、毛大
千、卓方水、佟梅岑、俞梦符、项韦庵、俞璈伯、沈遹声、易十庵、沈其
构、林鹿庵、于畏之、曾青藜、费能千、吴右廉、张非珉、郑玉书、俞楚
材、王唐友、诸虎男、吴舒凫、王仲昭、谭惺园、冯山公、洪昉思、唐苍
苏、吴宝崖、李申及、陶大吕、周敷文、张具区，皆为当时词坛名家。郑
景会《柳烟词》后附，有清红萼轩刻本，国家图书馆藏。

词藻

《词藻》四卷，署名彭孙遹，有《学海类编》本。实为伪书。《续修四
库全书总目提要·词藻四卷》记云：

> 《学海类编》本。清彭孙遹撰。孙遹有《羡门集》，已著录。此乃
> 辑录书中论词之作，以及当时友朋之言。其自述曰"余于词学，颇有
> 领会。因为搜讨名人绪论，以己见参之，所谓'蛾眉不同貌而俱动于
> 魄，芳草宁共气而皆悦于魂'"云云。其实领会词学，固属大言不惭，
> 参以己见，尤为可笑。全书杂乱无章，引书多不言出处，补述之语，
> 全无精彩。检阅既属不易，援用又迷其本源。书中既引贺黄公、王阮
> 亭之言，而卷三"长词推秦、柳、周、康为协律"一节，全袭《皱水
> 轩词筌》；"程村咏物词"一节，全袭《花草蒙拾》，又皆不言其所自，
> 似若出于己手。与其所撰《词统源流》，同一谬失，全不知著书之体
> 例也。

唐圭璋《词苑丛谈跋》云："清初，书商曾假托曹溶之名，编《学海
类编》一百二十八册。其中第六十三册载彭孙遹撰《词统源流》一卷，第

六十四册载彭孙遹《词藻》四卷，第六十五册载李良年撰《词坛纪事》三卷，第六十六册载《词家辨证》一卷，皆实从徐氏此书（指《词苑丛谈》）中抽出，割裂原文，混淆目次，假托彭、李二氏所作，沿误至今。"①认定《词藻》等四部词话乃清初书商从徐钒《词苑丛谈》中抽出，假托彭孙遹、李良年之名。唐圭璋在编辑《词话丛编》时将《词藻》等四部词话摒弃于外。王熙元教授《历代词话叙录》的论断与唐圭璋相反，认定《词藻》等四部词话为真，徐钒《词苑丛谈》乃汇辑四部词话而成。孙克强、张东艳《〈词统源流〉等四部词话伪书考》通过考辨证明了唐圭璋的论断②。

　　《词藻》等四部词话有据《学海类编》本影印的《丛书集成初编》本，张璋《历代词话续编》（大象出版社2005年版）亦收入。

词统源流

　　《词统源流》四卷，署名彭孙遹，有《学海类编》本。实为伪书。彭孙遹生平见前。《续修四库全书总目提要·词统源流一卷》记云：

> 　　《学海类编》本。清彭孙遹撰。孙遹有《羡门集》，已著录。此乃辑录词之源流及其本事。所辑既不完备，又无条理。其于出处，或著或否。中间引用《词衷》一节，《词衷》为邹祗谟所撰，书中尚有抄袭《词衷》而不著其名者。疑孙遹读书时，随手写记，友朋论词，亦择尤抄录，展转流传，遂成此全无伦脊之书矣。

　　唐圭璋《词苑丛谈跋》谓《学海类编》第六十三册载彭孙遹撰《词统

　　① 唐圭璋：《词学论丛》，上海古籍出版社，1986年，第1044页。
　　② 孙克强、张东艳：《〈词统源流〉等四部词话伪书考》，《文学遗产》2004年第6期。

源流》一卷，乃清初书商从徐釚《词苑丛谈》中抽出，割裂原文，混淆目次，假托彭孙遹所作，沿误至今①。在编辑《词话丛编》时，他将《词统源流》等四部词话摒弃于外。王熙元教授《历代词话叙录》的论断与唐圭璋相反，认定《词统源流》等四部词话为真，徐釚《词苑丛谈》乃汇辑四部词话而成。孙克强、张东艳《〈词统源流〉等四部词话伪书考》通过考辨证明了唐圭璋的论断②。

《词统源流》等四部词话有据《学海类编》本影印的《丛书集成初编》本，张璋《历代词话续编》亦收入。

词家辨证

李良年（1635—1694），字武曾，又作符曾，浙江秀水人。有词集《秋锦山房词》。与朱彝尊并为"浙西六家"，有浙西"亚圣"之称。清康熙年间著名词人。《词家辨证》四卷，署名李良年，有《学海类编》本，实为伪书。

《续修四库全书总目提要·词家辨证一卷》记云：

> 《学海类编》本。清李良年撰。良年有《秋锦山房集》，清修四库书已收入存目。两宋以来之笔记诗话中，论词甚多，良年因辑录之。前无序目，内无标题，采辑既不完备，体例亦芜杂不伦。又如第九叶《醉翁琴趣外篇》一节，见于《吴礼部诗话》；第十叶李白〔菩萨蛮〕〔忆秦娥〕一节，见于《少室山房笔丛·庄岳委谈》；第十二叶周美成〔应天长〕〔过秦楼〕一节，第十三叶秦少游〔满庭芳〕一节，并见于毛本附注；第十八叶李白《仙女下本书误挩此字》一节，见于《茗

---

① 唐圭璋：《词学论丛》,上海古籍出版社,1986年,第1044页。
② 孙克强、张东艳：《〈词统源流〉等四部词话伪书考》,《文学遗产》2004年第6期。

溪渔隐丛话》。而良年皆不言其书名，似若出自己手者，可谓草率之甚矣。

唐圭璋《词苑丛谈跋》谓《学海类编》第六十六册载《词家辨证》一卷，乃清初书商从徐釚《词苑丛谈》中抽出，割裂原文，混淆目次，假托李良年所作，沿误至今①。在编辑《词话丛编》时，又将《词家辨证》等四部词话摒弃于外。王熙元教授《历代词话叙录》的论断与唐圭璋相反，认定《词家辨证》等四部词话为真，徐釚《词苑丛谈》乃汇辑四部词话而成。孙克强、张东艳《〈词统源流〉等四部词话伪书考》通过考辨证明了唐圭璋的论断②。

《词家辨证》等四部词话有据《学海类编》本影印的《丛书集成初编》本，张璋《历代词话续编》亦收入。

词坛纪事

《词坛纪事》四卷，署名李良年，有《学海类编》本。实为伪书。李良年生平见前。《续修四库全书总目提要·词坛纪事三卷》记云：

> 《学海类编》本。清李良年撰。良年有《秋锦山房集》，清修四库书已收入存目。此编乃采辑自唐迄明词之有本事者。良年别撰《词家辨证》一卷。盖彼为辨证词之真伪善恶，及词调之源流，字句之脱误。此则专辑本事词也。前无序目，内无标题，与《辨证》同。唯《辨证》各节之出处，或著或否，此则多不著明，徒使读者迷其本源。而东坡

---

① 唐圭璋：《词学论丛》，上海古籍出版社，1986年，第1044页。
② 孙克强、张东艳：《〈词统源流〉等四部词话伪书考》，《文学遗产》2004年第6期。

〔定风波〕一节，忽明著《东皋杂录》；无名氏〔玉珑璁〕一节，又载明《能改斋漫录》。余皆不言其所自。各节之后，往往低格补述，则明言所出之书。而李后主〔浪淘沙〕下，补录〔破阵子〕一节，明见《东坡志林》，但书"东坡"云云。体例淆杂，一至于此。又谓张安国〔六州歌头〕为三换头，不知于湖所撰，亦为双叠，并非三换头也。

唐圭璋《词苑丛谈跋》谓《学海类编》第六十五册载《词坛纪事》三卷，乃清初书商从徐釚《词苑丛谈》中抽出，割裂原文，混淆目次，假托李良年所作，沿误至今[①]。在编辑《词话丛编》时，遂将《词坛纪事》等四部词话摒弃于外。王熙元教授《历代词话叙录》的论断与唐圭璋相反，认定《词坛纪事》等四部词话为真，徐釚《词苑丛谈》乃汇辑四部词话而成。孙克强、张东艳《〈词统源流〉等四部词话伪书考》通过考辨证明了唐圭璋的论断。[②]

《词坛纪事》等四部词话有据《学海类编》本影印的《丛书集成初编》本，张璋《历代词话续编》亦收入。

词史

刘毓盘（1867—1927），字子庚，号椒禽，浙江江山人。曾从词学名家潘钟瑞、谭献习词。清光绪二十三年拔贡，任陕西云阳知县。辛亥革命后，曾任教于浙江第一师范。民国八年（1919）秋，受蔡元培之邀，出任北京大学文科教授，主讲词史、词曲学、中国诗文名著选。著有《濯绛宦词》（又名《噙椒词》）、《词史》、《中国文学史》、《唐五代辽宋金元词辑》等书。

---

① 唐圭璋：《词学论丛》，上海古籍出版社，1986年，第1044页。

② 孙克强、张东艳：《〈词统源流〉等四部词话伪书考》，《文学遗产》2004年第6期。

《续修四库全书总目提要·词史不分卷》记云：

> 北京大学排印本。清刘毓盘撰。毓盘有《嚼椒词》，已著录。是编论历代词学变迁之迹，教授于太学之用也。第一章，论词之初起由诗与乐府之分；第二章，论隋唐人词以温庭筠为宗；第三章，论五代人词以西蜀、南唐为盛；第四章，论慢词兴于北宋；第五章，论南宋词人之多；第六章，论宋七大家词；第七章，论辽金人词以汉人为多；第八章，论元人词至张翥而衰；第九章，论明人词之不振；第十章，论清人词至嘉道而复盛。共十章。搜辑颇富，见解时有独到之处。唯其间尚有可议者。唐初所歌，为五七言。中唐以降，遂成长短句。变迁之迹，原非一朝一夕之故也。如毓盘所言有固定之次第，则转近胶滞而违于事情。盖文人既知运用长短句法，则随音变化，不可以一端求矣。书中论词甚略，而喜列丛书目录。须知丛刻所列之词，不必尽依次第，只可明其版本，供人参考之资。若其词派及变迁之迹，则待于详论者也。又唐明皇〔好时光〕，本为伪撰。李太白之词，见于北宋以前者，仅《花间序》其〔清平乐〕而已，是否为〔清平调〕之误，尚难质言。至于〔菩萨蛮〕〔忆秦娥〕〔桂殿秋〕〔连理枝〕等词，两宋以来始有之。而毓盘皆以为真，以此论词，不亦慎乎！然词史之作，始于毓盘，首创者难得全功。此书虽有阙陷，而大体纯正。为词者先读是编，亦可得历代词学之大概矣。

《词史》乃章节形式的词学史著，按照体例不应作为"词话"。《续修四库全书》将其列入"词话类"，故加以列示并说明。《词史》凡十一章，第一章论词的起源，第二章至第十章分论隋唐、五代、北宋、南宋、辽金、元代、明代、清代的词史，第十一章为结论。《词史》是我国第一部通代词史，对每一朝代的词人群体与流派的状况作了梳理，详叙每个时代的创作面貌，且注意探讨时代创作繁荣与衰微的原因，体现词史演进的内在逻辑与多元动因。《词史》是刘毓盘在北大教授词史的讲义，原在《东北大学周刊》连载，后经其弟子查猛济、曹聚仁整理，于民国二十年由上海群众图书公司初版。后有上海书店影印版，上海古籍出版社、商务印书馆再版。《民国词学史著集成》（南开大学出版社，2016年版）据上海群众图书公司初版影印。

（本文作者为南开大学文学院教授）

清代诗人生卒年丛考①

——以张道岸等若干浙江诗人为中心

朱则杰

提　要： 中国古典诗歌按照加速度的原理发展，至清代而达到极度繁荣。迄今仍有作品传世的清代诗人，少说也在十万人以上，超过此前历代诗人总和的若干倍。但他们的生卒年，目前能够现成查到的，仅仅只有很少的一部分。日后像编纂《全清诗》以及其他诸多诗歌文献，这都会成为一个棘手的问题。因此，在学术界既有的相关工具书之外，从各种原始资料不断补充考察清代诗人生卒年，的确很有必要。这里以张道岸、韩绎祖、吴棠桢、吕承恩、沈潮、马煜、张世庆、顾丙辉、张世光、娄树业、方镕、娄成、顾文炜、陈文治等浙江诗人为中心，对他们的生卒年做些探讨。

关键词： 清诗　浙江　诗人　生卒年

历史人物的生卒年（包括更为具体的月日乃至时辰），既是人物自身生平的关键性因素，也是许多文献借以排序的一种参照。历代学者在这方

① 本文系国家社会科学基金重大招标项目"清代诗人别集丛刊"（编号：14ZDB076）、全国高等院校古籍整理研究工作委员会直接资助项目《清诗总集序跋汇编》编纂（编号：1874）的阶段性成果。

面做过大量研究，并且编有不少专项工具书。清代人物著录最为丰富的，是2005年人民文学出版社出版的江庆柏先生编著《清代人物生卒年表》，共收录两万五千人左右。但是，有清一代，即便以迄今仍有作品传世的诗人而论，少说也在十万人以上。而他们的生卒年，目前能够直接查到的，仅有很少的一部分。因此，笔者拟趁读书之便，在这方面陆续做一些增补，同时希望学术界这方面的研究成果，能够及时汇集入《清代人物生卒年表》增订本之类的著作中，最好能够建立清代诗人生卒年数据库①，既能广泛服务于相关学术研究，也可为以后的增补工作提供更加全面、便捷的参照。本文所考，以张道岸等浙江诗人为中心。

一、张道岸（1602—？）

张道岸，阮元、杨秉初辑《两浙輶轩录》卷九录其《访陈马两炼师菰城精舍》《过松陵访徐松之》各一首，小传载："张道岸，字悬渡，号闲鹤，乌程人。"②乌程隶属浙江湖州府，即今湖州。其同乡张鉴《冬青馆乙集》卷七有一篇《张闲鹤画兰跋》，全文如下：

> 《湖志》载："闲鹤性简旷，嗜饮，少进辄醉，醉辄画兰，勃勃出生气。友人陆子黄尝得所画，悬之素壁，忽发香满室，因额其居曰'兰室'。"所记与《墨香居画识》不殊，唯"璜"作"黄"，"兰堂"作"兰室"异尔。然《志》有《闲鹤诗钞》，不曰《夕佳楼诗钞》。余

---

① 可参朱则杰等《朱则杰教授荣休纪念集——〈全清诗〉探索与清诗综合研究》前编第三篇《论〈全清诗〉的体例与规模》、第八篇《全清诗人信息管理系统的设计与使用》,浙江大学出版社,2020年,第10–15页、第43–51页。

② 阮元、杨秉初:《两浙輶轩录》第3册,浙江古籍出版社,2012年,第655页。

尝为同里吴氏作所藏法若真等画《秋江图》跋，一时遗老题咏，如董若雨、倪伯屏、黄九烟、吕石山、张尔就、闵雪裳，不能悉数。至闲鹤，则云："辛亥三月，七十二峰樵张道岸，时年已四百二十甲子矣。浮上夕佳楼，奉赠秋江道兄：'杨子凌云气，超然不可疏。清风融物累，真宰入黄初。木落山容见，波平帆影徐。坦怀歌尔汝，静对若凭虚。'""夕佳楼"吾浮既莫知其处，而《诗钞》世亦鲜见。至"辛亥"，为康熙十年。上推甲子，闲鹤生万历三十年。《［国朝湖州］诗录》言其曾为诸生，盖已七十岁矣。诗似夏古丹、魏雪窦，画亦神似宛山樵，洵足宝也。道光壬寅秋，浮上张鉴识，时年亦四百五十甲子矣。①

这里几乎对张道岸的各个方面都有介绍，极具参考价值。特别是其中还推算出了张道岸的生年为明万历三十年壬寅（1602），清康熙十年辛亥（1671）仍然健在，享年在"七十岁"以上。

在这篇跋文中，关于人物年龄都是用"甲子"的个数来表示。具体算法，一个"甲子"亦即干支循环一周，为六十天，通常所说"一年三百六十日"，就是六个"甲子"。张道岸当时所谓"四百二十甲子"，即等于"七十岁"。而张鉴本人所谓"四百五十甲子"，则等于七十五岁。结合"道光壬寅"（道光二十二年，1842）逆推张鉴生年，正是江庆柏先生《清代人物生卒年表》所记载的乾隆三十三年戊子（1768）②。

这篇跋文开头叙述的张道岸画兰一事，最早见于同时代人王晫《今世说》卷七"巧艺"门③。如果要校勘文字，那么最好以该书为参照。

---

① 张鉴：《冬青馆乙集》，《续修四库全书》第1492册，第179页。
② 江庆柏：《清代人物生卒年表》，人民文学出版社，2005年，第383页。
③ 王晫：《今世说》，《续修四库全书》第1175册，第535页。

又，曾见今人有关著作称张道岸"活动于清道光时"，不知是否因为张鉴这篇跋文撰于道光年间，牵连而致误。

二、韩绎祖（1609—1652）

清初浙江湖州遗民诗人韩绎祖，是一位著名的抗清义士。朱溶《忠义录》卷八有一篇《韩绎祖传》，大略说：

> 韩绎祖，字茂贻，湖州乌城［程］人，万历庚戌状元敬之长子……兵部尚书史可法督师扬州，绎祖为参军，愤时事益坏，有酒所辄涕泣，或［指］名骂马士英、阮大铖等。扬州破，绎祖走归，尽散家财，起兵城守。清兵至，出战败，矢贯颅；走八九里，自拔矢出，血流满甲。适得良药傅之，竟活。则薙发为僧，浮沉江淮间，与诸豪往来。久之，益困。辛卯九月，至金坛妹婿于［御］君家，赋八句诗，未就，忽呕血三四升，卧房中，困甚，呼甥于沆曰："沆来，汝扶我出，我欲视上天。"出，视天良久，叫然曰："先皇帝，孤臣已矣。"因据地恸哭，复呕血升余，遂卒。年五十一。绎祖喜为诗，有《南枝草》数卷。①

朱溶是江苏松江（今上海）人。《忠义录》卷首毛奇龄序落款时间最近，题撰于清康熙二十五年"丙寅冬仲"②。这篇传记除记载韩绎祖的抗清事迹，还详细叙述其谢世情状，以及生卒时间——卒于清顺治八年"辛卯九月"，

① 朱溶：《忠义录》，《明清遗书五种》本，北京图书馆出版社，2006年，第787页。注：辛卯即清顺治八年。引文中［ ］字为笔者据文意增补。

② 朱溶：《忠义录》，《明清遗书五种》本，第387页。

享年五十一岁，逆推生年当为明万历二十九年辛丑。

关于韩绎祖的生卒时间及享年，其友人的记载与此不同，且出入较大。相关内容载于傅占衡《湘帆堂集》卷五《书韩诗后》，全录于次：

> 《韩诗》者，亡友茂贻韩子逸诗也。吾交茂贻菰城［湖州］，别去七年，甲申、乙酉间，茂贻几为陈东、欧阳澈以死，幸而获脱，志节益高。又七八年，几为吞炭瞳目之事以死。予友彭达生之自鸠兹［安徽芜湖］归也，持茂贻书来，书言"某幸面目不改，今日可与兄相闻，他日可与兄相见"；又裁诗扇头，云："垂老卧江潭，人生何以堪？朱弦难写恨，青史孰知惭！歌哭空山和，兴亡落日谙。折梅如赠远，记取一枝南。"捧之悲喜。即作《寄后云门僧诗二首》，无便也。彭子壬辰［顺治九年］再理棹，则茂贻以是年八月死镇江矣。茂贻少余一岁，见呼以兄。常忧予拙不偶俗；倘得一第，必颠踬盛世。孰谓吾茂贻抱济巨才，竟赍漆室之恨，流连万死，卒不慭遗？呜呼！天于贤且才者当如是耶？逮今余犹浮沉市里，拙乃逊茂贻远甚，予愧其言矣。达生比过山居，得茂贻数律，兴观群怨远迩之义毕具。予同友人少游读之，叫绝则歌，吞声则哭。顿录数本，题曰《韩诗》而分藏之，惧久而湮灭也。先是见其追别彭子，有"栎欲全生依鼠社，桐虽半死向龙门"之句，惜全篇已失。呜呼！闻其诗而不凛然兴起者，非人矣。茂贻僧服，自镌图记，称"前韩绎祖，后云门僧"云。[①]

傅占衡以及彭士望（字达生）都是江西人。这里记载韩绎祖于顺治九年"壬辰……八月死镇江"，地点与前引《忠义录》一致（金坛旧属镇江），但

[①] 傅占衡：《湘帆堂集》，《四库禁毁书丛刊》集部第165册，第574–575页。注：文中［］为笔者增补。

时间晚一年左右。然于生年及享年，出入较大。先说傅占衡本人，据《湘帆堂集》卷二十，清顺治八年所作《辛卯生日二首》之一的首联"四十来居此，秋兰又四花"亦即四十四岁①逆推，可知出生于万历三十六年戊申；韩绛祖"少"其"一岁"，则当生于次年即万历三十七年己酉。如此生卒年通计，韩绛祖的享年恰巧也只有四十四岁。

韩绛祖另一友人邢昉，其《石臼集·后集》卷一"五言古诗"，内有一首挽诗《哭韩茂贻》②，可惜写作时间不详；但卷二"七言古诗"内，《韩生行与茂贻别》开头云："韩生四十无产业，失路流离骨空立。"③联系其前第五题《钓艇歌》小序"己丑秋，白门归，始制一小艇"④云云，此中"己丑"应即顺治六年。如果按照《忠义录》所载生年为万历二十九年辛丑计算，此时韩绛祖应已四十九岁，那么邢昉此处应用"五十"而不宜用"四十"；倒是按照傅占衡所言生于万历三十七年己酉计算，此时韩绛祖大约刚到四十一岁，用"四十"才正合适。如此相较，关于韩绛祖的生年，傅占衡的说法似更为接近事实。

关于韩绛祖的谢世时间，与彭士望同为"易堂九子"的曾灿，其《六松堂集》卷六《春兴》二首之一中，颈联"广柳何年闻濮里，垂缨无梦到山阳"自注也有涉及："时闻韩茂贻讣。"⑤但下一题《初入梧州无可大师将南归赋呈兼言别》二首⑥，《易堂九子年谱》系于"壬辰顺治九年"条⑦。假

---

① 傅占衡：《湘帆堂集》，《四库禁毁书丛刊》集部第165册，第684页。参见江庆柏《清代人物生卒年表》，第774页。

② 邢昉：《石臼集》，《四库禁毁书丛刊》集部第51册，第203页。

③ 邢昉：《石臼集》，《四库禁毁书丛刊》集部第51册，第216页。

④ 邢昉：《石臼集》，《四库禁毁书丛刊》集部第51册，第216页。

⑤ 曾灿：《六松堂集》，《清代诗文集汇编》第98册，上海古籍出版社，2010年，第198页。

⑥ 曾灿：《六松堂集》，《清代诗文集汇编》第98册，第198–199页。

⑦ 邱国坤、廖平平：《易堂九子年谱》，江西教育出版社，2018年，第60–61页。

如年谱这个系年与《六松堂集》内部作品编排次序都完全正确，那么韩绎祖谢世既然具体为"八月"或"九月"，就只能发生在顺治八年辛卯，这样曾灿才有可能在顺治九年的春季得到消息。这与《忠义录》所说的谢世时间，倒恰相一致。

但是，傅占衡《书韩诗后》，曾经提到彭士望"比过山居"，唯具体时间不详。而傅占衡本人，据《湘帆堂集》卷首陈画序所述①，卒于顺治十七年庚子。因此，傅占衡得知韩绎祖谢世的消息，当与彭士望来访相近，有关记载应该比较可靠。就目前这些资料综合来看，笔者总体上倾向于《书韩诗后》的说法。

另外，傅占衡《书韩诗后》提到同读韩绎祖诗歌的友人陈孝逸（字少游），其《痴山集》卷二有一篇类似的《韩诗序》②，并且卷六《答彭躬庵》还告知彭士望（号躬庵）：

> 弟与平叔为茂赀诗序、跋，赓和成小册子，平叔题其上曰《韩诗》，以一字尊韩而韩存矣。③

不过，其《韩诗序》没有如傅占衡（字平叔）《书韩诗后》那样具体叙及韩绎祖的生卒时间，其写作时间亦不详。

韩绎祖的诗集，后世提到最多的是《咏性堂遗稿》。前引《忠义录》，又提到《南枝草》。傅占衡及陈孝逸辑录的这一种《韩诗》，据《韩诗序》介绍，"所收十三首皆逸篇"。至于《书韩诗后》叹息"全篇已失"、仅存

---

① 傅占衡：《湘帆堂集》，《四库禁毁书丛刊》集部第165册，第528页。参见江庆柏《清代人物生卒年表》，第774页。

② 陈孝逸：《痴山集》，《四库禁毁书丛刊》集部第49册，第636页。

③ 陈孝逸：《痴山集》，《四库禁毁书丛刊》集部第49册，第678页。

两句的"追别彭子"之作，则保存在曾灿辑《过日集》卷十六，题《送彭躬庵曾止山归宁都》，正文如下：

> 海内犹留几弟昆？别难即别屡声吞。
> 班荆爱尔重来话，宿草招余何处魂。
> 栎欲全生依鼠社，桐虽半死向龙门。
> 无家尚有家相念，多病谁怜少故园。①

曾灿（号止山）《六松堂集》卷六有《鸠兹赠别韩茂贻》七律一首②，不知是否与此诗同时而作。

上述韩绎祖的诗集，现今很可能都已经遗佚，然其散见各处的"逸篇"，仍为数不少。如《过日集》该卷七律一体，所录韩绎祖诗歌就有十首③。其中如《京口旅次送彭躬庵并怀林确斋》二首④，又见于彭士望《耻躬堂诗钞》卷三《舟次金陵答韩茂贻京口赠诗用元韵》二首所"附韩茂贻诗"⑤，确系赠彭士望；而如陈田辑《明诗纪事》辛签卷二十三选录第二首，标题拟作《寄林确斋》⑥，则显然并不妥当。

三、吴棠桢（1644—1693）

吴棠桢，字伯憩，号雪舫，山阴（今浙江绍兴）人。诸生。曾游其

① 曾灿：《过日集》，清康熙宁都曾氏六松草堂刻本，第19b页。

② 曾灿：《六松堂集》，《清代诗文集汇编》第98册，第197页。

③ 曾灿：《过日集》，第18b—20a页。

④ 曾灿：《过日集》，第19b页。

⑤ 彭士望：《耻躬堂诗钞》，《四库禁毁书丛刊》集部第52册，第202页。

⑥ 陈田：《明诗纪事》，上海古籍出版社，1993年，第6册第3366页。

同族前辈吴兴祚幕。友人宋长白所撰《柳亭诗话》，对其诗集、诗歌介绍颇多。

　　邓长风先生所著《明清戏曲家考略三编》第九篇《十九位明清戏曲家的生平资料——美国国会图书馆读书札记之三十八》"吴棠桢和吴秉钧"条，曾据"《柳亭诗话》……卷五《雪舫》条，记吴棠桢在《松风集》授梓过半时去世"，大致推测"其卒应在康熙中期"①。此后李康化先生《明清词人生卒考辨十二则》之十一"吴棠桢（附吴秉钧）"，根据民国十三年（1924）刻本《山阴舟山吴氏族谱》，查得"吴邦臣……长子吴棠桢生于顺治元年（一六四四），卒于康熙三十一年（一六九二）"②。这样，吴棠桢的生卒年就清楚了。

　　这里想要补充的是，上文所言《柳亭诗话》条，标题之下原有小注："壬申冬季，雪舫暴卒，余偕刘存白往视含殓。"③这个"壬申"正是康熙三十一年，可与族谱互证。而邓长风先生只是大致推测"其卒应在康熙中期"，很可能是由于所据原刻本中"壬申"二字漫漶难辨的缘故④。另外该"壬申"年十一月二十五日即为公元1693年元旦，因此吴棠桢谢世的"冬季"（冬末），于公历应该已入1693年。

　　另，关于吴棠桢的"桢"字，不少文献或因形近而误作"祯"。上及李康化先生该文同时叙及其弟名"蕙桢"，也可以作为佐证。而如陶元藻辑《全浙诗话》卷四十一"桢"字误作"提"⑤，则更加没有道理。

---

① 邓长风:《明清戏曲家考略三编》,上海古籍出版社,1999年,第194–195页。

②《词学》第十五辑,华东师范大学出版社,2004年,第123页。

③ 宋长白:《柳亭诗话》,《清诗话三编》第1册,上海古籍出版社,2014年,第251页。

④ 见《四库全书存目丛书》集部第421册,第379页。

⑤ 陶元藻:《全浙诗话》,《续修四库全书》第1703册,第571页。

四、吕承恩（1764—?）

吕承恩，浙江余姚人。民国时期谢宝书所辑《姚江诗录》卷四录其诗十二首，小传也相当完备："吕承恩，字戴山，号永堂。世庆子。嘉庆丁卯举人，官乌程训导。著有《后甲草》《拙修草》《小蓬瀛草》《余不草》。"①

《姚江诗录》所录吕承恩诗第一首，为《奉和梁山舟学士康熙丁卯题名录诗》②，叙及嘉庆十二年丁卯（1807）梁同书（号山舟）"重赋鹿鸣"，诗末及自注载："待予百三岁，又添一重案。（予时年四十有四。）"吕承恩的同年宋咸熙所撰《耐冷谭》卷八，也曾录有此诗，自注表述得更为明确："余领乡荐时年四十四，故云。"③据此逆推，可知吕承恩当生于乾隆二十九年（1764）甲申。

《耐冷谭》该处所录梁同书原唱云："我年二十五，卯岁领乡荐。"亦即上一个"丁卯"，即乾隆十二年，梁同书二十五岁。如此至"嘉庆丁卯"，梁同书应该是八十五岁，而非吕承恩该诗题注以及《耐冷谭》所说的"年八十四"。同样，吕承恩假如能够活到下一个"丁卯"——同治六年（1867），那么也应该是一百零四岁，而非上引所谓的"待予百三岁"。

另，关于吕承恩的诗集，成书于咸丰、同治年间的张应昌辑《清诗铎》（原名《国朝诗铎》），卷首《诗人名氏爵里著作目》第六百五十九家吕承恩名下著录为《红雨山房集》④，不知与《姚江诗录》所列诸集是何种关系。

---

① 谢宝书：《姚江诗录》，民国二十年（1931）中华书局排印本，第9b页。

② 谢宝书：《姚江诗录》，第10a页。题注过繁从略，部分参见下文。

③ 宋咸熙：《耐冷谭》，《清诗话三编》第6册，上海古籍出版社，2014年，第4142页。

④ 张应昌：《清诗铎》上册，中华书局，1960年，第54页。

五、沈潮（1771—? ）等

　　门人胡媚媚君专事清代诗社研究，惠赐娄树业辑《后八老会诗》影像版一种。原书国家图书馆有藏，但《中国古籍总目》集部未见著录，可知流传不广，留意者不多。

　　关于这个"后八老会"的基本情况，集内张世庆《后八老会诗（并序）》小序介绍最为详细：

> 嘉庆甲戌［十九年］五月间，顾省庵先生邀请耆英于继志堂，彩觞华宴，为"［前］八老会"，方省吾先生居首，家君与焉……尚有八家子姓亲族，汇成《［前］八老会诗集》，未刻。兹道光己酉［二十九年］九月九日，复集同人"［后］八老"叙于长巷之真如寺苏东坡祠，以沈苇舟先生八十寿，其高足娄圣农为之举觞称庆；次沈补堂年七十，马彩南七十，张春农六十七，顾葵园六十五，张杏史六十四，娄圣农五十九；方岳言年最少，五十八，共五百三十三岁。①

　　这里的"长巷"旧属浙江绍兴府萧山县，与山阴县毗邻，"后八老"以及集内其他诗歌（含词）作者大抵籍于绍兴府属各县，特别是山阴县。正如这篇小序所示，"后八老"的生年可以从中获得线索。其中第二人沈豫（号补堂），生卒年已考订入拙稿《〈清人诗文集总目提要〉订补》（待刊），现再将其他可知各人的生年考订情况列于次。

---

　　① 娄树业：《后八老会诗》，清道光三十年（1850）砚渔吟馆刻本，第1a–3a页。注：［］内文字为笔者后增。

（一）沈潮（1771—？）

沈潮（字苇舟）在"后八老"中居首，本次集会即为他庆寿而办。《后八老会诗》卷首有其《后八老会记》，末载：

> 道光己酉秋，犹得偕诸同人而共乐于此，则"后八老"之会苏祠而借东坡诗翁征诗遐迩也，其来有自。山阴七十九老人苇舟沈潮，书于清风乡之砚渔吟馆。①

由此可知，本年沈潮实际七十九岁。前引张世庆（字春农）该小序所谓"以沈苇舟先生八十寿"，乃提前一年庆寿之言。集内如沈豫"古体诗一首""并序"，小序明言："重九日，圣农娄九为其师苇舟宗丈预庆八旬于真如禅寺。"②又娄树业（字圣农）"古体诗一首"亦云：

> 肃容倚杖有前因，预祝先生八十春。
> 幼年受业今六十，落帽风吹白发新。

并有自注："明年为苇舟夫子八十大庆。"③如此依本年七十九岁逆推，沈潮当生于乾隆三十六年（1771）辛卯。后陆鸣凤"近体诗一首"，首联云："九日联踪气象新，是否吾友降庚寅？"自注说：

> 苇舟三兄生于辛卯。兹读张监州序文，以为今年八十，是降庚寅

---

① 娄树业：《后八老会诗》，第2a—b页。

② 娄树业：《后八老会诗》，第7a页。

③ 娄树业：《后八老会诗》，第12b—13a页。

也；岂预庆耶？①

也就是这个意思。所以其"又""古体诗一首"，间有云："偶于九日陈芳筵，弟预为师祝大年。"②张监州，即张世庆。

此集最末有沈潮之子沈丙荣"古体诗一首""附跋"，其"跋"兼为小序言："庚戌夏五，为家大人八旬寿。"③可见，沈潮八十整寿的时间应该是在次年"庚戌"，亦即道光三十年，具体则在五月。

这次"后八老会"，所谓"以沈苇舟先生八十寿"确实属于"预庆""预祝"。张世光（字杏史）"古体诗一首"有云：

> 坐中齿德谁最尊？休文一家贤友昆。
> 杖朝杖国以次序，伏波矍铄与等伦。

自注言："苇舟八十，补堂、彩南并七十，皆正寿，故特拈出。"④这里以为沈潮这次也是"正寿"，亦即八十岁整，显然有误。同样，"后八老"所谓本年"共五百三十三岁"，也应当相应地减去一岁才是。

（二）马煜（1780—？）

马煜（字彩南）为"后八老"第三人，本年与沈豫都是七十岁整，各处无异辞。据此逆推，可知其当生于乾隆四十五年（1780）庚子。

---

① 娄树业：《后八老会诗》，第24a页。
② 娄树业：《后八老会诗》，第25a页。
③ 娄树业：《后八老会诗》，第43a页。
④ 娄树业：《后八老会诗》，第11b页。

（三）张世庆（1783—？）

张世庆为"后八老"第四人。但前及他的那首《后八老会诗（并序）》，小序介绍"后八老会"最为详细，实际兼有此集总序的性质[1]，所以在前及卷首沈潮那篇《后八老会记》之后，即特地排在内文的第一首[2]；而沈潮的"古体诗一首"，从页码来看反而排在其后[3]。本年张世庆六十七岁，可知其当生于乾隆四十八年（1783）癸卯。

又，张世庆该诗最末，钤有"山阴湖鼎村张家""五世同堂"两枚印章，可由前者了解其籍贯。

（四）顾丙辉（1785—？）

顾丙辉（字葵园）为"后八老"第五人，本年六十五岁，可知其当生于乾隆五十年（1785）乙巳。娄咸"近体诗十首""并序"，后八首"未逢胜会，徒切神驰；每忆良朋，弥殷心结。寄怀'八老'，各赋一诗。录送同人，并求教正"，其五寄怀"顾葵园同年"，额联下句"同庚同案又同年"自注言："咸与葵园乙巳同生。"[4]顾文炜"近体诗十首"其六，起句"同宗同砚又同庚"自注进一步说："余生于乾隆乙巳六月，葵园生于是年八月。"[5]顾丙辉及顾文炜出生的月份也都知道了。

---

① 下述沈潮"古体诗一首"有句云："监州下笔纵千言。"自注说："春农归而作序，文兴更不浅。"见第6b页。

② 娄树业：《后八老会诗》，第1a—5a页。另外后面还有"近体诗一首""并序"，见第30a—b页。

③ 娄树业：《后八老会诗》，第6a—7a页。

④ 娄树业：《后八老会诗》，第17a页。

⑤ 娄树业：《后八老会诗》，第40a页。

（五）张世光（1786—?）

张世光为"后八老"第六人，乃张世庆胞弟，本年六十四岁，可知其当生于乾隆五十一年（1786）丙午。上及顾文炜"近体诗十首"，其七尾联上句"徒增马齿羞尘俗"自注说："余长杏史一岁。"[1]正相吻合。

（六）娄树业（1791—?）

娄树业是这次"后八老会"的发起人及此集的实际编者，居"后八老"第七人，本年五十九岁，可知其当生于乾隆五十六年（1791）辛亥。

又，前引娄树业"古体诗一首"，第三句自称"幼年受业今六十"，这个"六十"正如本年称沈潮"八十"，当为提前泛称。

又，集内关于娄树业此诗的作者项著录，依照普遍的做法而标为"圣农娄树业"。结合古代称谓不能直呼其名，而所有友人均称之为"圣农"的现象，可知"圣农"系其表字，而其名当为"树业"。故此集编者当作"娄树业"。

又，上文"顾丙辉"条所及娄咸"近体诗十首""并序"的后八首"未逢胜会，徒切神驰；每忆良朋，弥殷心结。寄怀'八老'，各赋一诗。录送同人，并求教正"，其七寄怀"家圣农九弟"[2]，由此可知娄树业系娄咸从弟，族内排行第九（亦见前引沈豫诗歌小序所称"娄九"）。娄咸因有科名副贡，有关地方志载其为山阴县安昌乡人，则娄树业籍贯也当为山阴。

（七）方镕（1792—?）

方镕（字岳言）为"后八老"第八人，本年五十八岁，可知其当生于

---

[1] 娄树业：《后八老会诗》，第40b页。

[2] 娄树业：《后八老会诗》，第18a页。

乾隆五十七年（1792）壬子。

（八）娄咸（1785—？）

娄咸虽然不在"后八老"之列，但如上文"顾丙辉"条所述，当与顾丙辉同生于乾隆五十年（1785）乙巳。

（九）顾文炜（1785—？）

顾文炜虽然不在"后八老"之列，但如上文"顾丙辉"条及"张世光"条所述，其当与顾丙辉及娄咸一样生于乾隆五十年（1785）乙巳，具体在六月。

又，光绪年间潘衍桐辑《两浙輶轩续录》，卷三十八录有顾文炜《八老会宴集诗》五言排律一首，小传说："顾文炜，字赤云，号莲峰，山阴岁贡。"并引陶浚宣语，介绍前、后两个"八老会"的基本情况①，但没有提到《后八老会诗》；其所录顾文炜该诗，也是为"前八老会"而作。

（十）陈文治（1789—？）

陈文治虽然不在"后八老"之列，但其"近体诗一首"，起句"屈指韶华过六旬"自注说："余年六十有一，向与苇舟先生为忘年交，少伊一十八岁。"②"又""古体诗一首"，间有云："八人寿计半千零，合余六百岁差六。"③如果"八人"亦即"后八老"按所谓本年"共五百三十三岁"

---

① 潘衍桐：《两浙輶轩续录》第10册，浙江古籍出版社，2014年，第2962-2963页。其中关于"前八老"，陶浚宣以为顾文炜祖父"省庵老人讳漋……年八十四，齿最高"，而实际上则如顾文炜此诗及自注所说："方叔推元老（谓舅氏方省吾先生）。"同样如《后八老会诗》内，前引张世庆《后八老会诗（并序）》小序，也曾叙及"前八老"乃"方省吾先生居首"，见第1a页；又前及顾文炜"近体诗十首"，其一颔联上句及自注也说"八人首屈推元老（方省吾母舅年齿最隆）"，见第38a页。

② 娄树业：《后八老会诗》，第35b页。

③ 娄树业：《后八老会诗》，第36b页。

计算，那么加上陈文治的六十一岁，刚好五百九十四岁即"六百岁差六"。由此逆推，可知陈文治当生于乾隆五十四年（1789）己酉，正少于沈潮（生于乾隆三十六年辛卯）十八岁。

（本文作者为浙江大学传媒与国际文化学院教授）

《程氏易传·易序》作者考①

彭　荣

提　要:《程氏易传》中的《易序》作者为谁,学界存在争议,有程颐、周行己、朱熹三说。本文认为《易序》出自《浮沚集》无疑。《易序》当是周氏族人所作,其中最可能的人选是周去非。而此《序》能为熊节《性理群书》所收,则很大程度上是朱学门人对"庆元六君子"之一周端朝之为道学功臣的嘉译。

关键词:《易序》《浮沚集》　周行己　周端朝

一、《易序》作者的三种说法

中华书局本《二程集·程氏易传》②及《遗文》所收录的《易序》,其真正作者为谁,历来争议颇多。廖名春先生点校的《周易本义》③也有收录,题为《周易序》,认为是朱熹的作品。陈小平先生整理的《周行己集》④则认为是周行己为《程氏易传》所作。陈来、刘仲宇、朱伯崑、庞万里诸

---

① 本文为国家社科基金青年项目"吕祖谦道学思想研究"(19CZX022)阶段性成果。
② 程颐、程颢:《二程集》,王孝鱼点校,中华书局,1981年,第667页。
③ 朱熹:《周易本义》,廖名春点校,中华书局,2009年,第1页。
④ 周行己:《周行己集》,陈小平点校,浙江古籍出版社,2015年,第43页。

先生对此序均有考辨①。陈先生指出《易序》来自《性理群书》，宋代刊刻
的《程氏易传》并没有《易序》，"朱熹所知道的二程也没有《易序》的思
想"②。刘先生以为元代董真卿编次《周易会通》时，"始以《易序》作为程
颐文章附入"③。据朱伯崑先生考证，南宋熊节所编《性理群书》，有《易
序》《礼序》两篇文字，列于程颐《易传序》与朱熹《诗集传序》之间，
并未署名。元人谭善心依此而将二文列入程氏《遗文》之内，认为熊节将
此文放在程、朱序之间，必有依据，且按《性理群书》编次体例，当属程
颐而非朱熹的作品。又，这两篇文字都载于程门弟子周行己的《浮沚集》，
分别作《易讲义序》和《礼记讲义序》，但此集宋本已不可见，今本是四
库馆臣从《永乐大典》中抄出的，文字与《易序》微有不同。朱先生认为
周行己的易学"受张载学说影响颇深"，"以中为性，并以中为太极"，与
《易序》所谓"阴阳一道也，太极无极也"并不一致，故而周行己不应是
此序的作者④。这一说法是有道理的，然而程颐也不谈无极，似乎也不宜认
为此序为他所作。朱先生解释说，这可能是程颐早年所作，后来他摆脱了
周敦颐的影响，不言太极与无极了。

　　然而，朱先生的说法仍有未安：如果此序真是程颐早年的作品，足
可以证明朱熹所指出的周程授受谱系，何以朱熹未加引用呢？以朱熹对
二程文字的大力搜求，遗漏此序的可能性不高。故而，庞万里先生认
为，既然"朱熹不知程颐著过《易序》，则其弟子熊节亦不会认为程颐著

---

① 庞氏考证，见庞万里《二程哲学体系》，北京航空航天大学出版社，1992年，第421-426页；庞
万里：《〈二程集〉中〈易序〉作者考辨》，《中州学刊》1992年第3期。

② 陈来：《关于程朱理气学说的两条资料的考证》，原载《中国哲学史研究》1983年第2期，收录
于陈来《中国近世思想史研究》，生活·读书·新知三联书店，2010年，第286-291页。

③ 刘仲宇：《程颐〈易〉学著作辨讹》，《上海师范学院学报（社会科学版）》1983年第2期；朱伯
崑：《易学哲学史》（中），北京大学出版社，1986年，第185-187页。

④ 朱伯崑：《易学哲学史》（中），第186页。

过《易序》"①。据他考证，此序以及另一篇《礼序》是谭善心在元至治二年（1322）重刻二程著作时补入，本不见于程颐子孙所编《伊川先生遗文》（今《程氏文集》），"明弘治本《二程全书》中《文集·遗文》依照谭刻，在《易序》下题注'见《性理群书》'"②。而今所能见《性理群书》最早的版本，是元刻本《新编音点性理群书句解前集》（熊节辑，熊刚大集解），其卷五所著录的《易序》《礼序》二文，在程、朱二序之间，并未署名。结合《浮沚集》卷四《易讲义序》《礼记讲义序》与这两篇文字基本相同的事实，应该可以断言《易序》《礼序》出自《浮沚集》，其文字差异当属传抄所致。据此，庞先生认为，无论是从《性理群书》的编排体例，还是从《易序》兼有周敦颐、程颐、张载、吕大临的影响来说，亦或从周行己本人的文字材料来说，此序作者都应当是他。之所以不署名，大概是由于周的名声不佳，但又因为此序"带有从二程向朱熹过渡性质"③，引起熊节的重视，所以才匿名录入。

两先生的说法各有道理，却又互相抵牾，故而这一问题并未真正得到解决，学者们在这一问题上依然各执一词④。于是便有人认为，辩论双方忽视了第三种可能性：《易序》可能是朱子所作。在程林《〈易序〉作者考略》中，除了指出明人成矩将此序收入朱熹《周易本义》的版本证据，更重要的是指出，《易序》所体现的"理一分殊"思想"具有本体论的特

---

① 庞万里：《二程哲学体系》，第423–424页。

② 庞万里：《二程哲学体系》，第422页。

③ 庞万里：《二程哲学体系》，第421页。

④ 如郑万耕师依然坚持朱先生之说，认为此序是程颐以"理一分殊"来"继承并改造"周敦颐《太极图说》的作品（郑万耕：《易学与哲学》，上海科学技术文献出版社，2013年，第139页）。而除了陈来、庞万里等先生，海外学者如陈荣捷直谓《伊川易传·易序》系伪作（陈荣捷：《朱学论集》，华东师范大学出版社，2007年，第7页脚注5）。

征"，是朱熹新创，故而他认为此序当是朱子所作①。

程林所指出的《易序》"理一分殊"思想的本体论特征，可获方家印证。程颐"理一分殊"的命题，是针对杨时对《西铭》流于兼爱的疑虑发的，其立论只在万物一体之仁以及人伦上的差序之间的一贯性，陈荣捷先生解释为"爱之理一，而施于人伦关系则分殊"②，良是。而《易序》所谓"散之在理，则有万殊；统之在道，则无二致"，又说"太极者道也"，这属于陈先生所描述的"太极既为理之极致而各物亦自有其理"③，是朱熹推究出来的新意。土田健次郎也认为，在北宋同时代的学者那里，"理"往往是作为复数性名词而被使用的，而程颐则以"理一"来把握张载、邵雍、二程所共有的"万物一体观"④。他认为程颐"理一分殊"的命题，是将众多的物与齐一的理视为同一，"所谓'理一而分殊'，就是对'理一'与'物'之不齐的并存关系的表达之一"⑤。也就是说，程颐所关注的是天地万物所共有的一"理"，尚未在本体论上论证一理同时可以分化成千万种不同的"理"。故而《易序》中"散之在理"的说法，超出了程颐的论述范围，不应视为程颐所作。

然而《易序》所谓"散之在理"，在《浮沚集》中作"散而在野"。若作"野"，则此序就并非讨论本体论意义上的理一分殊，说其为朱熹所作，就没有充分理由。更进一步说，即便此序真的讨论了朱熹所创发或发扬的思想，也可能是服膺朱学的学者所作，而不必是朱熹本人。

《易序》作者是程颐、周行己还是朱熹，众说纷纭，仍有疑问。要澄清这一问题，我们首先对两个版本的文字进行比对。

① 程林：《〈易序〉作者考略》，《周易研究》2004年第3期。
② 陈荣捷：《朱学论集》，第9页。
③ 陈荣捷：《朱学论集》，第10页。
④ 土田健次郎：《道学之形成》，上海古籍出版社，2010年，第192—202页。
⑤ 土田健次郎：《道学之形成》，第191页。

二、文本比对

《性理群书》与《程氏易传》中的《易序》只有个别字有出入，为简便计，以《程氏易传》中的《易序》与《浮沚集》中的《易讲义序》进行比对，文字出入如下。

1.《程氏易传》本（以下简称"程本"）：《易》之为书，卦爻象象之义备，而天地万物之情见。[①]

《浮沚集》本（以下简称"浮本"）：《易》之为书，<u>伏羲始作八卦，文王因而重之，孔子系之以辞。于是</u>卦爻象象之义备，而天地万物之情见。[②]

2.程本：散<u>之</u>在<u>理</u>，则有万殊；

浮本：散<u>而</u>在<u>野</u>，则有万殊；

3.程本：形<u>一</u>受其生，神<u>一</u>发其<u>智</u>，

浮本：形<u>则</u>受其生，神<u>则</u>发其<u>知</u>。

4.程本：《易》所以定吉凶<u>而</u>生大业。故《易》者……

浮本：《易》<u>之</u>所以定吉凶，生大业<u>也</u>。故《易》者……

5.程本：六十四卦为其体，三百八十四爻互为其用。远在<u>六合</u>之外，近在一身之中。

浮本：六十四卦<u>互</u>为其体，三百八十四爻互为其用。远在<u>八荒</u>之外，近在一身之中。

6.程本：其道至大而无<u>不包</u>，其用至神而无不存。

浮本：其道至大而无<u>所系</u>，其用至神而无不存。

7.程本：以一时而索卦，则拘<u>于</u>无变，非《易》也。

浮本：以一时而索卦，则拘<u>而</u>无变，非《易》也。

---

① 程颐、程颢：《二程集》，第690—691页。

② 周行己：《周行己集》，第42页。

8.程本：知所谓卦爻象象之义，而不知有卦爻象象之用，亦非《易》也。

浮本：知所谓卦、爻、象、象之义，而不知所谓卦、爻、象、象之用，亦未为知《易》也。

9.程本：故得之于精神之运，心术之动……

浮本：由是得之于精神之动，心术之运……

10.程本：虽然，《易》之有卦，《易》之已形者也；卦之有爻，卦之已见者也。已形已见者可以言知……

浮本：虽然，《易》之有卦，《易》之已然者也；卦之有爻，卦之已见者也。已形已见者，可以言知……

11.程本：此学者所当知也。

浮本：此学者所以当知也。

第1条异文中，浮本描述了伏羲、文王、孔子完善《周易》文本的历程，而后才引出卦爻象象，显然比程本更周详，文意上也更连贯。

第2条异文从根本上改变了文意，尤当留意。

第3条的文字差异基本不影响文意，然需注意的是，此条是依周敦颐《太极图说》"形既生矣，神发知矣"改写而来。

第4条浮本表述更佳，因为依上下文，此句是对前文的总结性论断，有承上启下作用，程本夺"之""也"二字，就不再作为总结性陈述，而是作为下文的原因，但下文讲的是《易》、卦、爻与阴阳的关系，从《易》"定吉凶生大业"的作用，不能直接得出这种关系。

第5条，程本以六十四卦为《易》之体，三百八十四爻交替为诸体之用；浮本则以六十四卦交替为《易》之体，三百八十四爻交替为《易》之用，从文意上看，浮本更佳，程本夺前一个"互"字，丧失了《易》之体所具有的流动性。

第6条，程本以道为无所不包，浮本以道为无所牵系，后者表述有误，疑当作"无不系"，盖前文既说"统之在道"，说明道无所不统，它就不可能是游离于万物之外的玄虚无根之物。

第7条，一作"于"，一作"而"，本来不影响文意，但下文有"以一事而明爻，则窒而不通，非《易》也"之句，也作"而"，故浮本更呼应下文。

第8条，程本将此句处理为三个"非《易》也"的最后一个，更显简洁；而浮本只有两句"非《易》也"，紧接着讨论的是"知《易》"问题，与下文"然后可以谓之知《易》也"呼应。

第9条，"运""动"互乙，程本表述更符合语言习惯。

第10条，浮本作"已然"，与下文"卦之已见""已形已见"不符，应是传抄错误。

第11条，浮本多一"以"字。

综合而言，除个别字句表述有误，浮本的表述更连贯，内容也更丰富（如第1条），程本则更加简洁，有些地方甚至过于简洁，以至于出现了上下文不连贯的情况（如第4条、第8条），甚或哲学意蕴减损的情况（如第5条）。应该说，《浮沚集》中的《易讲义序》才是原本，《程氏易传》（或《性理群书》）中的《易序》是从《浮沚集》简写改订而来。

三、《易讲义序》非周行己所作

周行己早年在太学学习王安石新学，元祐二年（1087）转投太学博士吕大临，学习关洛之学，元祐五年从学程颐，次年登进士第①。《浮沚集》中的文字，包含大量的关学思想，如《礼记讲义序》即有"天地与吾同体也，万物与吾同气也"②之句。应当说，周行己的思想主要受关学影响，程

---

① 周行己:《周行己集》,第1页。

② 周行己:《周行己集》,第44页。

颐之学的影响当在其次。而《易讲义序》通篇却以周敦颐《太极图说》为主，所以有"太极，无极也""形则受其生，神则发其知"的表述。虽然《太极图说》是二程传给门人的，但二程并不重视这篇文字，他们的学说也不是依傍"太极"而建立。朱熹《太极通书后序》云：

> 先生既手以授二程本，因附《书》后。传者见其如此，遂误以《图》为《书》之卒章，不复厘正。使先生立象尽意之微旨，暗而不明……故今特据潘《志》置《图》篇端，以为先生之精意，则可以通乎《书》之说矣。①

可知直到朱熹，才将《太极图》移于《通书》之首，卷次的调整意味着地位的提升。在此之前，道学家如胡宏等，看重的只是《通书》，对《太极图说》是抱轻视态度的，更不要说以"无极"来指谓"太极"了②。胡宏尚且如此，曾亲炙于伊川的周行己，更不可能依循《太极图说》而建立自己的易学思想了。

判断《易讲义序》非周行己所作的另一个理由，是此序与文集其他部分所论"太极"的意蕴相互抵牾，这一点朱伯崑先生已经指出过，我们可以对此展开更详细的分析。《浮沚集》卷二说：

---

① 周敦颐：《周敦颐集》，陈克明点校，中华书局，2009年，第44页。

② 胡宏于《通书序略》专门讨论了朱震的《太极图》传于陈抟之说，并且对此一授受关系不以为然。他认为周敦颐的道学并非得自陈抟："（希夷先生）于圣人无可无不有之道，亦似有未至者……道学之士皆谓程颢氏续孟子不传之学，则周子岂特为种（种放）、穆（穆修）之学而止者哉！"（《周敦颐集》，第117页）可知胡宏将《太极图》视为老氏之学，并认为周氏之学不止于此。土田健次郎先生对《太极图说》与周程授受也有详细的考辨，他也认为，尽管我们今天会认为《太极图说》是周敦颐的主要著作，然而在朱熹开始表彰之前，"《通书》是更为显著的存在"（《道学之形成》，第126页）。

> 万物皆有太极，太极者道之大本；万物皆有两仪，两仪者道之大用。无一则不立，无两则不成。太极即两以成体，两仪即一以成用。故在太极不谓之先，为两仪不谓之后。然则谓之一阴一阳者，不离乎一也；谓之道者，不离乎两也……夫一物之中，皆具一道；一道之内，皆具阴阳……夫所谓君子之道，中而已矣。或偏于仁，或偏于知，过乎中者也。日用而不知，不及乎中者也。太极即中也，中即性也。太极立而阴阳具乎其中矣，性成而阴阳行乎其中矣。[①]

从上下文看，"万物皆有太极"强调的是万物具有共同的太极本性，此正延续张载、程颐等北宋道学家"理一"的一贯立场，"万殊"之理尚未进入论题，故而，它表面上与朱熹"一物各具一太极"的说法一致，但前者是从"一物两体"的命题推演出来的，与后者的语境并不相同，并不涉及本体论意义上的"理一分殊"。后文所谓"太极即两以成体，两仪即一以成用"，正是张载"一物两体"思想的表达。"在太极不谓之先，为两仪不谓之后"，则是对程颐"未应不是先，已应不是后"[②]的继承。周行己先说"万物皆有太极"，又说"一物之中，皆具一道"，则"太极"可以等同于"道"，"道"也符合"一物两体"的意涵，可被视为"一"；同时，"道"又是"中"，此处吸收了吕大临与程颐关于"中者道之所由出"的讨论，当时吕大临修改了自己的观点，同意程颐"中即道也"的论断[③]。因而，"太极"既是"一物两体"之"一"，同时又是性之"中"。从这段文字看，周行己的思想明显承袭自吕大临。

如果《易讲义序》真是周行己所作，那么其中的"太极"为何是"无

---

① 周行己:《周行己集》,第13–14页。

② 程颐、程颢:《二程集》,第153页。

③ 程颐、程颢:《二程集》,第605–606页。

极"，而不是性之"中"，一物两体之"一"？"无极"是从反面描述太极无方所、无形体的内涵，而"一""中"则是从正面肯定的角度描述太极作为终极依据所具有的固定特性，二者是不能等同的。

至于此文"散而在野，则有万殊；统之在道，则无二致"，没有涉及本体层面的"理一分殊"问题，确实符合周行己所处时代的道学发展水平。但结合上下文看，上文曰："六十四卦，三百八十四爻，皆所以顺性命之理，尽变化之道也。"下文紧接"散之在理，则有万殊；统之在道，则无二致"，此二"理""道"字正照应，文气一贯。《易讲义序》通篇非常重视排比，上下句之间的文字对应关系明确，此"野"字应该是"理"字传抄错误所致。今存《浮沚集》经过《永乐大典》《四库全书》的两次传抄，有所讹误，并不奇怪。刘骏勃通过对南宋刻本《古文集成前集》中《易序》的发掘，也证实了这一点①。"野"既为"理"字之讹，对"众理"的强调又是经朱子阐扬后才引起重视（张载、二程时代侧重强调"一理"），则此序不为周行己所作，明矣。

《程氏易传》中的《易序》既然来自周行己的《浮沚集》，而《浮沚集》中的《易讲义序》又不是周氏所作，则作者为谁呢？首先可以排除朱子，因为熊节所收《易序》《礼序》，均出自《浮沚集》，今存朱子作品中却没有这两篇文字。但此文确实渗透了朱子的思想，没有他对《太极图说》的表彰，以及对"无极而太极"的重新解释，不可能有此篇文字的诞生。据此，笔者怀疑，此文应是南宋乾淳之后，《浮沚集》整理者的手笔。这里需要对《浮沚集》流通于士林的时间加以考证。

---

① 刘骏勃：《〈易序〉作者问题的回顾与再考察——从白寿彝先生的考辨谈起》，《北京师范大学学报》2020年第4期。不过，刘骏勃因确定《易序》原为《浮沚集》之一部分，故判断此文是周行己所作。

四、《浮沚集》的真伪与年代问题

　　最早提到《浮沚集》的是南宋藏书家陈振孙,《直斋书录解题》著录"《浮沚先生集》十六卷,《后集》三卷……集序林越撰"[①]。今本是四库馆臣从《永乐大典》中抄出的,只有九卷,另有《敬乡楼藏书》补遗一卷[②]。今本中的表、序、书、诗文,都是周行己自作,所载甚明。卷二《经解》十二条,涉及易学、礼学等领域。南宋卫湜的《礼记集说》引用的周行己文字,有十二条之多,其中八条见于《经解》,另有一条与《礼记讲义序》文字基本一致[③]。由此看来,《礼记讲义》当是与《序》并行的,卫湜默认《礼记讲义序》是周行己自作。以此类推,《易讲义》也应与《易讲义序》并行,今《经解》收录的"仁者见之谓之仁"条文字,当属《易讲义》逸文。陈小平先生取潘猛补之说,认为"周行己之序仅为《程传》而作,非其另有《讲义》"[④],此说非是。

　　熊节《性理群书》所见《易序》《礼序》,以及卫湜所见《礼序》,均采于《浮沚集》。《礼记集说》是卫湜于宝庆元年(1225)之前,在武进任上完成的(见魏了翁序),其自序有言"日编月削,几二十余载而后成"[⑤],则其创作之始,当不晚于开禧元年(1205)。至于熊节《性理群书》的编纂时间则未知,但史籍说他于庆元五年(1199)廷对[⑥],则此前尚忙于求学和举业,未暇著述。而且从情理上说,此书应是朱熹去世后才开始编纂的,

---

　　① 陈振孙:《直斋书录解题》,上海古籍出版社,1987年,第515页。

　　② 周行己:《周行己集》,第173页。

　　③ 有人已经做过相关的考查,具体可见唐纪宇《程颐〈程氏易传〉研究》附录一《〈易序〉考》,北京大学2011年博士论文,第250–251页。唐纪宇认为此文是周行己所作。

　　④ 周行己:《周行己集》,第43页。

　　⑤ 卫湜:《礼记集说》,《文渊阁四库全书》第120册,台北商务印书馆,1983年,第3页。

　　⑥ 宋端仪、薛应旂:《考亭渊源录》,《儒藏精华编》第152册,北京大学出版社,2016年,第370页。

故应晚于1200年。《浮沚集》之刊刻流通，当不晚于两书编纂之时。另外，陈振孙提到的为《浮沚集》作序的"林越"，疑即是《汉隽》的作者"括苍林越"①。《汉隽》的刊刻在绍兴壬午（1162），而据嵇曾筠《浙江通志》载，林越于绍兴二十一年（1151）中进士②。就作序人的活跃年代看，乾道（1165—1173）、淳熙（1174—1189）之际他应该仍有活动，作为永嘉耆老，为《浮沚集》作序是可能的。而绍熙（1190—1194）年间，他已经老迈，开禧（1205—1207）之后，则可能已不在世。故而可以暂取1205年为《浮沚集》行世之下限。

至于《浮沚集》行世的上限，则应在乾道、淳熙年间，取其折中，可以将上限定在1174年。一方面，朱熹所校订的《太极通书》，分别在乾道五年、六年，淳熙六年、十四年，由朱熹、张栻刊刻而风行天下③。此后《太极图说》才受到学者的广泛关注，《易讲义序》这篇文字才可能被创作出来。另一方面，周行己虽早年持身甚严，登第后不忘出身，娶双目失明的表妹为妻，但也做出过"害义理"④的事。而且他在政治上采取兼容并包的立场，既不排斥苏轼为代表的蜀党，也对新党存有一定的好感⑤。故而在身遭党禁之余，仍能借温州道士林灵素之荐⑥，获任秘书省正字。为此，他还上书蔡京："阁下过听，猥蒙收录，进之吾君，不以其不肖无堪，置之学士大夫之列。被命之日，不议于人，不卜于神，舍其闲居安业之私，幡

---

① 陈振孙：《直斋书录解题》，第429页。

② 嵇曾筠：《清雍正朝浙江通志》，中华书局，2001年，第5156页。

③ 见朱熹《太极通书后序》（建安本），张栻《通书后跋》（延陵学宫本），朱熹《再定太极通书后序》（南康本）、《通书后跋》（延平本），分别见《周敦颐集》第43–45页，第119–120页，第45–48页，第49–51页。朱熹最早编订的长沙本，其序跋不传，然此本还没有将《太极图说》置于《通书》之前，故可略去不计。建安本才是最早将二书次序调换的本子，此本刊刻于乾道己丑（五年，1169）。

④ 程颐、程颢：《二程集》，第434页。

⑤ 周梦江：《试论周行己》，《浙江学刊》1985年第6期，第78页。

⑥ 周行己：《周行己集》，《点校说明》第2页。

然有行，不敢以速进为嫌，诚为晚遇得归而不敢有其身故也……某方以疾故退居田里，乃今获遇，虽朴拙不足比数，然亦岂独不欲效其尺寸以行其所知哉？"①书信中虽有箴谏蔡京的言论，但汲汲于攀附的意味也是十分明显的。这样的行止显然会遭到旧党人士的非议，其不见容于南宋初期的道学家群体，也是可以想见的。故其著作之为士人接受，应当有一个过程。即是说，周行己去世后相当一段时期内，《浮沚集》当仅局限于家庭或门人内部传阅，尚无刊刻流传的人文条件。

《浮沚集》是在南宋乾道以后刊刻的，从作序人林越的活跃年限，以及收录其文字的熊节《性理群书》、卫湜《礼记集说》的编纂时间，并《易讲义序》的创作背景，我们可以将此书刊印的时间段定在1174—1205年之间。而此序可能的作者，则应是活跃在这一时期、具备道学素养的周氏后人或传人。

五、可能的《易讲义序》作者

据《宋元学案·周许诸儒学案》，周行己的门人有吴表臣、李迎，二者皆为高宗时人（李是周的女婿），皆可排除②。此外，永嘉学派的代表人物郑伯熊（1124—1181），也被视为周的传人。但这只是"私淑"③。《学案》说郑氏"兄弟并起，推性命微眇，酌古今要会，师友警策，唯以统纪不接为惧，首雕程氏书于闽中，由是永嘉之学宗郑氏"④。从这里的论述看，《学案》强调的是永嘉地域伊洛之学的统绪，并未说他是否受到周氏之学的影

---

① 周行己：《周行己集》，第67页。
② 黄宗羲等：《宋元学案》，中华书局，1986年，第1146页。
③ 黄宗羲等：《宋元学案》，第1132–1133页。
④ 黄宗羲等：《宋元学案》，第1153页。

响。且周氏自为一大族，郑伯熊恐未必能染指《浮沚集》，将其私说窜入其中。

从周行己传人方面，我们得不到有用的线索，然详考乾道至开禧年间活跃的周氏后人，却可以找到不少信息。早在北宋，周氏家族就是永嘉之地颇有名望的士人家族，登进士第者不在少数①。据叶适《周镇伯墓志铭》所述，截至嘉定十三年（1220），周氏家族定居温州已近两百年，且不断有人科举及第②。这样一个大家族，是有能力刊刻《浮沚集》的，其中一些族人也有创作《易讲义序》的能力。周氏族人中，可考的有周行己之孙周学古，族孙周鼎臣，鼎臣之弟周去非，鼎臣之子周端朝。

周学古，生卒年不详，《万姓统谱》载其科举不第，"以风雅自娱"③，其所著多为诗文，今失传。叶适为其作序云："周会卿诗本与潘德久齐称。"④则似乎不是道学家。周鼎臣（1126—1186），字镇伯，曾任漳浦主簿，叶适铭其墓云："勤志广学，大书丛卷，多数百者，亲手传写，记忆略遍。未冠，与郑景望同登名誉正等……诸弟迭起，各取科目，争为闻家。然皆由君教也。"⑤可知这一支族人里，当时有不少人有功名在身。而鼎臣很早便登第，与郑伯熊同时。至于其是否服膺道学，则未详。

以《岭外代答》知名于世的周去非（约1135—1189）⑥，有可能是《易讲义序》的作者。去非字直夫，《宋元学案》认为他"学于南轩，尝从之

---

① 周行己:《周行己集》,《点校说明》第3—4页。

② 叶适:《叶适集》,中华书局,1961年,第474页。

③ 凌迪知:《万姓统谱》,《文渊阁四库全书》第956册,第924页。

④ 叶适:《水心集》,第212页。

⑤ 叶适:《水心集》,第473页。

⑥ 周去非生卒年,据于杨武泉先生考证,见杨武泉《岭外代答校注》,中华书局,1999年,前言第5—6页、第16页。

桂林"①,《考亭渊源录》云其"为张栻高弟"②。张栻是周敦颐《太极图说》的大力支持者之一,假如周去非真是南轩门人,那么围绕《易序》作者所引发的一系列问题便可迎刃而解了。但根据杨武泉先生的考证:"《代答》一书,却无一语涉道学,提到南轩,亦如提到石湖、于湖（张孝祥),并无尊师之特笔。《南轩集》中既无张、周传授之迹（张只比周长二岁),周之友朋如范成大、杨万里、楼钥等之著作中,亦无言及此者。"③杨先生认为,这大概是由于周去非在广西钦州任教授时,张栻也于淳熙年间知静江府（今桂林),曾有过从,所以有"从之桂林"之说。今按淳熙四年张栻《钦州学记》云:"其学之教授周去非秩满道桂。"④周去非向张栻求一篇文章,以纪念钦州官学的重建。这只是公事往来,不足以证明周曾从学于张。张栻还有《答直夫书》,以天理、人欲为说,但不知此处是否指周去非⑤。不过,从周去非的交游来看,他未尝不从事于伊洛之学。杨万里《怡斋记》自述其在乾道二年住在长沙张栻居所,与张栻、刘光祖等人有过学术交流,而淳熙三年"友人周直夫归自长沙"⑥,帮刘光祖与杨氏互通消息,可知去非是在道学家圈子之内的,与湖湘学派关系较密切。杨万里《诚斋易传》也对《太极图说》有所注意:"周子所谓'无极'者,非无极也,无声无臭之至也。"⑦杨的这种说法,与朱熹、张栻的理解较为一致。这也从侧面证明,在当时,道学群体对太极、无极的看法已经达成了一定程度的共识,《易讲义序》不必一定要经朱子之手才能写出。又,楼钥《祭周

---

① 黄宗羲等:《宋元学案》,第2389页。

② 宋端仪、薛应旂:《考亭渊源录》,第234页。

③ 杨武泉:《岭外代答校注》,前言第6页。

④ 张栻:《张栻集》,杨世文点校,中华书局,2015年,第889页。

⑤ 张栻:《张栻集》,第276页。

⑥ 杨万里:《诚斋集》,《文渊阁四库全书》第1161册,第14页。

⑦ 杨万里:《诚斋易传》卷十七,九州出版社,2008年,第258页。

通判》云："余分郡符，君方忧居，间至偃室，退公之余，讲《易》谈元，为之踌躇。"①可知周去非对《易》学是有研究的。再有，《易讲义序》中"万物之生，负阴而抱阳，莫不有太极，莫不有两仪"②的论述，与《浮沚集》卷二"万物皆有太极，太极者，道之大本……夫一物之中，皆具一道；一道之内，皆具阴阳……万物负阴而抱阳，谁独具无道乎"③的论述，颇为接近。有理由认为，比起其他学者，继承周氏易学的学者要更容易接受朱熹所阐发的"一物各具一太极"的思想，更容易受到《太极图说》的吸引。这就使得《易讲义序》既带有朱子学的烙印，又带有关学痕迹，并在措辞上与《易讲义》逸文相似（如"万物……负阴而抱阳"）。而周去非做过地方教授，讲授《易》《礼记》等也是他的工作，得到周行己《易讲义》并研习之，为之作序的可能性是比较大的。

周端朝（1172—1234），字子清。绍熙年间（1190—1194）为太学生，因抗议韩侂胄流放赵汝愚，遭到流放编管，被视为"庆元六君子"之一。由于宋宁宗及朝臣的干预，韩侂胄并没有杀掉他，而是听其自便。故而"自上书后，转徙者十七年，授徒自给"④。这位受道学影响极大的太学生，也是有写作《易讲义序》能力的。韩侂胄死后，他才于嘉定三年（1210）登进士第。此后做过桂阳军教授（任上立濂溪祠于桂阳）、太学录、博士、侍讲等学官，以刑部侍郎终。《学案》谓其"一不合于侂胄，再不合于弥远，三不合于清之，虽官至九列，萧然孤榻，不营一椽"⑤。如果说，周行己因节行有亏而受到道学家群体的排斥，那么其曾族孙周端朝的言行事迹便足以振拔之。《浮沚集》之为学者所接受，产生影响，似乎也正是在

---

① 楼钥：《楼钥集》，浙江古籍出版社，2010年，第1468页。

② 周行己：《周行己集》，第42页。

③ 周行己：《周行己集》，第13–15页。

④ 黄宗羲等：《宋元学案》，第2402页。

⑤ 黄宗羲等：《宋元学案》，第2403页。

周端朝转徙授徒的时期（1194—1210）。此时永嘉之学已然大兴，而周氏家族声名最盛，《浮沚集》正是在这一时期流布且为士人接受的。

综上，在排除程颐、周行己、朱熹诸可能后，《易讲义序》的作者可能是周行己族孙周去非或曾族孙周端朝①。其中，最有可能的作者是周去非，因为他与张栻是同时人，且曾亲身往返湖湘，与该地的道学群体有较多的交流，他与杨万里、楼钥等人关系密切，于易学上也有一定造诣。以家传的周行己易学为基础，融合"理一分殊"之新说，依循周敦颐《太极图说》而作此《序》，在学问原委和学力上讲都是成立的。而且他活跃于乾道、淳熙年间，仅略晚于林越的最活跃时期，在时间关系上也可成立。说他为周行己的《易讲义》补作一《序》，后人在整理《浮沚集》时不小心窜入，是较有可能的。

至于周端朝的活跃期则在绍熙之后，距离林越的活跃期已经有一段距离，故而他创作《易讲义序》并窜入《浮沚集》的可能性不是太高。不过应该承认，倘若没有周端朝在立身行事上的特出之处，《浮沚集》也不会进入熊节的视野。某种意义上，将《易讲义序》《礼记讲义序》收入《性理群书》，使之介于程颐、朱熹之间，可以看作是朱学门人对周端朝之为道学功臣的嘉许，由是而将德泽反哺于乃祖②。而从周行己、周端朝两人，也可以清楚地看到，永嘉周氏在传承道学的两百年间，是如何从耳听口

---

① 当然，也有可能是其他不见记载的周氏族人，不过这种可能性应该不大。《易讲义序》虽然不是一篇精深的易学作品，但能够在朱、张表彰《太极图说》后的三十余年间迅速掌握其思想，并且对"理一分殊"的主旨有所吸收，融周行己之学与朱子新说于一炉，学术造诣以及思想的敏锐度在当时士大夫中应属较高水准，不太可能是籍籍无名之人。

② 倘若是因为《易讲义序》表达的意思接近朱熹，所以才将之收录，以作为程颐、朱熹之间的过渡环节，勾连出程朱授受谱系，那么只此一篇就够了，何必再收录无关紧要的《礼记讲义序》？而且，周行己本人的行止素不为二程门人所重，朱熹对他的评价也不高，构建程朱谱系，又何须用到周行己的文字？只有从周端朝与庆元党禁之间的深刻渊源入手，联系周端朝家族的道学嫡传身份，才能对熊节采编二《序》的原因有所领会。

谈，渐至于浸润入身，成为坚定不移的生命之学的传承家族。周氏家族的这种变化也可以从侧面证明，永嘉之学已经逐步融入道学系统，成为道学的一个重要分支。

（本文作者为浙江师范大学马克思主义学院讲师）

清初孔自洙生平事迹及其与叶先登交游考

刘　涛

提　要： 孔自洙为孔子后裔，乃清代嘉兴府桐乡县首位进士，兼备文武之才，于桐乡、漳州、延平等地移风易俗，维护东南海疆社会稳定，以及湖广武昌农业发展，均起到积极的推动作用。孔自洙宦闽期间，与闽南名士叶先登相交往，并应邀为叶先登父母撰墓志铭。目前仅见孔自洙闽楚诗文各一篇，从中可考知孔氏部分生平事迹。

关键词： 孔自洙　叶先登　生平事迹

孔自洙（？—1700后），孔子后裔，清顺治六年（1649）进士。历任刑部主事、兵部武库司主事，福建按察使司佥事、提督学政，福建建南道参议，为湖广按察使司副使、分巡荆西道。《［嘉庆］桐乡县志》《［雍正］湖广通志》均有传。叶先登（1605—1694），福建漳州府长泰县人，清顺治九年进士，顺治十三年任职翰林，在长泰与孔自洙订交。目前学界对孔自洙及叶先登未有研究，本文搜集新旧方志、墓志铭等史料，考证孔自洙生平事迹及其与叶先登的交游情况，尝试还原南孔后裔孔自洙、漳海名士叶先登在清初的活动和经历。

一、孔自洙生平事迹

《[嘉庆]桐乡县志》孔自洙传载：

> 孔自洙，字文在，号皓庵，别号竹盾居士。顺治己丑进士，初任刑部主事，擢兵部武库司。时郡县缉解逃人，株连囚系，矜释无辜者甚众。癸巳，升福建督学。乙未，王师入闽，督抚以自洙才委理军需，运泉州雇夫役万人，躬自抚恤，百姓皆愿往，报最。升剑南参藩，平山寇吴赛娘等渠魁十八人。寻迁荆西兵备道，以襄阳达武昌，江流湍悍，筑长堤二千余里，田畴资灌溉，江汉借屏翰，堤成后，即解组归。去官之日，百姓攀辕卧辙，号吁随数百里外。①

检《[嘉庆]桐乡县志》载：举人"孔自洙，顺治丙戌科"②，又载进士"国朝孔自洙，字文在，顺治己丑科"③。由是知孔自洙顺治三年中举，是桐乡县入清后的首批举人，顺治六年中进士，是桐乡县入清后的首位进士。成进士后，授刑部主事。关于"擢兵部武库司"，《清实录·世祖实录》载：

> （顺治九年十二月辛酉）吏部奏言：衍圣公孔兴燮请将陪祀族人刑部员外郎孔允樾、主事孔自洙等照例优擢。查旧例，孔氏中书、行人如遇上幸太学陪祀者，应与考选。允樾、自洙，应量调礼、兵二部用。报可。④

---

① 李廷辉修：《[嘉庆]桐乡县志》卷七《列传》，清嘉庆四年（1799）刻本，第15叶a。

② 李廷辉修：《[嘉庆]桐乡县志》卷六《举人·国朝》，第15叶b。

③ 李廷辉修：《[嘉庆]桐乡县志》卷六《进士·国朝》，第7叶b。

④ 《清实录·世祖实录》卷七十，中华书局，1985年，第556页。

顺治九年十二月，孔自洙因作为陪同衍圣公孔兴燮祭祀的优秀族人，由孔兴燮申请照例优擢，经吏部上报，顺治帝同意将孔自洙调任兵部。

孔自洙从刑部升任兵部，缘于陪祀得力，获得孔兴燮上奏照例擢升，并非因刑部宦绩。事实上，孔自洙从顺治六年考中进士初授刑部主事，到顺治九年十二月已历三年，到了三年考绩之时。孔自洙本在刑部宦绩突出，再加上陪祀得力，由此获升。孔自洙不仅熟悉法律法规，对礼仪也有深入了解，受到衍圣公称道举荐。

顺治十年，孔自洙升任福建督学。《清实录·世祖实录》载：

> （顺治十年癸巳秋七月乙未）考授兵部主事孔自洙、为福建按察使司佥事……俱提调学政。①

孔自洙通过考选授予福建按察使司佥事，提调学政。从顺治六年起，到顺治十年，任职京官五载，由此离开京城到地方任职。其提学福建宦绩如何？《刘万春六房开族谱》载："刘孟卿，而凌公长子，二十四岁，甲午科宗师孔取进漳平县儒学生员。刘大夏，赖弘公次子，三十岁，乙未科宗师孔取进漳平县儒学生员。刘中砥，君恬公次子，二十四岁，乙未科宗师孔取进漳平县儒学生员。"②此"宗师孔"即孔自洙。时属漳州府的漳平县有刘孟卿于顺治十年，刘大夏、刘中砥于顺治十一年先后经孔自洙考试，入泮漳平县儒学生员，成为孔自洙的门生。

"（顺治）乙未，王师入闽"，《［道光］重纂福建通志》载："（顺治

---

① 《清实录·世祖实录》卷七十七，第606页。

② 见刘连三重抄《刘万春六房开族谱·庠生科次名列》，清抄本，福建省漳平市图书馆藏。该谱为刘大夏在清康熙十二年（1673）创修。

十二年三月）诏遣定远大将军、世子济度率师入闽，讨郑成功。"①顺治
十二年三月，清世子济度率大军入闽攻打郑成功。其时"督抚"，《［道光］
重纂福建通志》载："张纯仁，顺治三年任，有宦绩，浙闽总督始此"，
"李率泰，十三年任，十五年专领福建，闽督专设始此"②。可知福建在顺
治三年始设浙闽总督，至顺治十五年另设"闽督"。另据《［乾隆］福建
通志》：总督都御史"佟代，辽东人，顺治十二年任"③，其继任为李率泰，
可知对孔自洙委以重任的是时任浙闽总督佟代。《［乾隆］福建通志》又
载：巡抚都御史"宜永贵，有传，顺治十二年任""刘汉祚，辽东人，顺
治十三年任"④，对孔自洙委以重任的是名宦、福建巡抚宜永贵。

　　"运泉州雇夫役万人。"《［道光］重纂福建通志》有载：

　　　　（顺治十二年）定远大将军、世子济度同浙闽总督李率泰统大军
　　至泉州，修复漳州及诸县城池。⑤

其时浙闽总督不是上文提及的佟代，而是李率泰？检《清世祖实录》：

　　　　（顺治十三年丙申夏四月辛酉）浙闽候代总督屯泰上疏、自叙在
　　任剿抚功。上以台州失事，不知引罪，反冒众人之功，切责之。旋又

---

　　① 陈寿祺等纂：《［道光］重纂福建通志》卷二百六十八《杂录·外纪三》，《中国省志汇编第九》
第 11 册，台北华文书局股份有限公司，1968 年，第 5088 页。

　　② 陈寿祺等纂：《［道光］重纂福建通志》卷一百七《国朝·职官》，《中国省志汇编第九》第 5
册，第 2043 页。

　　③ 郝玉麟修：《［乾隆］福建通志》卷二十七《职官八·总部·国朝》，《文渊阁四库全书》本，第
1 叶 a。

　　④ 郝玉麟修：《［乾隆］福建通志》卷二十七《职官八·总部·国朝》，第 2 叶 a。

　　⑤ 陈寿祺等纂：《［道光］重纂福建通志》卷二百六十八《杂录·外纪三》，《中国省志汇编第九》
第 11 册，第 5089 页。

因以留恋地方，不即交代，并下部议处。①

"屯泰"即上文所述佟代。《清世祖实录》又载：

> （顺治十三年丙申夏四月壬戌）敕谕浙闽总督李率泰曰：浙闽重
> 地。军务方殷。亟须料理。敕书到日。尔即兼程速赴新任。不必候王
> 国光面代。其两广总督关防、及各项文卷、俱交与巡抚李栖凤、暂行
> 摄理。②

顺治十三年夏四月壬戌，李率泰已从两广总督调任浙闽总督，接替佟
代，顺治帝令不用等新任两广总督交接，直接前往赴任浙闽总督。济度与
浙闽总督佟代在泉州，修复漳州府城及其诸县城池。孔自洙深得佟代、宜
永贵认可，负责处理军需事务，征泉州百姓修城。泉州是郑成功故里，孔
自洙迎难而上，完成从泉州成功征调万名百姓服役的任务。他心思缜密，
深知百姓疾苦，采取抚邮百姓的策略，用心消除民怨，百姓乐于听命。以
宦绩著，升任"剑南参藩"，查《［乾隆］福建通志》：分守建南道"孔自
洙，桐乡人，进士，（顺治）十五年任"，其继任宋杞"顺治十七年任"③。
《清世祖实录》载：

> （顺治十六年己亥闰三月癸丑，升）福建建南道参议孔自洙、为
> 湖广按察使司副使、分巡荆西道。④

---

① 《清实录·世祖实录》卷一百，第775页。
② 《清实录·世祖实录》卷一百，第775页。
③ 郝玉麟修：《［乾隆］福建通志》卷二十七《职官八·总部》，第8叶b。
④ 《清实录·世祖实录》卷一百二十五，第968页。

孔自洙在顺治十五年至十六年间分守建南道。据《［乾隆］福建通志》载："分守建南道：一员，驻扎延平府，后移驻汀州，管辖邵武府，康熙六年裁。"①《［嘉庆］桐乡县志》孔自洙传所载"剑南参藩"的"剑"字未确，盖刊刻之误。福建建南道署位于福建延平府。

孔自洙从福州调往泉州，继而又调任闽西北延平府，表面上看是因为宦绩突出而升任，实则与孔自洙深受佟代信任有关。

孔自洙在延平府的宦绩，孔自洙传述及"平山寇吴赛娘等渠魁十八人"，然福建旧志却未提及孔自洙与吴赛娘事件的关系。关于吴赛娘起事，《［乾隆］延平府志》载：

> 吴赛娘，顺昌人，侨寓将乐。与白莲教惑聚多人，有吴大娘、杨孝郎等相为羽翼。时余家坪村民素悍好斗，遂构衅，杀戮年久，熟识形势，于仙人堂营为窟穴，结七十二寨，有红旗、铁门、酒埕等名，而红旗为诸寨之门户，以高临下，捕者束手无策，其众遂积岁满万。顺治七年，焚杀各县及延、汀、邵三府。②

吴赛娘是延平府顺昌县人，寓居将乐县，与白莲教联合反清，顺治七年席卷延平、汀州、邵武三府。《［乾隆］延平府志》未载孔自洙于此发挥的作用，却认为（顺治）十一年延平府知府柴自新与之有关。实则周亮工曾镇压吴赛娘起义。《［乾隆］延平府志》载记未全，盖与周亮工后来涉案，故其事遭抹除有关。按《延平府志》，南平县有坊表："道学名邦，在府治前。顺治十六年，分守建南道孔自洙建。乾隆二十六年，知府傅尔泰重

---

① 郝玉麟修：《［乾隆］福建通志》卷二十《职官一·国朝文职》，第11叶a。

② 陶元藻等纂：《［乾隆］延平府志》卷十一《征抚》，《中国方志丛书》第99号，台北成文出版社，1967年，第197页。

修。"①顺治十六年，孔自洙在延平府衙前兴建"道学名邦"牌坊。延平府是宋代理学名家杨时、罗从彦、李桐故里，亦是朱熹过化之地。延平府知府傅尔泰曾在乾隆二十六年（1761）重修此牌坊，按理应知孔自洙在延平事迹，却只字未提。孔自洙平定吴赛娘之乱应有所本。傅尔泰将此归功于前任知府柴自新，或与突出延平知府作用有关。吴赛娘早在顺治七年之前就已起事，最终被孔自洙平定。孔自洙文武兼备，应与其曾任职兵部武库司、提学福建学政兼理军需的历练有关。孔自洙"寻迁"荆西兵备道，则当与其平定吴赛娘起事有关。

孔自洙在湖广之宦绩，主要是兴水利，修筑堤坝长达两千余里，对江汉平原的农业发展起到了积极作用。孔自洙在堤坝筑成后，旋即解官归里，百姓十分不舍。《湖广通志》孔自洙传载：

> 孔自洙，浙江嘉兴进士，由福建学政分巡荆西，甫八月以病归。去之日，行李萧然，沔人遮道送之，其《题署中别业》云："闲挥麈尾封疆静，细嚼梅花肺腑香。"至今诵其诗，如见其人。②

《湖广通志》载孔自洙在任深得民心，以病乞归。孔自洙于顺治十六年闰三月赴任武昌府，八个月后，即同年十二月离任。此后事迹，史志无征。近年出土的孔自洙所撰墓志铭一篇，或可补其交游及晚年生活记载的空白。

---

① 陶元藻等纂：《［乾隆］延平府志》卷七《坊表》，第128页。
② 迈柱修：《［雍正］湖广通志》卷四十二《名宦志·总部》，《文渊阁四库全书》本，第5叶a。

二、孔自洙与叶先登交游

近年在福建省漳州长泰县陈巷镇出土一方孔自洙所撰《待赠太史叶先生暨配王太孺人合葬墓志铭》。学术界对此尚未有研究，以下从孔自洙撰写墓志铭的时间、起因、墓主生平事迹等方面详作考证，以还原孔自洙相关交游活动。兹录墓志铭，并标点如下：

待赠太史叶先生暨配王太孺人合葬墓志铭

顺治丙申夏六月，余奉简书，重校漳士。郡治残毁，所司葺馆舍，移驻武安之城隍祠，适与太史叶昊庵先生□□相比。时太史以孝思请假，为太翁、孺人襄窆岁，日在山中。余以诸士鳞次就试，昕夕事铅椠，未遑一刺相通□□。迨试事甫竣，太史乃持所为状造余所，而请曰："先登为先父母卜宅兆，业已就绪，恐无以为泉台光，请大夫为志若铭，以永不朽。"余受而读之，太翁之宽弘垂裕，太母之黾勉克相，真可为有家者百代师法，不独叶氏一姓之庆贻也。余素不娴于古，然采风搜乘，阐幽微显，以备文献之征，窃有一日之责焉。其敢以弗文辞？遂冒昧而为之志。

按：翁讳呈熜，字启英，别号淑烃，闽之长泰人，世为邑著姓。厥考桃溪公有子五人，翁居长。龀年就外传所授诸书，过日成诵，未舞象而经史百家俱搜□无遗，名誉暴起。桃溪公轩渠曰："儿宁馨，是可亢吾宗也已。"邑人士多与定交，惜数奇屡蹶，然终不肯徙业。娶王孺人，于归时奁饰甚盛。值桃溪公食指渐繁，家中落，翁乃授徒里中，岁得束修所以供甘旨。孺人亦善承翁志，屏绮丽，椎髻操作，簪珥悉废着，以佐饘餰。桃溪公□而大噱曰："此子职宜然，妇何为者？乃能如是，得无有余庆乎？"人以是两贤之。翁于诸弟犹子，尤爱念备至。桃溪公捐馆，其含襚周身之物，俱以躬任，未尝少有他诿。及□□夫人丧亦如之。盖内行醇谨，论者每方之庞德公、司马德操云。

既而太史籍诸生有声，累试辄冠军，见者咸以公辅器之。翁意始自得，益肆力于文艺，恒手自编纂，以为燕贻之□，家人生产，概置不问。太史举于乡，翁益修长者之行，日佝偻循墙，不敢稍逾矩步。督课□叔若季，以恒产为事，曰："若曹好为之，慎勿以兄故，荒□□也。"人闻益高之。平生身不二色，唯娶王孺人，相庄白首。孺人内严明而外柔顺，自尊章娣姒以下逮诸妇，俱孝敬慈和，无少鳞语，故闺门之中穆如也。至于教太史，则和然画荻，间以助太翁所不逮。虽为贵人母，而深自刻励，居常荆布，与婢媪杂作。诸妇皆服习其训，即隆寒盛暑，咸执役唯谨，不敢告劳，史所称班姬、陶母，恐未能或过也。但天靳其年，翁没未数载，亦溘然殂谢。太史之贵，竟不及见，惜哉！今太史以射策甲科，为天子侍从臣，日糜大官饩，称华选，乃婴怀风木，疏请归空，朝报可而夕就道，行将获纶綍之锡，以生辉泉壤，则太翁、孺人虽未享大奉于生前，而身后之光荣正□然未有艾也。

翁生于万历己卯年四月二十日亥时，卒于崇祯庚辰年四月初七日未时，享年六十有二。孺人生于万历庚辰年正月廿四日亥时，卒于顺治丁亥年十一月廿七日丑时，享年六十有八。男三人，长则今太史先登，娶同邑戴氏；次先发，娶海澄陈氏；次先癸，娶龙溪詹氏。孙男七人。自本，国子生，娶同邑王氏；自根，聘戴氏，前御史戴公讳相孙女，今贡生戴振京长女；自栋，未聘；俱太史出。自标，邑诸生，娶龙溪汪氏；自植，未聘，先发出。自树，邑诸生，聘举人林廷擢女；自楷，未聘，先癸出。女孙五人。潜，适同邑诸生王公锦；好，适龙溪诸生林正浩；戒，字今岳州金宪戴公玑次男鑐；俱太史出。凉，适同邑邵绳；温，字同邑洪庆，先发出。是年八月十有七日，翁偕孺人将合葬于邑东彰信里之大夫坊，坐坤面艮，从吉卜也。于是遂为之铭，铭曰：

抱天根兮穿月窟，马鬣牛眠兮真气勃窣。宜尔千秋万祀兮，陵谷之不迁而贤豪之辈出。

康熙庚辰岁二月初八日，迁葬于本山东园内，坐乙向辛，兼丁卯分金。

赐进士第、奉政大夫、提督福建学政、按察司金事年家侄孔自洙顿首拜撰。

图1　孔自洙所撰《待赠太史叶先生暨配王太孺人合葬墓志铭》原件（本文作者自摄）

墓志铭全文1189字，计篆额18字，正文1171字。保存较好，基本可识读。末镌"自洙之印""皜庵""己丑进士"。

据"康熙庚辰岁二月初八日，迁葬于本山东园内"，墓志铭撰写时间当在康熙三十九年（1700）后。可见孔自洙自顺治十六年十二月辞官归里，四十年后仍然在世。

顺治十三年六月，孔自洙时任福建按察使司金事、提督学政，因有"奉简书，重校漳士"之举。当时"郡治焚毁"，故移驻长泰县城隍庙。

《［光绪］漳州府志》载：

（顺治十一年）十二月，郑成功入漳州……十二年春，世子王率

大兵入闽，成功度不支，六月坠漳州及漳浦、南靖、长泰、平和、诏
安各县城（时郡城民屋，无大小俱拆毁，浮木石于厦门，所存者唯神
庙寺观而已）……十三年六月，黄梧、苏明以海澄降。贼将甘辉等率
众至，则我师已先入矣。辉焚中权关，取仓庾以去……成功既失险要，
又丧军实，乃决计寇江南，而漳民稍息。①

顺治十一年十二月郑成功进入漳州，翌年清军大举入闽，成功下令拆
毁漳州府城民房，移建其据点于厦门，唯独神庙寺观未被拆除。顺治十三
年六月，成功部将黄梧为首降清，甘辉来不及支援，放火焚城而去。成功
由此转战江南，漳州方得宁息数载。

《［民国］长泰县新志》载："叶先登，字岸伯。"②知"昊庵"是叶先登的
号。《清实录·世祖实录》载"（顺治十一年甲午九月丁未）授庶吉士"，叶
先登等人"俱为内翰林秘书院检讨"③。又，"（顺治十五年戊戌五月庚子）谕
吏部：翰林官教养有年，习知法度，宜内外互转，使之历练民事，觇其学问
经济，以资任用。兹朕亲行裁定"，叶先登等人"俱才堪外任，着察照前例、
遇缺即与补用"④。叶先登在顺治九年选庶吉士，顺治十一年授翰林检讨。

叶先登父叶呈�，字启英，号淑烃，出身长泰望族，祖籍长泰县恭顺
里过山社。呈�父叶桃溪有五子，呈castle居长。早慧，博览群书，有声于诸
生间。《［康熙］漳州府志》载"崇祯十二年己卯钟坦榜"举人："叶先登，
长泰人，壬辰进士。"⑤叶先登明崇祯十二年（1639）中举。

① 沈定均修：《［光绪］漳州府志》卷四十七《灾祥志（附:寇乱）》，清光绪三年（1877）刻本，第34叶a。
② 《［民国］长泰县新志》卷二十《列传》，《中国地方志集成·福建府县志辑》第32册，上海书店出版社，2000年，第637页。
③ 《清实录·世祖实录》卷八十六，第678页。
④ 《清实录·世祖实录》卷一百十七，第909页。
⑤ 郝玉麟修：《［乾隆］福建通志》卷三十八《选举六》，第90叶b。

戴相是"福建漳州府长泰县军籍"①进士，明初名宦戴同吉五世孙②。戴玑，《［乾隆］福建通志》记载："顺治六年己丑刘子壮榜进士"③，清代长泰县首位进士。林廷擢，《［民国］长泰县新志》仍沿用叶先登在康熙二十六年主纂《长泰县志》记载："丙戌科，林廷擢"④，此"丙戌"表面上看是顺治三年，其时清军尚未进入长泰，林廷擢实则南明隆武政权隆武二年丙戌（1646）福建乡试中式举人，于是年清军入闽后归隐。

《大清顺治六年进士题名碑录（己丑科）》载：戴玑、孔自洙分别考中二甲第四十九名、第五十名进士⑤，孔自洙与叶先登的儿女亲家戴玑是同科进士。孔自洙与叶先登在顺治十三年一见如故，由此订交。叶先登在康熙三十三年去世，康熙三十九年，孔自洙应叶先登晚辈之托，为叶先登父母撰墓志铭。《清实录·世祖实录》载："（顺治十二年秋七月丙午）补外转吏部主事戴玑为湖广按察使司佥事、上江防道。"⑥戴玑在顺治十二年补任上江防道，道署位于岳州。

孔自洙所撰墓志铭翔实记载了明末清初闽南名士叶先登的家世、家风、成长经历以及长泰县名门望族、南明举人的联姻情况，为明代卫所军户进入清朝社会提供实证，同时可补孔自洙生平交游载记的不足。

（作者系福建龙岩学院闽台客家研究院客座研究员、肇庆学院肇庆经济社会与历史文化研究院研究员）

---

① 《明天启二年进士题名碑录（壬戌科）》，《明清历科进士题名碑录汇编》第2册，台北华文书局股份有限公司，1969年，第1220页。

② 《［民国］长泰县新志》卷十六《选举》，《中国地方志集成·福建府县志辑》第32册，第597页。

③ 郝玉麟修：《［乾隆］福建通志》卷四十一《选举九》，第1叶b。

④ 《［民国］长泰县新志》卷十六《选举》，《中国地方志集成·福建府县志辑》第32册，第601页。

⑤ 《明清历科进士题名碑录索引》第3册，第1425页。

⑥ 《清实录·世祖实录》卷九十二，第728页。

"西陵后十子"考论①

蓝 青

摘 要： "西陵后十子"是清康熙间活跃在杭州地区的诗人群体，成员有洪昇、徐逢吉、吴允嘉、李延泽、钱璵、俞士彪、沈用济、陈煜、丁文衡、张潞十人。"西陵后十子"在很大程度上继承了"西陵十子"的诗学思想，主张宗唐复古，提倡温厚平和，崇尚隐逸清幽，同时注重熔铸变化，拓宽诗学视野。这些主张对厉鹗产生了深刻的影响。作为入清后杭州第二代诗人群体，"西陵后十子"上承"西陵十子"，下启以厉鹗为首的浙派，在清代杭州诗坛流变中占有重要地位。

关键词： 西陵后十子 西陵十子 厉鹗 浙派

明清之际，"西陵十子"崛起于杭州诗坛，他们不仅倾心于诗歌创作，亦致力于奖掖提携后生晚辈，对杭州诗坛的繁荣起到了极大的促进作用②。

---

① 本文系中山大学高校科研业务费青年教师培育项目"明清之际'西陵十子'诗学研究"（项目编号：18WKPY84）阶段性成果之一。

② "西陵十子"（一作"西泠十子"）是明清之际活跃在杭州西湖畔的一个诗人群体，其成员皆为杭州人，包括陆圻、毛先舒、柴绍炳、张丹、沈谦、丁澎、孙治、陈廷会、吴百朋、虞黄昊十人。他们在明清之际积极开展文学活动，雅集酬唱，集体发声，推动了清代杭州文学与文化的兴盛。参见朱则杰《略论明清之际诗坛上的西泠派》，《杭州师范学院学报》1989年第5期；蓝青《论"西陵十子"的诗学思想》，《广州大学学报》2018年第11期；蓝青《清初"西泠十子"的政治倾向与文学创作》，《浙江师范大学学报》2018年第3期。

"西陵十子"俨然执杭州诗坛牛耳者，对乡邦后学产生了巨大影响，其所倡导的宗唐复古亦成为杭州诗学传统，对清初盛行的宋诗风显示出强大的抵御能力。顺治至康熙中叶，诗坛宋诗风甚盛，在时风与地域先辈之间，杭州后学大多选择了后者，虽对宋元诗亦有涉猎，但在立场上明显站在宗唐一派，其中尤以"西陵后十子"（一作"西泠后十子"）最负盛名。"西陵后十子"承继"西陵十子"尊奉乡贤的宗唐复古理论，提倡温厚平和之音，崇尚隐逸清幽，同时注重镕铸变化，拓宽诗学视野，体现出与时俱进的自觉意识。然学界迄今尚未有关于"西陵后十子"的专门研究。作为入清后杭州的第二代诗人群体，"西陵后十子"上承"西陵十子"，下启以厉鹗为首的浙派，在清代杭州诗坛流变中占有重要地位。本文拟对"西陵后十子"的成员、交谊以及文学理论进行细致梳理，并探究其对清代杭州诗坛的重要意义。

一、"西陵后十子"成员考述

《吴山城隍庙志》卷六载徐逢吉"尝问字于乡先辈孙治宇台、陈廷会际叔、毛先舒驰黄，以疑义相质，所得益邃。里中同起诸子，则有洪昉思昇、吴志上允嘉、李小园延泽、钱他石璜、俞季瑮珮、沈方舟用济、陈懒园煜、丁茜园文衡、张荻村璐（笔者按：应为潞），号'西泠后十子'，复振骚坛，逢吉与焉"①。吴允嘉"少师事张纲孙祖望，读书秦亭山下。同时洪昉思昇受业毛驰黄先舒，读书螺子峰。允嘉与昇以'后十子'翘楚振起西泠，皆有得于师传"②。则"西陵后十子"成员有洪昇、徐逢吉、吴允嘉、

---

① 卢崧修、朱文藻等纂：《吴山城隍庙志》卷六，王国平主编《西湖文献集成》第25册，杭州出版社，2004年，第862–863页。

② 卢崧修、朱文藻等纂：《吴山城隍庙志》卷六，《西湖文献集成》第25册，第862页。

李延泽、钱璜、俞士彪、沈用济、陈煜、丁文衡、张潞十人。

洪昇（1645—1704），字昉思，号稗畦，又号稗村、南屏樵者，浙江钱塘（今杭州）人。著有《啸月楼集》《稗畦集》《稗畦续集》《长生殿》等。

徐逢吉（1655—1740），原名昌薇，字紫凝（一作子凝），后改名逢吉，字子宁，又字紫山（一作紫珊），号青蓑老渔，浙江钱塘人（今杭州）。诸生。著有《黄雪山房诗集》《清波小志》。据姚礼《郭西小志》载，徐逢吉与梁佩兰、陈恭尹、吴允嘉合刻《四家诗》，冯景为之序①。吴衡照《莲子居词话》卷三、《国朝杭郡诗辑》卷九皆载其名列"西陵后十子"。徐逢吉居杭城清波门外学士港，因清波门在南宋被呼为闇门，故时人称其为闇门先生。徐逢吉少喜为诗，补博士弟子，即弃去，自称"举业非所习也"，其所居黄雪山房"门接湖湄""山水清音，恣其吟赏"②。徐逢吉尝出游岭表，与粤中耆旧相唱和，更与梁佩兰、王衣隼等文坛名士订忘年之款，诗日益工。徐逢吉少壮即好远游，"足迹半天下"③，"所至揽其山川名胜，抚今吊古，一一寄之于诗"④，晚年闭户城西，犹不绝吟咏。王士禛尝作诗曰："稗畦乐府紫珊诗，还有吴山绝妙词。此是西泠三子者，老夫无日不相思。"⑤可见其对徐逢吉诗及洪昇乐府、吴山词之推赏。徐逢吉喜奖掖后辈，《吴山城隍庙志》载其"雅好推毂后进，如华秋岳嵒、厉太鸿鹗、柳洁夫溥、吴西林颖芳，晚节乐与倡酬"⑥。

吴允嘉（1657—1729），字志上，又字州来，号石仓，仁和人。诸生。

---

① 姚礼：《郭西小志》卷四，浙江工商大学出版社，2013年，第70页。

② 卢崧修、朱文藻等辑：《吴山城隍庙志》卷六，《西湖文献集成》第25册，第862页。

③ 吴颢辑：《国朝杭郡诗辑》卷九，清同治十三年（1874）钱塘丁氏刻本，浙江图书馆藏。

④ 卢崧修、朱文藻等纂：《吴山城隍庙志》卷六，《西湖文献集成》第25册，第863页。

⑤ 徐逢吉、陈景钟辑：《清波小志》卷上，施奠东主编：《清波小志（外八种）》，上海古籍出版社，1999年，第130页。

⑥ 卢崧修、朱文藻等纂：《吴山城隍庙志》卷六，《西湖文献集成》第25册，第863页。

著有《石甀山房诗》《四古堂文钞》《石仓诗话》等。吴允嘉性孝友，雅好吟咏，"其文原本经史，规模韩、苏"①。康熙中叶，商丘宋荦"开府三吴，广延俊髦，杭士多从之游"②，吴允嘉入其幕府。生平尤好藏书，丹铅点勘，晨书暮写，凡山经地志、墓碣家乘，下逮百家、小说丛残之书，靡弗抄录。徐逢吉为作《石仓抄书歌》，诗云："我友延陵石仓子，抄书日计三千字。一月计之得九万，年年费尽湘东纸。只今垂老力未衰，挥毫写出蝇头细。与我论交五十年，此人好学兼好仙。山中每煮青粳饭，水上常乘莲叶船。"③可略见其梗概。吴允嘉晚年嗜书倍笃，辑《武林宫观志》，搜访尤确。另有《武林耆旧传》《武林文献志》《钱塘志补》，皆足备杭城艺林掌故。

李延泽，字颂将，钱塘人。与长兄李式玉、仲兄李式琏号称"城南三李"。《清波三志》卷上载其"才具挥霍，器局阔远，更超于两兄。为宪端者数十年，所至之处，公卿倒屣"④。李延泽生平著述极富，"几数百卷，为士林仅见"⑤，如《春秋四传注疏合参》五十卷、《春秋战论辑传》四十卷、《通鉴兵书》六十卷、《纲目分注纠缪》四十卷、《南窗书带》二十卷、《类丛》四十卷、《巾箱笔记》二十卷等。

钱璜，字右玉，号他石，钱塘（今浙江杭州）人。监生。著有《云起堂稿》。钱璜少年博学，兼精岐黄。少失恃，曾作《思母诗》十二章，顾豹文嘉其声情凄婉，为之序。阮元《两浙𫐐轩录》卷八引朱彭语称其："生平与徐紫山、沈方舟两诗人交契，多往来酬唱之作。后亦因贫出游，紫山有《寄怀他石》，诗曰：'往有钱他石，清谈妙一时。不为贫士叹，能以古

① 卢崧修、朱文藻等纂：《吴山城隍庙志》卷六，《西湖文献集成》第25册，第862页。
② 卢崧修、朱文藻等纂：《吴山城隍庙志》卷六，《西湖文献集成》第25册，第863页。
③ 卢崧修、朱文藻等纂：《吴山城隍庙志》卷六，《西湖文献集成》第25册，第862页。
④ 陈景钟辑：《清波三志》卷上，施奠东主编：《清波小志（外八种）》，上海古籍出版社，1999年，第129页。
⑤ 陈景钟辑：《清波三志》卷上，《清波小志（外八种）》，第129页。

人师。别我忽三载，入关歌五噫。秋风近萧索，猿鹤可相期。'读此可知其梗概矣。"①

俞士彪，原名珮，字季琈，号潜庄，钱塘人。诸生。康熙四十年（1701）左右官江西崇仁县丞。著有《潜庄诗钞》《玉蕤词钞》，与陆进同辑《西陵词选》八卷。俞士彪与兄俞珣齐名，"诗古文辞皆能超出侪辈"②，时有"二俞"之目。

沈用济，原名瑛，一名宏济，字方舟，钱塘人。康熙时为国子生。父沈汉嘉、母柴静仪。沈用济幼承母教，少以诗鸣。及长，喜漫游，"足迹半天下"③。至岭南，与屈大均、梁佩兰定交，所学益进。后北游边塞，留居于右北平，诗格一变为燕赵之声。游京师，深受红兰主人岳端欣赏与推重，遂声名大噪，"一时名流，几莫与抗行"④。后遭变故，贫老无子，依参议张廷校以终。沈用济一生倾力为诗，沈德潜称其"所成诗，一句一字质之同人，有讥弹辄改定，所由完善无罅漏也"⑤，可见其创作态度之严肃认真。沈用济著有《方舟集》，另与弟溯原合刻有《荆花集》，与费锡璜合著有《汉诗说》十卷。

陈煜，号懒园，生平事迹不详。陈煜与蒋宏道、蒋淑等人往来颇密。厉鹗为其《懒园诗钞》作序，称其："歌行排奡，仿佛嘉州、东川，五七言近体亦在钱、刘之间。"⑥

---

① 阮元、杨秉初辑:《两浙輶轩录》卷八,夏勇等整理,浙江古籍出版社,2012年,第629页。

② 方象瑛:《俞季琈玉蕤词钞序》,《健松斋集》卷三,《清代诗文集汇编》第128册,上海古籍出版社,2010年,第69页。

③ 李元度:《国朝先正事略》卷四十,易孟醇点校,岳麓书社,1991年,第1088页。

④ 李元度:《国朝先正事略》卷四十,第1089页。

⑤ 沈德潜编:《清诗别裁集》下册,上海古籍出版社,2013年,第1017页。

⑥ 厉鹗:《懒园诗钞序》,董兆熊注、陈九思标校:《樊榭山房集》中册,上海古籍出版社,2012年,第734页。

丁文衡（1653—1723），字公铨，又字乃清，号茜园，仁和人。布衣终老。丁文衡平日"手不释卷，口不停哦"①。著有《彩露堂文集》十卷、《乃清诗》十六卷、《集唐诗》四卷、《四六》五卷、《一家言》二卷、《日记》三十卷、《采采吟》一卷、《且吟》二卷、《湖上词》二卷。丁文衡无子，临终时诗文尽付挚友吴允嘉，托以传，而《日记》三十卷则藏于丁敬处。卒，吴允嘉为作挽联，曰："东野惜无儿，留得文章千古在；西桥空有路，今朝车马几人来。"②《国朝杭郡诗续辑》载丁文衡"博雅工诗古文，撰著最多，极为毛西河、朱竹垞鉴赏"③。丁文衡甥汪惟宪《积山先生遗集》有《丁茜园先生传略》，对其生平著述有详细记载。

张潞，字履佳，号荻村，钱塘人。生平事迹不详。

"西陵后十子"皆为杭人，颇多累世之好。不少人自幼即相识，相互之间有着深厚的交谊。他们往往共师西陵前辈，同游一门更加深了彼此之间的情谊，成为一个联系紧密的群体。如洪昇与俞士彪同出于沈谦门下，陈煜、徐逢吉、洪昇皆师从毛先舒，这不仅使他们联系愈加紧密，更令其文学观逐渐趋同。"西陵后十子"内部亦存在师徒关系。洪昇《稗畦续集》有《答门人沈用济见寄》，诗曰："知音吾岂感，问字尔频过。一别大江上，相思秋水多。吴云传短札，燕市托长歌。嫋嫋西风起，芙蓉奈远何。"④可见沈用济为洪昇门人，曾频繁过访求教。"西陵后十子"成员之间往来甚密，常常相携共游杭城山水。如徐逢吉《仲夏洪昇、陈煜、沈用济邀同泛舟西湖，遇毛先生际可于段桥，入席酺饮，歌以纪事》曰："五月梅雨满大湖，湖中紫菱兼绿蒲。南风忽起湿云散，日轮倒射红珊瑚。诸子何来幽

---

① 丁丙：《武林坊巷志》第6册，浙江人民出版社，1990年，第3页。

② 丁丙：《武林坊巷志》第6册，第3页。

③ 吴振棫辑：《国朝杭郡诗续辑》卷二，清光绪二年（1876）钱塘丁氏刻本。

④ 洪昇：《答门人沈用济见寄》，刘辉校笺《洪昇集》卷三，浙江古籍出版社，1992年，第405页。

兴剧，邀□①兰舟泛空碧。侧岸敧斜拂练光，中流荡漾陈瑶席。榜人为奏渌水歌，亭台高下何其多。辉煌不少金粉气，淡薄其如湖水何？回桡才过凤林寺，孤山半露修蛾翠。鹤背难招处士来，笋舆忽异陶公至。座中缓饮饮且酣，为我洗爵临三潭。神鱼可羡不可钓，灵风飒飒湖之南……诸君论诗诗兴豪，须臾月出南屏高。龙堂翠旗犹未下，水仙欲上愁风涛。此时揽衣色惆怅，明星在天各相向。人生饮酒能几时，请看白日如风驰。"②此诗生动地记录了康熙三十九年西湖雅集之盛景：诸子诗酒酬唱，泛舟月下，沉醉于动人美景之中，洒脱超然，豪迈不羁。又如钱瑮《暮秋偕沈方舟过黄雪山房，即同映山、紫山游南屏》曰："直道违时辈，衰年恋故交。高人不出户，好鸟定归巢。水白涵堤外，霜红上树梢。吾将事幽赏，未许暝钟敲。共指南屏路，香台试一登。松杉非旧物，龙象是重兴。隔岸三潭月，空廊几处灯。长桥归去近，不用问山僧。"③诗写钱瑮同沈用济、徐逢吉等人晚年同游南屏山之事，境界超然，禅意悠远。

二、"西陵后十子"与"西陵十子"的交往

"西陵后十子"与"西陵十子"有着密切关系，更有半数成员出自"西陵十子"门下。现可考与"西陵十子"有师徒关系、文学上受其影响较大者，当属洪昇、徐逢吉、俞士彪、吴允嘉、李延泽五人。其余成员虽非出自"西陵十子"门下，但与其存在千丝万缕的联系。现将"西陵后十子"与"西陵十子"的交往考述如下。

"西陵后十子"中声名最著且最能继承"西陵十子"衣钵者首推洪昇。

---

① 此处疑有缺文。
② 徐逢吉：《黄雪山房诗选》，清抄本，南京图书馆藏。
③ 释际祥：《净慈寺志》下册，杭州出版社，2006年，第564页。

洪昇幼年师从陆圻之侄陆繁弨,在陆繁弨的指点下,洪昇诗艺大进,十五岁时即"鸣笔钱塘",声名大噪。陆繁弨仅长洪昇十岁,二人可谓亦师亦友,关系十分亲密。顺治十六年(1659)左右,洪昇先后拜于毛先舒、沈谦门下,并与师执柴绍炳、张丹、张丹叔祖张竞光、徐继恩等人往来甚密。与这些西陵前辈的交往使洪昇受益良多,对其思想及文学观念的形成亦产生了重要影响。如毛先舒对洪昇颇为严厉,平日"不肯妄赞一语"①。毛先舒有《水调歌头·与洪昉思》,对洪昇的为人与为文提出了严格要求,于立身处世告诫其"君子慎微细,虚薄是浮名",要谨慎行事,不务虚名,克制欲望,敛躁气,"心要小之又小,气欲敛之又敛","屋漏本幽暗,笃敬乃生明";于作诗为文"不在风云月露,耽搁花笺彩笔,且向《十三经》",以雅正为归;还激励洪昇要勤勉力学,"百年事,千古业,几宵灯。莫愁风急雨迅,鸡唱是前程"②。沈谦亦鼓励洪昇要勤勉上进,但较毛先舒训诫式口吻要缓和委婉得多,如《与洪昉思》曰:"晓登第一峰,见越中诸山,俱为雪浪所拥,加以薄雾瀴霼,仅露一眉。沙上驼畜人马及载流之舟,亦如镜中尘、杯中芥耳。顷之,旭日升空,大江皆赤。浮金耀璧,不足喻之。气雾潜消,胸襟以爽。想足下此时朱楼未启,尚托春醒,焉知耳目之外有如此气象耶?"③沈谦以登山观晓景为喻,婉转地规劝洪昇要勤加勉励,可谓文采风流,声情并茂。柴绍炳对洪昇亦谆谆教诲,《与洪昉思论诗书》称:"诗文润色,必称质而施。太离则远,太浮则溢,非所谓修词立其诚者","绮靡非诗之极也,质直则陋,义未尽然。作者赋美,各视情韵,贫富苦

---

① 毛先舒:《与洪昇书》,《潠书》卷五,《四库全书存目丛书》集部第210册,齐鲁书社,1997年,第715页。

② 毛先舒:《水调歌头·与洪昉思》,南京大学中国语言文学系《全清词》编纂研究室编:《全清词·顺康卷》第4册,中华书局,2002年,第2190页。

③ 沈谦:《与洪昉思书》,《东江集钞》卷七,《清代诗文集汇编》第70册,上海古籍出版社,2010年,第240页。

乐，正在即境"①。柴绍炳告诫洪昇，诗文之根本在于"立其诚"，文质相称，既不能过分追求绮靡华采，亦不可质木无文。洪昇少年扬名四方，除天资聪颖，与毛先舒、沈谦等西陵前辈的教导熏陶有着直接关系。

康熙十三年，洪昇第二次进京，投于颇具声望的李天馥门下，而李天馥正是丁澎门生。顺治十四年（1657），丁澎任河南乡试副主考，拔擢李天馥，并授其作诗、古文之道，对李天馥有知遇之恩。李天馥对洪昇大为赞赏，将其引荐与王士禛，而王士禛与"西陵十子"系挚友，多有往来。洪昇在京期间，亦未断绝与西陵师执的联系。沈谦曾作《寄诸虎男兼怀昉思》，称"西湖携手即天涯，慧日峰前浪滚沙……苦忆樽前人万里，可无消息问京华"②，回忆昔日西湖同游，感慨而今远隔万里，可见对诸匡鼎及洪昇的思念。西陵前辈对洪昇予以极高的评价，并寄予厚望，如沈谦《寄洪昉思》赞其"不须荐达寻扬意，赋就凌云尔最工"③，柴绍炳叹其"以舞象之年，便能鸣笔为诗，覃思作者，古今得失，具有考镜。若使艺林课第，即此国颜子无疑也"④。洪昇对西陵前辈甚为敬仰与钦佩，其《奉呈毛稚黄夫子》曰："展矣觏我师，景行永无致。至德秉真淳，深心探隐赜。"⑤《拜柴虎臣先生墓》称赞柴绍炳"严冷千秋志，清癯五尺身"，"藏用功偏大，明心学愈醇"⑥。崇敬之情，溢于言表。

除洪昇外，徐逢吉、吴允嘉、俞士彪、李延泽皆与"西陵十子"存在

---

① 柴绍炳：《与洪昉思论诗书》，《柴省轩先生文钞》卷十，《四库全书存目丛书》集部第210册，齐鲁书社，1997年，第406页。

② 沈谦：《寄诸虎男兼怀昉思》，《东江集钞》卷四，《清代诗文集汇编》第70册，上海古籍出版社，2010年，第230页。

③ 沈谦：《寄洪昉思》，《东江集钞》卷四，《清代诗文集汇编》第70册，第219页。

④ 柴绍炳：《与洪昉思论诗书》，《柴省轩先生文钞》卷十，《四库全书存目丛书》集部第210册，第406页。

⑤ 洪昇：《奉呈毛稚黄夫子》，《洪昇集》卷一，第17页。

⑥ 洪昇：《拜柴虎臣先生墓》，《洪昇集》卷三，第446页。

师承关系。张丹入清后隐居秦亭山下，授徒为业，徐逢吉、吴允嘉少时皆从张丹学诗，颇能承其学。据《吴山城隍庙志》卷六，徐逢吉还曾问字于毛先舒、孙治、陈廷会，经其指点，学问大进。毛先舒对徐逢吉颇为欣赏，尝称其诗"高逸可希古作者"[1]。《赠徐子》曰："徐子紫凝真才子，笔落银河卷秋水。独排尘土论千秋，此日风流还正始。南屏四面拥奇石，徐子高吟与晨夕。诗成白凤衔之去，飞入双峰最深处。阆苑神仙复几群，玉京消息定相闻。一枝青桂九霄外，吹落天香满紫云。"[2]可见先舒对徐逢吉诗才之叹赏。俞士彪尝师从沈谦学词，深受恩师欣赏。沈谦尝阅俞士彪《荆州亭词》，喜其"技甚长进也"[3]，同时劝其不能沉湎于小词，要以功德为首要，《与俞士彪二首》其一称："淮海、历城垂名万古，岂非词坛之盛轨。然二子并有功德，可称不专以此事见长也。吾欲足下先其难者，则月露风韵不能复为笔墨之累。试观《闲情赋》、香奁诗、博南乐府，其人果如何哉？足下勉之矣。"[4]沈谦虽肯定俞士彪于词所取得的成就，仍勉励其以秦观、辛弃疾为楷模，积极建立功业，不能仅以词人自期。后俞士彪遵从师训，立"经营四方之志"，然"屡困场屋，俯然一官"[5]，后仅得一县丞。然俞士彪才华甚高，深受"西陵十子"叹赏，陈廷会尝曰："里中无足与语，非季琭兄弟，吾宁户卧耳。"[6]可见西陵前辈对俞士彪之引重。李延泽为毛先舒门下弟子，"尊师唯谨"[7]，其长兄李式玉亦与"西陵十子"往来甚密，

---

① 阮元、杨秉初辑：《两浙辅轩录》卷五，第351页。

② 毛先舒：《赠徐子》，《思古堂集》卷四，《四库全书存目丛书》集部第210册，第827页。

③ 沈谦：《与俞士彪二首》其二，《东江集钞》卷七，《清代诗文集汇编》第70册，第244页。

④ 沈谦：《与俞士彪二首》其一，《东江集钞》卷七，《清代诗文集汇编》第70册，第244页。

⑤ 王嗣槐：《俞季琭感怀诗引》，《桂山堂诗文选》文选卷七，《四库未收书辑刊》7辑第27册，北京出版社，1997年，第477页。

⑥ 方象瑛：《俞季琭玉蕤词钞序》，《健松斋集》卷三，《清代诗文集汇编》第128册，上第69页。

⑦ 林璐：《螺峰小隐记》，《岁寒堂初集》卷四，《四库全书存目丛书》集部第283册，第821页。

尤与毛先舒交谊最厚。《郭西小志》卷十"沈御冷"条载李式玉与毛先舒、沈叔培、周禹吉等号称"八子"①。毛先舒《东苑诗钞》有《暮春同李东琪访本金法师，不遇，宿藏经阁》，《思古堂集》卷四有《过倪鲁玉看牡丹作，同李东琪、王豹采》，《潠书》卷一《鱼川集序》为李式玉文集作序，盛赞其文学成就："吾乡文事迩极盛，然确乎可传者，尝私数不能尽十指，至三二而李子东琪出。东琪诗婉丽绝俗，有隽骨；其文能自辟闳议，不躭于大道，风调罕为规摹，而不龃口，凡吾称东琪必传者也。"②毛先舒与李式玉频有书信往来，探讨学术与诗学。李延泽为李式玉之弟，且为先舒门人，其受"西陵十子"之影响可想而知。

沈用济虽未拜于"西陵十子"门下，但与"十子"渊源颇深。沈用济之父沈汉嘉与"西陵十子"多有往来，相交颇厚。用济幼承母教，其母柴静仪即柴绍炳之从孙女。柴静仪有《凝香室诗钞》，毛先舒、丁澎皆为作序。柴静仪即深受"西陵十子"诗学熏陶，沈用济的复古宗唐思想最早当得于母柴静仪。沈用济深受西陵前辈推赏，杭世骏《榕城诗话》载沈用济少时刻《荆花集》，毛先舒、陆繁弨"赏重之"③，先舒甚至赞其为"后生领袖"④。《荆花集》为沈用济少时与弟溯原之诗歌合集，毛先舒、丁澎皆为作序。毛先舒序称："方舟手弄虹彩，口含云气，欲翔欲堕，惝兮惘兮，任臆孤行，可以万里；溯原求之于幽，得古得新，写发惊挺，区分竖仄，磊磊砢砢，拙匠未之奇也。此何世才，殆古人哉？"⑤丁澎序称："方舟、溯原年少刻厉，工为诗，以兄弟相资益。方舟持格极严，而饶有思致；溯原气

---

① 姚礼:《郭西小志》卷十，第204页。

② 毛先舒:《鱼川集序》,《潠书》卷一,《四库全书存目丛书》集部第210册,第626页。

③ 杭世骏:《榕城诗话》卷上,中华书局,1985年,第3页。

④ 李格纂:《[民国]杭州府志》卷一百四十五,台北成文出版社,1974年,第2760页。

⑤ 毛先舒:《题二沈荆花集》,《思古堂集》卷三,《四库全书存目丛书》集部第210册,齐鲁书社,1997年,第814页。

逸体裕，进止合度，固是风人正则。其登峰造极之诣，曷可量哉？"①沈氏兄弟诗风与"西陵十子"甚相合，且年少即彰显出惊人才华，故西陵前辈对二人表现出超乎寻常的欣赏。

钱璜、陈煜、丁文衡、张潞四人现存资料甚少，仅寻得一则与"西陵十子"有关的材料。《国朝杭郡诗辑》卷六"王武功"条载：王武功尝"与毛先舒、陆进、翁必选、徐逢吉、沈锡辂、赵沈埙、吴允嘉、周京、钱璜、朱宏直、周崧、王嗣槐、沈可璋、傅光遇、解天泳、陆曾禹、徐张珠、释显鹏共二十人，著有《西湖宴会集》"②。钱璜、徐逢吉、吴允嘉与毛先舒等人于西湖诗酒宴集、优游湖山，两代诗人之唱和往来，于此可见一斑。而《吴山城隍庙志》载"西陵后十子"振起西陵，"皆有得于师传"③，更是说明"西陵十子"对"后十子"起到了重要的影响与引领作用。

三、"西陵后十子"对"西陵十子"诗学的承变

毛奇龄《柴征君墓状》曰："时同社吴君锦雯、丁君飞涛、张君用霖、孙君宇台、陆君丽京、陈君际叔皆以古文词名世，而君为倡始。自前朝启、祯以迄今顺、康之间，别有体裁，为远近所称，名'西泠体'。故终君之世，不敢以宋元诗文入西泠界者，君之力也。"④柴绍炳卒于康熙九年（1670），终其一生坚守宗唐复古诗学。"西陵后十子"早年正值"西陵十子"晚年，"后十子"基本继承了"西陵十子"的文学主张，以下具体析之。

---

① 阮元、杨秉初辑：《两浙辒轩录》卷六，第468页。

② 吴颢辑：《国朝杭郡诗辑》卷六，清同治十三年（1874）钱塘丁氏刻本。

③ 卢崧修、朱文藻等纂：《吴山城隍庙志》卷六，《西湖文献集成》第25册，第862页。

④ 毛奇龄：《柴征君墓状》，《西河集》卷一百十三，《景印文渊阁四库全书》集部第260册，台北商务印书馆，1986年，第242页。

（一）宗唐复古

"西陵十子"高扬前后七子复古大旗，崇尚唐音，贬斥宋元："宋习鄙钝，元音俚下，艺林厄运，榛莽当涂。明初四家，扫除未尽，廓清于何、李，再振于嘉、隆，斯道嗣兴，斌乎大雅。"①他们以前后七子为扫除宋元鄙俚、复兴大雅之功臣，并自觉以前后七子之后继自期。"西陵后十子"深受"西陵十子"影响，亦以复古派继承者自居，对康熙间流行的宋诗风颇为不满。如沈用济《汉诗说序》曰："己丑夏归自京师，访滋衡于邗江，见时流竞趋新异，六朝暨唐概置不讲，何论于汉。相与叹息。夫诗不深入汉魏乐府，破其阃奥，而徒寻摘宋元字句之间，是犹溯水而不穷其源，登山而不极其巅，宜乎去雅而就郑，见伪而不见真也。"②沈用济对诗坛竞尚宋元、弃置汉唐深为痛惜，故与费锡璜辑评《汉诗说》，欲为世人"指出长安大路、江河源头"③。沈用济称："读汉诗不可看做三代衣冠，望而畏之；须看得极轻妙，极灵活，极风艳，极悲壮，极典雅。凡后人所谓妙处，无不具之。即如《阳关》一曲，唐人送别绝调，读李陵三诗，知从此化出；《陌上桑》《董娇娆》，即张、王、李、韩轻艳之祖也；'红尘蔽天地''十五从军征'，李、杜悲壮之祖也；'冉冉岁云暮'，骆宾王、白乐天皆祖之；《郊祀》诸诗，颜、谢、昌黎皆祖之。大抵六朝、唐宋名家，多祖汉诗，不能尽述也。"④他将汉诗视为后世诗歌的源头，认为后来诸多诗学流派均自汉诗演化而来。不仅如此，沈用济还将汉诗视为衡量后代诗

---

① 柴绍炳：《西陵十子诗选序》,毛先舒、柴绍炳选编：《西陵十子诗选》卷首,清顺治七年（1650）还读斋刻本。

② 沈用济：《汉诗说序》,沈用济、费锡璜辑评：《汉诗说》卷首,《四库全书存目丛书》集部第409册,第2页。

③ 沈用济：《汉诗说序》,《四库全书存目丛书》集部第409册,第5页。

④ 沈用济：《汉诗说序》,《四库全书存目丛书》集部第409册,第4页。

歌的最高标准，认为"晋、宋渐入于文，渐取清雅，言之文，实诗之衰也"①，至唐宋更是"语近而味薄，体卑而格俚"②。这种"格以代降"的文学史观，正是明代复古派的典型论调。洪昇亦对时人竞趋宋元深为不满，称："迩来诗派都趋宋元，每呵空同持论之非，唐以前之书竟置之不看矣。"③他继承了西陵前辈的复古主张，评诗每每以汉魏盛唐为标准，如："典雅凝重，直逼初、盛""明爽不减李青莲""秀洁之中，更带浑厚，非盛唐人不办""典丽悲壮，有少陵风味""清新婉秀，得王、孟之腴"④。

　　"西陵后十子"不仅在诗学理论上主张宗唐复古，亦将这一宗旨贯彻到诗歌创作之中。如洪昇早年深受先师影响，其诗一以唐人为归，毛奇龄称其："五字律酷似唐人，其气韵神味，格意思旨，虽似极平，而唐人阃奥，自是如此。"⑤沈用济亦以宗唐复古著称，朱庭珍称其诗："最沉雄有格，专工近体，其佳者直凌前后七子，而追攀工部，卓卓可传。"⑥即指出沈用济与明代复古派存在传承关系。沈用济与同宗盛唐的沈德潜相交颇厚，沈德潜称其"家方舟"，《清诗别裁集》选其诗多达二十三首，并屡屡将其与前后七子作比，如评其《黄河大风行》"诗亦有云垂海立之势，近七子中李献吉。结意忽然换境，感触者深"，评《大同道中》"一路边塞之诗，俱沉雄峭拔，不在李北地下"，评《登泰山绝顶》"无懈字，无浮词，胜于鳞、元美作"⑦。正是由于"后十子"承接前辈，继续推行复古思想，才使杭州诗坛在清初宗宋浪潮中始终坚守唐音。

---

① 沈用济：《汉诗说序》卷首，《四库全书存目丛书》集部第409册，第6页。

② 沈用济：《汉诗说序》卷首，《四库全书存目丛书》集部第409册，第9页。

③ 洪昇：《洪昇集》，第549页。

④ 洪昇：《洪昇集》，第551—556页。

⑤ 金埴：《不下带编》，中华书局，1982年，第126—127页。

⑥ 朱庭珍：《筱园诗话》卷二，《续修四库全书》第1708册，上海古籍出版社，2002年，第35页。

⑦ 沈德潜编：《清诗别裁集》下册，上海古籍出版社，2013年，第1021页。

（二）温厚平和

"西陵十子"继承了陈子龙"导扬盛美，刺讥当途"①的诗学宗旨，主张诗歌要反映现实，起到讽上化下的作用，如陆圻《诗辨坻序》宣称："盖诗以言志，志有疆域，则诗有规萬；旨有贞淫，则曲有伦变。善诗者能自泽于弦诵，又能引人于安雅，察其升降，谨其流失，使天下之人皆自进于雍容夷愉，足以宣德意，竭忠孝，即天下人称邦理焉。"②"西陵十子"高度注重诗歌的教化作用，强调内竭忠爱，外通讽喻，从而使上下和睦，国家康泰。他们以此教导后学，使其树立起温雅忠爱的立言观。如毛先舒《与洪昇书》曰："君子与人则以式好无尤为乐，概物则以怀德舍怨为仁，抒文则以昭美含瑕为雅。末世风气险薄，笔舌专取刻挞自快，且藉之为名高，吁！可怪也。讦以为直，圣贤恶之，况乎非真！因谓古人文字，亦复如此。解诗非引著讥君父，即谓其怨朋友。古人立心，多温雅忠爱，讵应尔耶？况告绝不出恶声，去国不说无罪，何有立人本朝，讪上为事，交欢赠答而动多微文哉？闻昉思阅杜诗注且有评驳，宜持此意求古人，不但有功作者，亦是善自存心之道。"③毛先舒告诫洪昇要以"温雅忠爱"立心行事，即使心中不满，亦应含蓄委婉，不可肆意指摘讥刺，违背温雅敦厚之旨。"西陵后十子"大多继承了"西陵十子"雅正温厚的文学观。如洪昇《织锦记自序》宣称："余撰此记，凡苏之虐焰，赵之簧舌，皆略之不甚为；戈矛之事，风雅出之，皆为后来三人复合之地，亦要诸诗人温厚之旨耳。嗟乎！古今女子有才如若兰者乎？于其跖也，君子无怨词。怨不敢怒，

---

① 陈子龙：《六子诗稿序》，《安雅堂稿》卷三，《续修四库全书》第1387册，上海古籍出版社，2002年，第698页。

② 陆圻：《诗辨坻序》，毛先舒：《诗辨坻》卷首，《清诗话续编》，上海古籍出版社，1983年，第3页。

③ 毛先舒：《与洪昇书》，《思古堂集》卷二，《四库全书存目丛书》集部第210册，第808页。

悔深次骨，而后曰可原之矣。则或于闺教有小补与？若夫逸妾构嫡，亦岂得云无罪？而予重归其责于若兰者，亦《春秋》端本澄源之义也。"①洪昇认为文学创作应当怨而不怒，温厚和平，以此感染人心，有裨世教。平和温厚亦是洪昇评价他人作品的一大标准。如评友人王锡诗"如此立言，深得温厚和平之旨""风致温厚""气韵温厚，不得以中晚目之"，评褚人获《坚瓠补集》"今褚子之宅心也醇厚，其立言也和平，大要关于名教者凡惓惓加意焉"②。

"西陵后十子"继承了"西陵十子"对政治现实的关注，亦有反映民生疾苦、不满当道的作品，如洪昇《衢州杂感》《征兵》《田家雨望》，沈用济《黄河大风行》等，但更多还是抒写一己经历与悲慨，且大多点到为止，辞气含蓄温柔。如洪昇《蒙山道中》曰："乱石绕东蒙，崎岖古道通。一身千里外，匹马万山中。密树遥遮日，轻花逐细风。望云双泪落，非是为途穷。"③该诗作于康熙十三年（1674），此时洪昇入京求功名未得，归家后遭人离间，被迫与父母别居，贫困潦倒已极，然作者通过自然景物将内心的无限感慨委婉地传达出来，含蓄蕴藉，怨而不怒，并未肆意发为凄厉之音。就整体而言，"西陵后十子"作品以平心静气、温厚恬澹者居多。如张潞《菜花》曰："香遍春郊路不分，五陵车马杳难闻。千畦乱落淮南桂，十里平铺塞北云。细麦柔桑还结伴，天红冶白讵同群？田翁昨日曾相约，拟把村醪醉夕醺。"④洪昇《首夏题张砥中屋壁》曰："南风入夏细吹衣，乳燕鸣鸠历乱飞。树里群山深抱屋，云边孤塔静当扉。晴暄村路桑

---

① 洪昇：《织锦记自序》，《洪昇集》卷四，第505页。

② 洪昇：《坚瓠补集序》，《洪昇集》卷四，第509页。

③ 沈德潜编：《清诗别裁集》上册，第620—621页。

④ 张潞：《菜花》，《郭西诗选》卷一，赵时敏辑，周膺、章辉点校，浙江工商大学出版社，2013年，第35页。

椹熟，雨过园林竹粉微。满径落花容我卧，北窗清昼对忘机。"①心态平和澹远，黄机《啸月楼诗集序》评洪昇诗曰："穷而在下，则眺览山川，歌谣风俗，以备辎轩之采；达而在上，则入朝奏雅，入庙奏颂，以黼黻太平之治……自此海宇清晏，歌咏功德，非昉思孰任之？"②朱溶序洪昇《稗畦集》"其发者泉流，突者峰峦，而幽者春兰也。其玑珥则灿烂也。其音节和平，金石宣而八音奏也"③，梁允植评俞士彪"赋情深挚，得诗人温厚之遗者也"④，皆指明"西陵后十子"词旨之温厚。

（三）崇尚清雅

杭州山水清秀，且多幽僻之境，树木掩映，佛寺林立，雅好山水、崇尚隐逸向为杭人传统。如沈谦自称："东湖有故庐，雅志在泉石。畦稻秋渐肥，堤柳晚更碧。"⑤毛先舒《古诗四首》其三称："秋暮天风寒，微云弄浮碧。高楼时徘徊，意思憺安适。"⑥即表明雅好林泉、休闲自适的本性。入清后，"西陵十子"大多闭门不出，隐居山野。如沈用济《过毛先生稚黄幽居题赠》："何处堪高卧，千峰带薜萝。先生此栖逸，古道岂蹉跎。策杖寻幽径，铺毡就浅莎。波光澄似练，山色翠于螺。湖海胸中阔，烟霞物外多。闲听猿叫聒。醉与鹤婆娑。长日坐挥尘，有时还荷蓑。茫茫天地老，此外不知他。"⑦洪昇《九日简柴虎臣先生》赞师执柴绍炳曰："风吹木叶下

---

① 洪昇：《首夏题张砥中屋壁》，《洪昇集》卷一，第110页。

② 黄机：《啸月楼诗集序》，《洪昇集》卷一，第171页。

③ 洪昇：《洪昇集》，1992年，第389页。

④ 梁允植：《玉蕤词钞序》，《清词序跋汇编》第1册，凤凰出版社，2013年，第157页。

⑤ 沈谦：《同虎男宿台柱馆舍赋此留别》，《东江集钞》卷一，《清代诗文集汇编》第70册，第192页。

⑥ 毛先舒：《古诗四首》其三，《郭西诗选》卷一，第8页。

⑦ 沈用济：《过毛先生稚黄幽居题赠》，《国朝杭郡诗辑》卷十，清同治十三年（1874）钱塘丁氏刻本。

纷纷，城堞霜寒画角闻。秋尽不来天北雁，日高还见海东云。萧条弹剑嗟人事，寂寞持竿逐鹭群。遥羡柴桑遗世者，黄花篱畔最斜曛。"①"西陵十子"对隐逸的追求亦对"后十子"产生了深刻的影响，以上所引二首描写师执隐居生活的诗篇中，即可见"后十子"对"西陵十子"高洁品格的敬仰及闲雅生活的欣羡。"后十子"大多继承了"西陵十子"对山林隐逸的热爱，绝大多数优游林泉，布衣终生。如张潞《过曹中翰别业有赠》曰："当世争名者，归耕得几人？引泉聊濯足，选竹好藏身。楼纳沧溟气，山留太古春。柴桑诗卷里，风味自清淳。"②即表明以隐居山林、躬耕田园为志，不愿受世俗之牵扰。纵使仕宦者洪昇，亦有着浓重的隐逸情结。如《游灵隐山》曰："忘却人间事，青山百遍登。禽衔将果落，猿挂半枯藤。不雨春生雾，无风夜解冰。平生耽胜迹，阴洞昼携灯。"③此诗写清幽静谧的深林古寺，颇具禅意，正体现了诗人离世绝俗的澄净心境。

胡应麟曾将汉魏以来的古诗审美范式分为两种："古诗轨辙殊多，大要不过二格。以和平、浑厚、悲怆、婉丽为宗者，即前所列诸家（按：指曹植、阮籍、陆机、左思、鲍照、陈子昂、李白、杜甫诸家）；有以高闲、旷逸、清远、玄妙为宗者，六朝则陶，唐则王、孟、常、储、韦、柳。"④前后七子重格调，追求大格局、大规模、大气象，他们推崇的是李、杜一派沉雄之音，声调宛亮，气势宏大，而不太欣赏王、孟一派冲淡之音。故胡应麟评李攀龙、王世祯诗歌曰："两公才气几于颉颃太白，唯右丞一派尚觉寥寥。"⑤"西陵十子"出于隐逸情怀，虽亦主张复古，但不以格调声响相高，而是更多偏重于风韵，尤其推崇王、孟、韦、柳一派清疏澹远之

---

① 洪昇：《九日简柴虎臣先生》，《洪昇集》卷一，第113页。

② 张潞：《过曹中翰别业有赠》，《郭西诗选》卷一，第34—35页。

③ 洪昇：《游灵隐山》，《洪昇集》卷一，第177页。

④ 胡震亨：《唐音癸签》卷七，上海古籍出版社，1981年，第68页。

⑤ 胡应麟：《诗薮》内编卷六，中华书局，1958年，第106页。

音。"西陵后十子"继承乡里前辈,在审美风格上尤重"清雅",如洪昇评友人诗曰:"清新婉秀,得王、孟之腴","犹见襄阳逸致","词意凄清,如听猿啼鹤唳","清空安雅,绝无时艳"。"西陵后十子"现存诗歌大部分为模山范水之作,尤以描画杭州当地风光的诗为最。如写西溪"林彩纷明灭,烟香入窅冥"①;写孤山"径危苍石断,沓废白云闲"②;写鹫岭"幽花新着蕊,枯木倒生根"③;写万松岭"万松摧折尽,高岭入云长"④;写净慈寺"寺门清绝处,松日冷空池"⑤;写昭庆寺"山云开晓晴,湖日荡空明"⑥;写法相寺"鹿卧松云静,人行竹日幽"⑦;写苏小墓"花间飞蝶乱,竹里暗泉闻"⑧等等,清幽静逸,疏朗明秀。自"西陵十子"至"后十子",尚清雅、重风韵的诗学取向一脉相承,亦成为杭州诗坛的突出特色。

"西陵后十子"早年在很大程度上继承了"西陵十子"的诗学思想,但毕竟时移世易,他们对先师并非亦步亦趋。"西陵十子"在继承前后七子复古思想的同时亦意识到赝古之弊端。如孙治《陈际叔文集序》即指摘李攀龙"规模先秦而不能自出机杼",陈子龙"欲度诸公之前,然错综变化未尽"⑨。"西陵十子"虽有意规避模拟误区,然其创作并未尽脱蹈袭。"后十子"继承了"西陵十子"的文学反思精神,力斥赝古之习。如洪昇《坚

---

① 徐逢吉:《重过西溪看梅三首》其二,《郭西诗选》卷一,第23页。

② 洪昇:《望孤山》,《洪昇集》卷二,第267页。

③ 洪昇:《鹫岭茅舍诗戏简具德上人》,《洪昇集》卷一,第63页。

④ 洪昇:《万松岭上作》,《洪昇集》卷三,第440页。

⑤ 洪昇:《游净慈寺追怀豁堂和尚》,《洪昇集》卷三,第440页。

⑥ 洪昇:《昭庆僧房访黄补庵不值》,《洪昇集》卷三,第460页。

⑦ 洪昇:《同高巽亭游法相寺》,《洪昇集》卷三,第461页。

⑧ 洪昇:《苏小墓》,《洪昇集》卷一,第57页。

⑨ 孙治:《陈际叔文集序》,《孙宇台集》卷四,《四库禁毁书丛刊》集部第148册,北京出版社,1997年,第702页。

瓠补集序》曰："明代诗文，病在模拟剽窃。"①即将食古剽窃视为明代诗文的一大弊病。不仅如此，"后十子"在创作上尤注重镕铸变化，在廓清拟古弊端上较"西陵十子"更为进步。"西陵十子"集中尚有不少模拟痕迹甚重的作品，以拟古乐府、拟古诗最为明显，而这类赝古之作在"后十子"集中基本看不到了。如朱溶评洪昇诗曰："昉思近体宗少陵，然求少陵一言半辞于其集中不得也；其古诗则高、岑，然求高、岑一言半辞不得也。尽精肆力，心得其意，而变化无方。"②此语虽系评价洪昇诗歌，亦可移作"后十子"其他成员之评价。不仅如此，"西陵后十子"在对待宋诗的态度上较"西陵十子"有所缓和，甚至在一定程度上将宋人诗纳入学习范围。如厉鹗《徐丈紫山，今年八十三矣，居清波门外湖滨，病足，不出户，日事吟咏，寄示近作，赋此仰酬》一诗有"脚疾偶然徐道度，诗名合继鲍清风"③之句。鲍清风即宋朝诗人鲍当（？—1038），字平子，北宋临安人，《泊宅编》称其有《清风集》，故时人称其为"鲍清风"。鲍当曾居清波门外，其诗风格闲淡，近唐人韦应物。徐逢吉亦居于清波门外，诗风与鲍当相近，故厉鹗称其比之"鲍清风"。尽管"西陵后十子"对诗坛宗法苏、黄而导致的粗俗之音颇为不满，但他们对宋诗并非一概抹杀。如沈用济《汉诗说》提出："学诗须从第一义着脚，如立泰华之巅，一切培塿皆在目中。何谓第一义？自具手眼，熟读楚骚汉诗，透过此关，然后浸淫于六朝三唐，旁及宋、元、近代，此据上流法。"④沈用济虽仍以汉、唐诗为归，但亦"旁及宋、元"，可见其对符合汉、唐审美标准的宋元诗亦予以肯定。雍正二年（1724），厉鹗《南宋杂事诗》撰成，徐逢吉、吴允嘉皆为

---

① 洪昇：《洪昇集》，第509页。

② 洪昇：《洪昇集》，第389页。

③ 厉鹗：《徐丈紫山，今年八十三矣，居清波门外湖滨，病足，不出户，日事吟咏，寄示近作，赋此仰酬》，《樊榭山房集》中册，第620页。

④ 沈用济：《汉诗说序》，《四库全书存目丛书》集部第409册，第5页。

题词，并予以高度评价。吴允嘉题诗曰："苍山碧水思无穷，今昔池台了不同。蟋蟀感秋吟败砌，狐狸乘月啁离宫。西陵车马青松下，南渡冠裳白塔中。手把此编和泪读，斜阳衰草自悲风。"① 可见其对南渡诗心有戚戚。

四、"西陵后十子"对厉鹗的影响

杭人钟骏声称："吾浙诗派，至樊榭而极盛，亦至樊榭而一变。"② 对于清代杭州诗坛演变史而言，以厉鹗为首的浙派的出现无疑具有分水岭式的意义。厉鹗明确标举宋人，大量使用僻典和替代字，在很大程度上改变了杭州诗坛自清初"西陵十子"以来的宗唐复古之风。如沈德潜称："沿宋习、败唐风者，自樊榭为厉阶。"③ 清代四库馆臣称其："虽才力富健尚未能与朱彝尊等抗行，而恬吟密咏，绰有余思，视国初'西泠十子'，则翛然远矣。"④ 因此，学界多以宗宋将厉鹗视作杭州诗坛的变革者，更有学者以宗宋为线索梳理浙派源流演变，推黄宗羲为浙派初祖，吕留良与吴之振为早期浙派的中坚力量。如果仅聚焦于杭州诗坛演变，那么厉鹗的确为变革者；但若放眼浙江甚至整个清代诗坛，厉鹗作为杭人，受杭州地域文学传统的影响远大于浙东，因此依据宗宋而将厉鹗为首的浙派溯源至清初浙东诗人群体，显然不妥。实际上，厉鹗对宋诗的借鉴正是建立在唐诗的兴象风神基础上的，正所谓"莹然而清，窅然而邃，撷宋诗之精诣，而去其疏芜"⑤，以唐诗的兴相玲珑之美去除宋诗的粗浮廉悍，从而到达"清恬粹雅，

---

① 厉鹗等撰：《南宋杂事诗》卷首，虞万里校点，浙江古籍出版社，1987年，第9页。
② 钟骏声：《养自然斋诗话》，清同治十三年（1874）刻本。
③ 袁枚：《小仓山房诗文集》，周本淳标校，上海古籍出版社，1988年，第1502页。
④ 永瑢等撰：《四库全书总目》下册卷一百七十三，中华书局，1965年，第1529页。
⑤ 王昶：《蒲褐山房诗话新编》，齐鲁书社，1988年，第5页。

吐自胸臆，而群籍之精华，经纬其中"①的诗歌境界。厉鹗将唐诗的兴象风神和宋诗的鲜活生新巧妙地结合在一起，给人别具一格之感，这也使他与同为宗宋的浙东诗人群体区别开来。而厉鹗对唐诗的浸润以及对"清"的追求，与杭州前辈尤其是"西陵后十子"有着密切关系。

厉鹗早年深受"西陵后十子"指引，自称："往时吾杭言诗者，必推'西泠十子'。'十子'之诗，皆能自为唐诗者也。承其学者，吴丈志上、徐丈紫山师张先生秦亭；蒋丈静山、雪樵、陈丈懒园师毛先生稚黄；沈丈方舟独师岭南五子，而说亦与'十子'合。诸君之诗，声应节赴，宫商欣合，故流派同，而交谊日以笃。予齿视诸君最少，有倍年之敬，而诸君皆折节下予。予因静山以识懒园，时静山食贫困居，诸君时相过存，雪樵、懒园尤勤于赠遗。犹记翁桥古桂花时，偕静山出郭，邂逅懒园，见其眉宇敦朴，有先民风气，无名场嚣凌之习。及读其诗，则歌行排奡，仿佛嘉州、东川，五七言近体，亦在钱、刘之间，予固心仪之。"②吴允嘉、徐逢吉、蒋淑、蒋宏道、沈用济、陈煜等皆承袭了清初"西陵十子"宗唐的诗学取向，而这些人作为厉鹗的长辈，并不计较年龄之差异，欣然同这位西陵后辈倾心相交，这份知遇之恩，厉鹗甚为感激。康熙末年至雍正初期，正值"西陵后十子"辈执掌杭州文坛，而厉鹗尚处在文学观念的形成阶段。厉鹗积极融入杭州诗坛，"西陵后十子"亦对其予以提携指导，这对厉鹗确立诗学宗尚以及日后宗领杭州诗坛都有着重要意义。

先来看品格性情。"西陵十子"身经明清易代之变，大多选择隐居不出，以逍遥山水为乐。"西陵后十子"深受其师影响，大多性好隐居，布衣终生，即使入仕者如洪昇、沈用济等人，亦对山林隐逸颇为向往。如洪

---

① 厉鹗：《汪积山先生遗集序》，《樊榭山房集》中册，第747页。

② 厉鹗：《懒园诗钞序》，《樊榭山房集》中册，第734页。

昇自称："愿言结茅茨，终身事耕凿"①，"颇得幽居乐，悠然达此生"②。厉鹗早年与"西陵后十子"过往甚密，他们对政治的自觉疏离自然对厉鹗产生了一定影响。如厉鹗《瑶台聚八仙·题徐丈紫山黄雪山房在学士港口湖山幽胜处也》赞师执徐逢吉曰："湖影拖蓝。门巷冷，秋气尽在茅檐。掉头归兴，随分绣了霜镡。一夜幽蚕声乍咽，小窗几片叶声添。正吟酣。瘦筇得意，黄遍千岩。　心空扫屏艳冶，便后身似住，雪北香南。渭水西风，尘土亦复何堪。闲开琴趣自赏，只相识、孤鸿半卷帘。篱花候，爱有名浊酒，无用闲谈。"③《水调歌头·访吴丈志上寄老庵》赞吴允嘉曰："抚景不自得，奈此绿阴何。试寻北郭隐处，亭角挂烟萝。门里帘栊如镜，门外帆樯如荠，静躁隔无多。夫子一丘壑，举世尽风波。　枕琴眠，看云坐，采芝歌。老来苒苒奚事？图史日摩挲。与我周旋作我，不恨古人不见，鹤鬓任教嬏。蝉亦爱清境，流响出庭柯。"④黄雪山房与寄老庵分别是徐逢吉与吴允嘉的居所，皆为幽栖之地，从以上二首描写"西陵后十子"成员隐居生活的词作中，可见厉鹗对师执孤高品节的崇敬和对栖隐的热爱。厉鹗自称"予生平不谐于俗，所为诗文亦不谐于俗"⑤。"不谐于俗"成为厉鹗为人与为文的典型特征，用当代学者刘世南的话来说，即"张扬个体意识，为己多于为人，忧生多于忧世，自赏多于讽时"⑥。而疏离政治、沉浸于山林之趣正是"西陵后十子"的普遍性格特征。如丁文衡天性翛然好隐，汪惟宪称其"平生柏竹其行，不合于俗，不谐于世"⑦。而厉鹗作为"西陵

---

① 洪昇：《首春郊外》，《洪昇集》卷一，第14页。

② 洪昇：《幽居》，《洪昇集》卷三，第408页。

③ 厉鹗：《樊榭山房集》中册，第913–914页。

④ 厉鹗：《樊榭山房集》中册，第908–909页。

⑤ 汪沆：《樊榭山房文集序》，见《樊榭山房集》中册，第704页。

⑥ 刘世南：《清诗流派史》，人民文学出版社，2004年，第275页。

⑦ 丁丙：《武林坊巷志》第6册，第4页。

后十子"的晚辈，其"不谐于俗"的性格特征可谓与"西陵后十子"一脉相承。

再来看文学创作。"西陵后十子"一生大部分时间在隐居中度过，其作品以状山写水、描述隐居生活居多。杭州山水清幽，而"后十子"所居亦多为幽僻之地，故其诗境多以清幽为主。如徐逢吉《初春自古荡至西溪花坞寻梅》其二曰："花源渺何所，船进木桥头。翠竹家家密，清溪曲曲流。暗香团聚落，新月小沧洲。不借僧房宿，芦中一夕留。"①吴允嘉《秋寺》曰："曲径经行遍，寻僧都未逢。白云闭深院，黄叶打霜钟。果熟随鸦啄，林荒少鹿踪。庐山寒更早，雪洒石门松。"②前一首清幽秀润，后一首静寂孤澹，皆体现出对中晚唐诗风之学习。厉鹗早年经常与西陵前辈一同登山泛湖，这对其诗歌的体裁内容与艺术风格产生了深刻的影响。厉鹗现存诗一千四百余首，绝大部分为山水诗，其中尤以刻画家乡杭州山水为最，大至西湖之阴晴变化，四季的山光水色，小至一山一水，一草一木，皆摄于笔下，且善于通过意象与遣词造句，营造出清幽冷隽的意境。正如全祖望所言，厉鹗"最长于游山之什，冥收象物，流连光景，清妙秩群"③。厉鹗对"清"的追求与"西陵后十子"有着明显的传承关系，其对"雅"的崇尚亦与地域文学传统有关。杭州诗坛自清初"西陵十子"起，即崇尚淳雅，猛烈抨击宋诗，"西陵后十子"亦拒绝宋诗的粗糙、俚俗。厉鹗亦主张"去卑而就高""远流俗而向雅正"④，他虽宗法宋人，但重在学习"永嘉四灵"及南宋陈与义⑤等小家，而并非如查慎行取法苏轼、陆游及全祖望

---

① 徐逢吉：《初春自古荡至西溪花坞寻梅》其二，《郭西诗选》卷一，第20页。

② 阮元、杨秉初辑：《两浙輶轩录》卷15，第1107页。

③ 全祖望：《厉樊榭墓碣铭》，《全祖望集汇校集注》上册，上海古籍出版社，2000年，第364页。

④ 厉鹗：《查莲坡蔗塘未定稿序》，《樊榭山房集》中册，第735页。

⑤ 陈与义既有描写动乱现实，继承杜甫沉郁、壮阔的一面，亦有刻画山水及闲雅生活，风格宛肖韦、柳的一面，厉鹗所学为后者。

取法黄庭坚等有着典型宋调的大家。"永嘉四灵"选择被黄庭坚、陈师道厉禁的贾岛、姚合为宗法对象，实际上以回归中晚唐传统为特征，而与江西诗派对立；陈与义诗"上下陶、谢、韦、柳之间"①，尤其是五古、七绝，"一种萧寥逋峭之致，譬之缭涧邃壑，绝远尘埃"②，其题材及风格亦与江西诗派相去甚远。厉鹗《懒园诗钞序》称："诸君言为唐诗，工矣；拙者为之，得貌遗神，而唐诗穷。于是能者参之苏、黄、范、陆，时出新意，末流遂澜倒无复绳检，而不为唐诗者又穷。物穷则变，变则通。当繁哇噪聒之会，而得云山韶濩之响，则懒园一编，非膏肓之针石耶？"③苏、黄、范、陆虽为诗歌开辟了新的题材范围，提升了美学境界，然亦带来了质木枯燥与俚俗油滑之弊，而这些弊端往往为清代宗宋诗者所承袭，以至于"硬语粗词，荆榛塞路"④。厉鹗将"西陵后十子"成员陈煜的诗称为砭时弊的针石，可见他并不是要崇宋弃唐，而是唐宋互参。厉鹗对唐诗的浸润以及对醇雅的追求正是深受"西陵后十子"之影响。

五、结 语

地域性诗人群体的存在，是形成地域性诗歌流派的必要条件。自明清之际"西陵十子"至雍乾间以厉鹗为首的浙派，有清一代杭州地区形成了具有承递性的诗人群体以及独具地域特色的诗学传统：一方面受杭州枕山带水的自然环境和繁荣的商业经济影响，更多抒写个人情怀而不是现实政

---

① 脱脱等撰：《宋史》卷四百四十五，中华书局，1977年，第13130页。

② 冯煦：《蒋刻本增广笺注简斋诗集序》，白敦仁校笺：《陈与义集校笺》附录，上海古籍出版社，1990年，第1020页。

③ 厉鹗：《懒园诗钞序》，《樊榭山房集》中册，第734页。

④ 郑方坤：《名家诗钞小传》卷四，吴仲辑：《清代传记丛刊》第19册，台北明文书局，1985年，第415页。

治，尤好状写山水，追求清幽闲雅之境；另一方面崇尚雅正，推崇唐人的风神韵致，即使宗宋者如厉鹗，亦有意汲取唐诗的兴相玲珑之美，力图凝造出一种既鲜活生新又风神摇曳的诗歌境界。宗唐、崇雅、尚清的地域诗学传统使杭州与崇尚雄健兀崒的浙东形成了鲜明对比。而"西陵后十子"上承"西陵十子"，下启以厉鹗为首的浙派，在杭州诗坛流变中具有重要意义，值得引起学界重视。

（本文作者为中山大学中文系副研究员）

小景之中，形神自足

——评《中华家训简史》

金晓刚　李国跃

家训文化传承对现代家庭教育、国家治理有着重要的借鉴意义，近二十年来，家训研究涌现出了一系列优秀成果，如徐少锦、陈延斌《中国家训史》一书，凡六十万余字，于家训研究颇有开创之功。然正因其内容繁杂，不利于普及传播。朱明勋《中国家训史论稿》一书由博士论文修改而成，属于学术性著作，对于普通人来说又读之颇艰。有鉴于此，李圣华、王锟教授等人应中国方正出版社之邀，组织学术团队撰写《中华家训简史》一书（2021年出版，以下简称"《简史》"）。此书吸收了前人有关家训研究著作的精华，在学术上提出了新的见解，并以通贯的视野，剖析了不同历史时期家训的价值与特点。更重要的是，《简史》兼顾学术性与可读性，既有义理之辨析，又有具体事例之分析，可谓有骨有肉，利于家训文化之推广普及，堪称近年来家训研究难得之佳作。

一、时代性与地域性——史料翔实，线长面广

《简史》史料征引翔实，文献学功底扎实，广泛涉猎古代文献典籍，

举凡正史、文集、笔记、诗词、宗谱之材料引用达一百余种。过去家训研究史料主要集中于经史子集四部，较少运用家谱中的材料，《简史》则扩大了家训史的研究范围，更广泛地使用了许多稀见家谱中的"新"材料，一些家谱、宗谱都是第一次引用。该书还将"宗谱家训"作为专门的一节加以论述。宋元以来，地方宗族自我意识强化，重视族群团结，宗谱成为家训的重要载体。《简史》在地方宗谱家训方面的研究颇有特色，如以永康胡则后裔《胡氏家训》为例，参考《库川胡氏宗谱》《华溪胡氏宗谱》《山西胡氏宗谱》《官川胡氏宗谱》《峰川胡氏宗谱》《溪岸胡氏宗谱》等胡氏各支系家谱，探讨论述了《胡氏家训》在修身、为官、崇学方面的价值。这为今后的家训研究开辟了一条新的思路。中国宗谱家训现存世有数万篇，是家训研究的重要宝库，《简史》为宗谱家训的研究开创了一个新的范式。

以往之家训史，多从历时性的角度书写，如《中国家训史》以时间之先后分为五个时期，而《简史》则历时性与共时性并重。全书分为上下编，上编为家训发展的四个时期，下编则为家训与地域文化、家训分类举隅，从纵向、横向角度剖析了各地域不同类型家训的价值和特点。《简史》指出，宋元之前如魏晋南北朝时期，门阀世家之家训多侧重于家法秩序，唐宋以后随着门阀士族的消亡，名臣文人家训开始盛行，家训更侧重于文化教育。南宋前，家训一直以北方为盛，至宋室南渡，家训独盛于南，直至清末，家训南盛于北之格局未改。宋元经济发达，理学兴盛，宗族组织得到进一步发展，家训由理论说教逐渐转为可操作的行为规则，家法、族规、乡约兴起，训诫对象亦由家族成员扩展到社会大众，家训出现井喷现象。至于明清，家训由帝王士大夫之家进入寻常百姓之家，进入广泛普及期，呈现出家训撰著集大成化、宗谱家训程式化的时代特征，家训数量众多，内容丰富。《简史》上编所涉及的四个时期时间跨度虽长，但仍以简洁的笔法为我们生动勾勒出了家训在不同时代的特点。

从地域角度解读家训文化是《简史》的一大特点。其阐释家训在吴越、山左、江右、湘楚、中原、燕赵、八闽、岭南、关中、巴蜀十个不同地区呈现出的地方性与特异性，帮助我们了解不同地域的家训特点。我国幅员辽阔，各地域文化一方面互相交流融合，另一方面又流变各异，形成了自己独特的文化品格，家训也深受地域文化的影响，不免打上地域文化的烙印。如齐鲁重诗礼，浙东重用实，徽州重治生，吴中重诗文，各地区家训各有特色。根据不同撰著主体的身份，家训又可以分为许多类，有帝王后妃，有名臣名儒，有底层士子。以往的著作虽对此有概括介绍，却往往分散于不同时期的不同篇章之中，显得较为散乱，而《简史》则在第六章专门开辟"传统家训分类举隅"专题，将家训分为帝后家训、文士家训、名臣家训、儒林家训、望族家训、宗谱家训、商贾家训，分别加以举例论述，以便读者更清晰、更快速地把握不同类型的家训在不同历史时期的特点。

二、继承性与创新性——勇于立论，力破前说

《中国家训史》将我国家训发展史分为产生期（先秦）、定型期（两汉三国）、成熟期（魏晋至隋唐）、繁荣期（宋元）、鼎盛至衰落期（明清）五个时期。《简史》则把家训发展史分为开创期（两汉三国）、成熟期（晋唐）、转型期（宋元）、普及期（明清）四个时期。虽然两者划分各有其依据，然《简史》的划分较为科学。《简史》认为先秦时期家训并未形成独立形态，所谓家训多以训勉之辞为主，材料散诸《尚书》《周易》《诗经》《论语》等儒家经典之中，且多为后人追记，语言亦以语录体为主，应该将先秦时期作为一个起源，而不是一个发展阶段。《简史》还认为将明清概括为鼎盛至衰落期同样是不合适的。明清家训的确堪称鼎盛，但却谈不上衰落，事实恰恰相反：在鸦片战争之后的晚清，出现了传统文人家训的巅峰之作——《曾文正公家训》，可以说我国传统家训的繁荣一直持续到

清朝灭亡。以往的家训史著作认为，晚清有一种家训近代化转型的趋势，《简史》认为这种观点是值得商榷的。书中"名臣家训"与"楚湘地区家训"两节，分别介绍了曾国藩的《曾文正公家训》与左宗棠的《家书》，详考其家训内容并未凸显出洋务运动后所谓新的时代风尚，他们的家训还是多侧重于传统的对子孙的立志教育、社会经验、为官之道、读书文学方面的指导。如曾国藩《致澄弟》提出的八本之教："读书以训诂为本，作诗文以声调为本，事亲以得欢心为本，养生以戒恼怒为本，立身以不妄语为本，居家以不晏起为本，为官以不要钱为本，行军以不扰民为本。"①其中所体现之价值观还是传统道德的要求，并未有太多的新变。

《简史》关注到了商贾家训这一特别的类型，此类家训是以往研究中关注较少的。宋元以来，重视治生，商业繁盛，势力强盛的地域性商业集团兴起，为保持竞争优势，商人们通过修宗祠、修家谱强化宗族关系。因此商贾家训往往体现了商业思想，如宁波蛟川郑氏、上海黎阳郁氏、温州海城蒋氏、福建漳浦赵氏等海商家族，宗谱中都记载了有关商业的家训。《中国家训史》较早关注到了这一阶层的家训思想，然其论述却颇有可商榷之处：一方面它认为《生意世事初阶》《商贾一览醒迷》等书，是当时的商业书籍；另一方面却把此类书当作商贾家训加以论述，并得出了商贾家训中夹杂糟粕的结论。事实上《生意世事初阶》乃当时教育学徒出外经商的商业书籍，并不是商人写给后代子孙及族人的家训。因此根据《生意世事初阶》中"时下生意，老实不得，要放三分虚头"一类说法，批评商贾家训给人们灌输不择手段谋取厚利的经营思想，实在是批评错了商贾家训。《简史》所引用的商贾家训多为商业家族载于宗谱中之家训，如佛山霍氏家训有《商贾三十六善》："不因一时货缺，便高抬时价。遇横逆之来，

---

① 曾国藩：《曾国藩全集·家书之一》，岳麓书社，2012年，第275页。

从容理直，勿斗勿争，不漏税。"①可见商贾家训不仅没有教育子孙不择手段地谋取厚利，相反更强调对利的克制，从而达到义利双行，取得义与利的平衡。又如《海城蒋氏宗谱》之家训云："义中之利，时取不妨。刻苛盘算，必招怨谤。"②真正的商贾家训对子弟强调义、和、俭等商业伦理规范，这对我们今天还有着积极的借鉴意义。

《简史》还关注到了明清时期底层女训的繁荣。女训自东汉班昭撰《女诫》以来，一直延绵未衰，然所撰者多为帝王后妃与贵族女性。《简史》认为，明清以来，科举兴盛，母教的作用日益突出，女训撰著更加繁荣，并出现下移趋势。《易》云："女正乎内，男正乎外。"传统家庭中，由于父亲须外出谋生或出仕，母亲承担了更多的家庭教育责任，母教甚至会对子女命运产生决定性影响。《简史》将女训研究的视野移向底层女性，关注到当时出现了许多优秀的底层女性，她们辛勤操持家务，教育子女成才。她们之中，有人将自己的教育心得撰著成书，如李晚芳《女学言行纂》、左嘉锡《曾氏家训》。此类家训多语言浅显，且有亲身教育子女之经历，其训诫多令人亲近；有的则是去世后，由她们的子孙搜集训诫而撰著成文，如郑珍追忆母亲黎氏教导而撰《母教录》，赵怡辑录母亲郑淑昭训诫之语名为《慈教碎语》，皆属此类。此类家训多探讨了明清时期女性治家与家道兴衰的关系，强调了母教在子女教育如修身、居家、交友、处世、读书方面的重要贡献。明清许多名臣名儒的成长都与母教有着密切的关系。女性在治家之中有着自己独特的教育原则和方法，如郑珍之母黎氏提出了教育儿子与女儿的不同："教子须父严则母慈，父慈则母严。教女三分严，七分慈可也。"③《简史》对明清母教家训的研究，于我们今天的家

---

① 《霍氏家训同善录》，《重修南海佛山霍氏大宗谱》卷二，清道光二十八年（1848）印本。

② 《海城蒋氏宗谱》，民国三年（1914）印本。

③ 郑珍辑：《母教录》，《巢经巢全集》本。

庭教育同样有着重要的借鉴意义。

三、传统性与现代性——雅俗共赏，以古鉴今

新时代下，学者的一项重要使命是将学术研究与普及提高二者相结合，创作出思想性与普及性并重的著作。《简史》文笔简练，学术性与故事性兼备，可读性强。如述司马光《家范》，特举李景让之母训诫儿子的例子：通过母亲斥责李景让并鞭笞其背，教育其应执法公正，不得因己之好恶随意处理政事的故事，解读《家范》的内容和特点，笔墨不费而说理透彻。

《简史》不仅挖掘了家训的历史价值，还从当代传承的视角出发，试图衔接传统与现代，在成人之道、齐家之道、治国之道三方面阐释了传统家训对当今个人、家庭、国家的文化价值。家庭养育塑造了个体生命，而家庭的和谐有序又是国家安定和谐的基础。当今许多父母为双职工，多忙于工作而无暇顾及子女之教育，教育之责多委之学校，家庭教育多有缺失。若能汲取古代家训中之智慧，则此问题都或得到一定程度的改善。

传统家训在当今时代并没有过时。《简史》揭示了优秀家训的价值观与社会主义核心价值观的内在要求是一致的，其不仅在家庭教育方面发挥着重要作用，更有利于培养风清气正的社会风气。此书帮助我们从传统家庭教育中汲取智慧，从德入手，以文化人，真正做到内化于心，外化于行。敬天法祖是中国人的传统，在中国几乎每个姓氏都有自己的宗谱，而家族中的先祖先贤的善言善行对后代有着极强的激励和教化作用。对于后代子孙来说，如果说想要成为孔子、朱熹那样的圣贤未免过于遥远，自家的先祖先贤与自己同样生于斯、长于斯，无疑是自己能够触摸得到的榜样。这种"够得着"的先祖先贤和他们遗留下的家训家规，帮助我们树立认同感和使命感，引领着一代又一代不断走向高尚。这种榜样的力量不仅是知识文化的代际传承，更是人格火炬的彼此点燃，可以让整个家族薪火

相传，延绵不绝。

冯友兰先生《中国哲学简史自序》言：简史之作最难，作简史犹如作画，要做到"小景之中，形神自足"①。撰写简史，需要做到遍稽史籍，全史在胸，做到才、学、识三者皆备。《简史》正是一部才、学、识皆备的著作，以无征不信的学术态度和文献细读的学术功力，细密考察，以求新解，在商贾家训、母教家训方面的探讨尤有创见。在家训史分期上，此书打破旧的思维框架，建构新的体系，以通贯的宏大视野，将不同时代的家训置于古代社会发展演进的视域之中加以考察，不仅勾勒出了家训的面貌，还具体、深入地分析家训的历史变化、开拓，揭示出不同时代家训的发展和特点，不愧为我国新时代家训史上的一部优秀之作。

（本文作者金晓刚为浙江师范大学讲师、李国跃为浙江师范大学博士生）

---

① 冯友兰:《冯友兰文集》第6卷《中国哲学简史》,长春出版社,2008年,第1页。

考镜源流　钩玄提要

——《东浙读书记》读后

平志军

李圣华教授所著《东浙读书记》(以下简称"《读书记》"),由人民文学出版社于2019年5月出版。作者专心攻研明人诗文几二十年,近十余年又力倡浙学,《读书记》历叙宋元以来旧抄旧椠,内容以南宋以后浙人之书、明人别集为多,析为十卷,通计三百五十篇,皇皇八十万字,卓然可观。全书爬梳文献,钩玄提要,精作考辨,为治学者提供诸多方便。其沉潜之功,考订之勤,为人所称道,引起学界关注。笔者披读《读书记》,略述体会如下。

首先,搜剔爬梳,沾溉良多。王鸣盛《十七史商榷》云:"凡读书,最切要者目录之学。目录明,方可读书。"[①]是编虽曰《读书记》,却实有目录学之功用,极具工具性与学术参考价值。中国古籍浩如烟海,作品版本纷繁复杂,又散存各处,难以汇缉勘别,辨其高下。是编广泛搜求,详细胪列一家著述,所述版本,或多至数十种。如收黄宗羲著述四十种,查慎行三十七种,全祖望二十一种,近乎囊括大全。凭借一人之力,完成此项工作,殊非易事,可见其用功之勤勉。尤难能可贵的是,书中收录大量

---

① 王鸣盛:《汉书一·汉书叙例》,《十七史商榷》卷七,中华书局,2010年,第69页。

罕见珍稀文献，如范理《丹城稿》稿本，曹学佺、钱谦益、朱彝尊诸大家亦未选其诗，《明诗纪事》仅录其诗一首，盖四家未睹其集。《丹城稿》提要，可补《四库》提要之阙。又如萧岐《正固先生诗集》《文集》清抄本、高启《缶鸣集》永乐元年（1403）刊本等珍本，《读书记》挖掘尘封古籍，条分缕析，辨其版本，叙其价值。读者览之一目了然，省去诸多搜剔之苦，也可借以寻绎查访其书。该书可备参酌采用，引导治学，嘉惠学林匪浅，无疑是一部案头常备的工具书。

其次，考辨钩玄，评骘审慎。《读书记》搜讨异本，重于校雠，辨一书多本之间的异同优劣，考述刻传之况。其校雠考异，建树尤多。作者有意立足考据，考辨源流，厘清版本渊源，辨其优劣得失。如考校黄宗羲《南雷诗历》传本，指出：《南雷诗历》初刻，前三卷为梨洲门人施敬校，末卷为门人戴曾、戴晟校刻，故传世有四卷本、三卷本之别。咸丰五年（1855）伍崇曜编刻《粤雅堂丛书》、清季薛凤昌编刻《梨洲遗著丛刊》皆据戴氏刻本收录四卷。《四部丛刊》景印施敬刻本收录三卷。全祖望编选《南雷诗历》五卷，乾隆间郑大节校刻，其诗未见于四卷本者凡二十一首。《昭代丛书》本《匡庐游录》附诗一卷，未见于《诗历》者凡三十五首。《吾悔集》一名《南雷续文案》，亦有诗二十三首不见于《诗历》。万言手抄《南雷诗历》一卷及《黄氏续录》《黄氏宗谱》《续甬上耆旧诗》亦存《诗历》未收之篇。考镜诸本源流，读者一目了然。又如述清人批注王应麟《困学纪闻》二十卷之本：自阎若璩创辟作注之例，清儒注者不下十家，而以阎若璩、何焯、全祖望、翁元圻四家为最著。若璩多责宋人好性理而轻考据，然于应麟则颇推尊，谓《困学纪闻》为宋人说部第一家，辞简而义精。若璩批注本，其子阎咏请鸠工授梓，是为"初笺本"。何焯继作注评，是为"二笺本"。阎、何皆以博学知名，二家注评可相阐发，故有合刻本通行。《四库全书》收录阎、何二家注评通行本，然排抑"二笺本"稍过。全祖望以阎、何评注未尽善，于乾隆六年（1741）寓居扬州时，取二家合订，删削补缺，复增三百余条，是为"三笺本"，传世有清嘉庆十二年（1807）友益斋《校订困学纪闻三笺》。阎、何、全三家外，《校订困学纪闻三笺》又收录方朴山、程易田二家注，故友益斋本扉页标以"五家注"。嘉庆十八年新镌《困学纪闻集证合注》，扫叶山房藏板，署"何义门、方朴山、阎潜丘、程易田、全谢山、钱辛楣笺本"，万希槐辑《困学纪闻集证》校本附，世称"七笺本"。嘉道间，翁元圻继"七笺本"成《困学纪闻注》，取材用宏，博采诸家之说，征引故实，兼事考据。翁注本庶几臻备，然时有误引，失注亦多。四明张嘉禄以为应麟学行尽在此书，乃有《困学纪闻补注》二十卷，子寿镛刻入《四明丛书》。又如舒岳祥《阆风集》，原书二十卷已佚，四库馆臣从《永乐大典》中辑成一书，凡诗九卷、文三卷。《读书记》详述《阆风集》传抄流播之况，并校雠诸本文字异同，指出四库馆臣"臆测擅改"之弊。这对阅读使用古籍的研究者来说，自是功德无量。无论著者声名大小，作者常在占有大量资料、细加研读基础上，按之著述本身，做出公允评论。

如叙叶适《习学记言序目》诸本，指出：陈振孙不满于叶适之说，《直斋书录解题》称其大抵务为新奇，无所蹈袭。然水心之学实非在专为新奇之说，谓其无所蹈袭，亦不尽然。叶适论学盖不苟同宋儒，独遵《孟子》，昌言根柢"六经"，致道成德，切于日用，冀起时疾，中兴宋室。水心之学得力于薛季宣、陈傅良为多，于郑伯熊则登门晚矣，承教亦疏。《宋元学案》定叶适为郑氏门人，未尽妥。叙王应麟《周易郑康成注》诸本，指出：宋元浙东号通儒之士，以吕祖谦、王应麟为最著。黄百家纂辑《宋元学案》，《深宁传》原附《西山学案》，全祖望始别立《深宁学案》。祖望以应麟为吕学大宗，由四明楼昉之传，推原东莱。四明学者师陆，至应麟一变，以朱氏为宗，应麟又得"中原文献"之传。全氏之辨，独具只眼。东莱力复《古周易》旧貌，应麟裒辑郑《注》，盖见浙东之学兼宗汉儒、二程。此编出，后世增纂郑《注》，多本乎此。清儒独尊郑玄，竞相辑其遗著，自惠栋增补《郑氏周易》三卷后，孙堂纂《郑氏易注》一卷、臧庸纂《郑康成易注》二卷、丁杰纂《周易郑注后定》、张惠言纂《周易郑氏注》、陈春纂《周易郑注》十二卷，莫不远宗应麟，近取法惠栋。叙章懋《枫山文集》诸本，指出：永乐而后，金华之学骤衰，迨章懋出始有复兴之几。其学以躬行实践为本，唯务身心而不洸洋于口耳。章懋与罗伦、庄㫤诸子易退难进，讲学不倦，皆有深衷。其文简质有实，犹有宋濂、王祎遗风。叙秦文《帧东集录》，指出：秦文立身有本末，两为提学，抑奔竞，黜浮薄，士习为之一变。与同年李梦阳交笃。前七子昌言复古，秦文与阳明皆与其事。阳明后精研心性，秦文则与空同并致力于诗文，所作多雄豪之气，与空同风调相类，于浙诗中号格调铿铿者。诸如此类评骘，审慎公允，又富有学术史、文学史意义。

　　复次，纠谬补缺，踵事增华。《读书记》不迷信权威，不盲从前人，在详加考辨基础上，去伪存真，匡补前人之讹。或纠著者生年之谬，如项真《甓园诗草》一卷明末刻本，《四库全书总目》未见收录，仅列《无事编》二卷入子部杂家类存目。其书提要云："国朝项真撰。真字不损，秀水人。前明诸生，入国朝，官景陵县知县。"以为项真清初尚在世。《［光绪］嘉兴府志》据《四库全书总目》著录《无事编》，却将《甓园诗草》误归入清人著述。《读书记》据《［崇祯］嘉兴县志》，考证其早在崇祯十年（1637）前已殁。书中还订正了大量书目著录之误。如中国国家图书馆藏叶适《习学记言序目》五十卷，明抄本（清周星诒批校），《中国古籍总目》著录作"清叶万跋，清周星诒校并跋"，误以叶树廉为叶万。南京图书馆藏明抄本，《总目》误著录作"明崇祯十年抄本"。国家图书馆藏明黑格抄本（清严长明、唐翰题校），《总目》误作"清抄本（清唐翰题、清吴重宪跋，丁秉衡校）"。又如《中国古籍总目》著录叶适《水心先生文集》二十九卷，明正统十三年（1448）黎谅刻本；明景泰二年（1551）刻小筑印本；明景泰二年王直序刻本。《读书记》指出：以上三本皆正统十三年刻本，王直《序》殆后增入，非景泰二年重刻。复如《中国古籍总目》著录国家图书馆藏梁辰鱼《鹿城诗二集》二十八卷"清抄本"，当作《鹿城诗集》二十八卷"明末抄本"，并无《鹿城诗二集》之名。其考证谨严，避免以讹传讹。纠谬同时，常增补前人著录之阙。又泛览辑佚，拾遗补阙。诸如此类，踵事增华，皆有价值。

《读书记》借鉴前说，别有创见，阅者"览录而知旨，观目而悉词"[①]，可达事半功倍之效。是书为学者指示门径，相信随着时间的推移、研究的不断深入，其学术价值会更加彰显。撰者自言，箧中存录札记千余条，是编仅为三之一，其余拟详而考订，萃为《续编》。览此，我们不禁期待后续之作早日出版。

（本文作者为西安医学院教授）

---

① 刘昫等：《旧唐书》卷四十六《经籍上》，中华书局，1975年，第1965页。